ISBN 978-1-5285-0667-0
PIBN 10914557

1 MONTH OF
FREE
READING

at

www.ForgottenBooks.com

By purchasing this book you are
eligible for one month membership to
ForgottenBooks.com, giving you
unlimited access to our entire
collection of over 1,000,000 titles via
our web site and mobile apps.

To claim your free month visit:

www.forgottenbooks.com/free914557

English
Français
Deutsche
Italiano
Español
Português

www.forgottenbooks.com

Mythology Photography **Fiction**
Fishing Christianity **Art** Cooking
Essays Buddhism Freemasonry
Medicine **Biology** Music **Ancient**
Egypt Evolution Carpentry Physics
Dance Geology **Mathematics** Fitness
Shakespeare **Folklore** Yoga Marketing
Confidence Immortality Biographies
Poetry **Psychology** Witchcraft
Electronics Chemistry History **Law**
Accounting **Philosophy** Anthropology
Alchemy Drama Quantum Mechanics
Atheism Sexual Health **Ancient History**
Entrepreneurship Languages Sport
Paleontology Needlework Islam
Metaphysics Investment Archaeology
Parenting Statistics Criminology
Motivational

AN

EIGHTH-CENTURY

LATIN-ANGLO-SAXON GLOSSARY.

𝕷onbon: C. J. CLAY & SONS,

CAMBRIDGE UNIVERSITY PRESS WAREHOUSE,

AVE MARIA LANE.

CAMBRIDGE: DEIGHTON, BELL, AND CO.

LEIPZIG: F. A. BROCKHAUS.

AN

EIGHTH-CENTURY

LATIN-ANGLO-SAXON GLOSSARY

PRESERVED IN THE LIBRARY OF

CORPUS CHRISTI COLLEGE, CAMBRIDGE,

(MS. N°. 144)

EDITED BY

J. H. HESSELS.

CAMBRIDGE:

AT THE UNIVERSITY PRESS.

1890

𝕮𝖆𝖒𝖇𝖗𝖎𝖉𝖌𝖊:

PRINTED BY C. J. CLAY, M.A. & SONS,

AT THE UNIVERSITY PRESS.

DEDICATED TO

JOHN EYTON BICKERSTETH MAYOR

PROFESSOR OF LATIN, AND FELLOW OF ST JOHN'S COLLEGE
IN THE UNIVERSITY OF CAMBRIDGE

263037

INTRODUCTION.

§ 1. In 1884, at the very moment that Mr Bradshaw had called my attention to the present Glossary, preserved in an 8th-century MS. (No. 144) belonging to Corpus Christi College, Cambridge, as one that deserved to be published, Prof. Wülcker issued his edition of Thomas Wright's *Vocabularies*, in which he professed to give all the Latin words interpreted in this Glossary by Anglo-Saxon words, omitting all the Latin and Latinised Greek words which it interprets by other Latin words.

§ 2. As it appeared to me that his edition did insufficient justice to the great importance of the Corpus Glossary for the study of A. S. as well as Latin, I still considered that it would be worth my while to copy and publish the whole of it. But as, shortly afterwards, Prof. Zupitza announced in the Academy of 3 May, 1884 (p. 317), that he had copied the Glossary some years ago, and that from his transcript Wülcker had excerpted the Latin-A. S. glosses, and not from the Corpus MS. itself, I asked Zupitza whether I could have his whole transcript for the sake of publishing the entire Glossary under our joint names, in which case I would collate his copy with the MS., and see the work through the press. As he assented, and Prof. Skeat recommended the publication of the Glossary to Dr Atkinson, the Master of Clare College, and at that time Chairman of the Pitt Press Syndicate, the latter kindly persuaded the Syndics to undertake the publication.

§ 3. Before I say more, it is necessary to point out that the plan of publishing the work under Prof. Zupitza's as well as my own name, has, with his consent, been abandoned. His transcript, prepared many years ago for his own purposes, has, indeed, served throughout as a basis for this edition, but before the text could be printed off, so many important matters had to be done and settled by me who alone was able to consult the MS., and saw the work through the press, that it was resolved that my name alone should appear upon the title-page, and the responsibility for the present edition rest solely and exclusively with me. I have, however, had the great benefit of Prof. Zupitza's revision of the proof-sheets, and on two occasions (p. 76, note 1 and p. 91, note 2) I refer expressly to his transcript, to show the weight which I attached to his readings, in cases where there might be any doubt, but where I thought it necessary to differ from him[1].

§ 4.   The Corpus MS. is made up of 33 sheets of vellum, divided into 7 quires or gatherings of 4 sheets or 8 leaves each, and an eighth of 5 sheets or 10 leaves, the first of which has been cancelled[2], so that the whole MS. is composed of 8 quires or 65 leaves in small folio, measuring $9\frac{1}{4}$ inches (= 235 millimetres) in breadth, and $12\frac{1}{8}$ inches (= 308 millimetres) in height.

The first and last quire bear no signatures; the second to the seventh are marked, on each first page, with the respective signatures II, III, IIII, V, VI and VII. The glossary proper begins on the recto of the second leaf, and is continued without a break till the end of leaf 65. The contents of the first leaf have already been described above (pp. 1 and 2).

After the glossary follows a quire or gathering of two vellum leaves, filled with a Latin treatise (in two columns on each page) on patronymics (Patronomicorum posita), in an Irish handwriting of the beginning of the 12th century, which, though a little larger, otherwise strongly resembles that of the Gospels of Mælbrigte, figured on pl. 212 of the *London Palaeographical Society*, and there ascribed to the year 1138. These two leaves are stuck into another blank vellum sheet, the

[1] I must not forget to mention that, when Prof. Zupitza received my proof of p. 91 (where I point out that he had underlined *reorum* in his transcript, and that, consequently, this word appears as A. S. in Wülcker's *Vocabularies*), he informed me that "while copying the Glossary, he had underlined every word which appeared as A. S. in Thomas Wright's text, therefore, also *reorum*." This explained why I had found some other words underlined, which were not A. S., while others which were undoubtedly A. S. were not underlined. But I regarded this condition of affairs as natural and unavoidable in a first transcript which had not been revised by him for press, and in no way do I, by pointing it out once or twice, imply the slightest censure on his transcript, which was as carefully prepared as it could possibly be expected to be.   And if, in fairness to myself, I claim credit for having corrected it here and there, I readily admit that I could not have hoped to produce a better transcript myself.

[2] Or perhaps the odd leaf at the end was added by the scribe, when he found that the ordinary quire of eight leaves was not sufficient to finish the book.

first half of which has been cut away, the other left blank. There is nothing to show how these two (three) leaves became connected with this 8th-century glossary, which is bound in a simple binding of last century, if not later.

§ 5. As regards the *age* of the MS., Mr Bradshaw was of opinion that it must have been written in the beginning of the 8th century, and I do not think that we should be justified in placing it later[1]. To enable anyone to judge for himself, a full-size photograph of one of its most characteristic pages, executed by the Cambridge Scientific Instrument Company, accompanies this edition. Here and there the wrinkled and rugged condition of the vellum did not allow photography to render the colour of the ink of the ordinary letters in that evenly black condition[2] which we observe in the MS., while the various colours, red, green, yellow, used for illuminating the capitals and marking[3] the initials, come out black in the plate, as usual. But in all other respects it is a perfect reproduction of the handwriting, which is A. S. *half uncial*, and which, when compared with that of the Lindisfarne Gospels (about A.D. 700), and other MSS. of the 8th century, as the Canterbury Gospels, Passion from the Gospels, Cassiodorus, figured on plates 3, 4, 6, 7, 163, 164 of the *London Palaeographical Society* (first series) may be said to be rather earlier than later. As I have pointed out on page 2, the Corpus MS. belonged, in the 13th century, to the St. Augustine's Library at Canterbury, though we have no evidence that it was written there.

I do not think that the Epinal Glossary should be dated earlier than the Corpus. Its handwriting shows it to be of the first half of the 9th century, and the organic changes and scribal corruptions, observable in the spelling of Latin words, are already more advanced, and in some cases show a greater slovenliness, than in the Corpus Glossary, though occasionally it has preserved more correct forms than the latter. In my opinion the Epinal MS. stands, in point of time, much nearer to the Erfurt Glossary, which is attributed to the end of the 9th century, than to the Corpus. In the edition of the Epinal Glossary, published by the Early English Text Society, the editor expresses the opinion that it "must have been written at least a generation earlier" than the Corpus MS. His opinion is not shared by competent palaeographers,

---

[1] Mr Thomas Wright also ascribed it to the eighth century.

[2] The ink of the page photographed and of many other pages is evenly black, but there are a good many pages on which the ink has a faded and uneven appearance.

[3] The initials are only marked on this and a few other pages.

and it would, moreover, not be difficult to show, if it were worth while, that the "archaisms" and peculiar letters, on which it is founded, admit of a different construction.

§ 6. *Ruling.* Thirty-three lines for the writing drawn on both sides of the leaf with a hard point, with perpendicular lines to divide the page into two columns, which are doubled on the left margins to mark off the space for the initials. Nearly every line, as well as the holes in the right and left margins made by the instrument used for the ruling, are still clearly visible in the MS., and may likewise be discerned in the accompanying photograph. Here and there an attempt has evidently been made to separate the interpretation from the lemma of the gloss by a well-regulated space, and thereby to subdivide each column into two, so as to make four columns on a page. But the narrow space at the scribe's disposal prevented him from doing this everywhere.

§ 7. The character of the *ornamental* letters may be seen from the two G^s and the H which appear in the photographic plate. Wherever a new letter of the alphabet commences, we find a large capital like the H set off with various colours, mostly red, blue or green, and yellow. Wherever a new second letter begins, a smaller capital like the G is placed.

§ 8. *Punctuation* is done by a point, which more than once takes the form of a short comma. Very often it is impossible to decide whether the scribe meant to write a full-stop, or merely made a dot in the act of resting, and withdrawing his pen, as the point is in a great many cases tacked on to the end of the letter which concludes the word.

§ 9. Signs of *reference.* Final words or parts of a word, for which there was no room on the line of the gloss, are written above or underneath that line, and marked off with a slanting waved line, or a symbol in the shape of an acute angle, as may be seen on the accompanying photograph (lines 1 and 4 of the left-hand column). To indicate the place where words, written some distance away from their proper place, should be inserted, a slanting line with a dot on its left or right, or between two dots, was used (see p. 3 note 4, p. 4 n. 2, p. 19 n. 5). Whole glosses omitted are added at the foot or top of the page, marked by the usual h and ð (see p. 28 n. 5, p. 113 n. 3).

§ 10. The contracted words are numerous, but there are no more signs employed in the MS. to indicate *contractions* than the usual ones in MSS. of the eighth century, as : (1) a horizontal stroke, which is very often waved. (2) a symbol like a right angle (⌐). Both may be seen in the accompanying photograph, and we find either the one or the other nearly always written over the last letter (mostly *u*, sometimes *a* or *e*) of a word (or syllable), to indicate the omission of a hual *m* ; sometimes it indicates the omission of -*um* (especially c = cum) or -*ur*. But they also appear over such words as : dns (= dominus), dnm (= dominum), dni (= domini), dne (= domine) ; do (= deo), di (= dei), dm (= deum), ds (= dens) ; dr (= dicitur) ; dt (= dicit) ; dnt (= dicunt) ; mi (= mei) ; n (= non) ; nn (= nomen ; but usually a stroke over each *n*) ; p, or po, or pt (= post) ; qnd (= quando) ; sca (= sancta), scae (= sanctae), scs (= sanctus) ; sclm (= saeculum) ; sps (= spiritus) ; st (= sunt) ; xps (= Christus).

Besides the above, more or less regular and common, contractions, the two signs are also indiscriminately used to point out such irregular and not always certain contractions, as : a or at (= aut) ; aduoc (= aduo-cauit) ; ambul (= ambulandi) ; amminic (= amminiculum) ; arb (= ar-boris) ; gen (= genus) ; incip (= incipit) ; incumb (= incumbens) ; iu-tel (= intelligere) ; libro (= librorum) ; ped (= pedis and pedum) ; popul (= populum) ; qsi (= quasi) ; rem or reman (= remanens) ; sec (= secundum ; sometimes expressed by *s* with a stroke through it) ; syl or syll (= syllaba or syllabae) ; (t = -tis), and a variety of other contractions, the expansion of which can only be decided by the meaning or form which the contracted word must have in the particular gloss to which it belongs. They are also employed to mark contractions in A. S. words (see for instance A 117), but more rarely.

The horizontal stroke with a point above and underneath stands for *est*, which is occasionally combined with pot = potest. A long *i* with a point on its right and left, or on the right only, = *id est*. But sometimes these two words are expressed by the *i* with its two dots, and the sign for *est*. A long *i* with a stroke through it = *inter*.

l, with a waved stroke through it, indicates uel.

syll, with a stroke through the two els, = syllaba.

one *c* turned round usually indicates the prefix *con-*, but on fol. 36[bb] *con-* is indicated by c with the acute angle over it ; two *c*[s] turned round = co*n*tra.

an open *a* written above certain letters is a contraction for *ua* or *ra* ; sometimes it is merely the ordinary form of *a*.

-*ur* is usually expressed by the stroke of the *t* being more curved upwards than that of other t[s] ; though sometimes we find its omission indicated by the ordinary horizontal stroke or acute angle (see above).

the t of *ut* is sometimes written above the *u*.

Besides the above contractions there are the usual ones for (1) aut (namely an h with a stroke through the top ; but this word is some-times expressed by a or at, see above) ; (2) -que ; (3) -bus (also used for -bet); (4) qui; (5) quod; (6) quae; (7) quam; (8) prae-, or pre-; (9) pro; (10) per; (11) eius; (12) et; (13) ra. But not having the requisite types at my disposal to figure them here, I refer the reader to the descriptions accompanying plates 3, 7, 163, 164 of the *London Palaeographical Society*, merely remarking that the sign for *enim* I have not observed, nor that for -*us* (9). The same descriptions may be consulted with regard to the individual letters of the hand-writing, as n, r, g &c.

All contractions have been expanded by italics in print, except in two or three cases where it was difficult or impossible to determine which word the scribe meant; see pp. 4 (n. 7), 7 (n. 3), 17 (n. 1), 21 (n. 7), 32 (gloss 433). The scribe did not always write the proper sign, as in B 192, where q*uae* had to be printed, though it refers to "flos". On the other hand, *castel* on p. 5 (gloss 120) stands for *castelli*, but it had to be so printed, as there is no sign of contraction in the MS.

§ 11. There appear to be no more than three *initial directors* in the whole MS.; namely an *a*, written by the side of the initial capital A on foll. 5ᵃᵃ, 5ᵇᵃ, and 8ᵃᵇ. I cannot say whether they were intended to guide the illuminator or the reader.

§ 12. A few combined letters or *ligatures* occur in the MS., as nt, ni, mi (in the latter two cases the *i* is tacked on to the last stroke of the *n* or *m*), mo, tio, tur, rum, us, ss (long), æ, ę. Perhaps I may mention also gm, gn, gr, gi (see photographic plate, line 6 right hand column); but there are a good many such combinations.

§ 13. *Accents* occur occasionally. They have all been printed, and special attention is drawn to them in notes, so as to prevent their being taken for misprints.

§ 14. Letters or words intended to be *erased* are marked by a point underneath. Wherever a wrong letter occurs in the MS., and the correct one has been added above the line, without the former being marked for erasure, the wrong letter has been printed as part of the word, and the correction indicated in a note. Sometimes, where it seemed of any importance, it has been pointed out that a letter or word is written over an erasure, or where a gap is made by an erasure. But these erasures, though rather numerous, have everywhere so skil-fully and thoroughly been effected, that no trace of the original letter or word has remained anywhere; it would even seem that here and there the vellum had been scratched before it was written upon. Hence it was deemed needless to draw attention to these erasures wherever they occur.

§ 15. It will be observed that the Corpus Glossary consists of two parts : (1) an interpretation of Hebrew and Greek names, occupying pp. 3—8, the former of which are mostly, if not all, taken from St Jerome's *Liber de nominibus Hebraicis ;* some of the Greek nouns are found in the treatise "de Graecis nominibus", ascribed to Eucherius, bishop of Lyons, while some others (p. 3, gloss 35 ; p. 4, glosses 69—71 &c.) I have been unable to trace to their sources. This part merely brings the words together under their initial letter. I always refer to it in the Introduction, Indices &c. by "Int." (= Interpretation). (2) A collection of glosses compiled from various sources, bringing all the words together whose first two letters are the same. Wherever there is a deviation from this plan, as in A 47, 120, 204, 259 &c. &c., we may regard it as a mistake.

§ 16. The Syndics of the Press, while consenting to the publication of the Glossary, informed me that the edition was to be merely an exact reproduction of the MS., that is to say, with all its scribal mistakes, errors of grammar, erroneous divisions of words, peculiarities of spelling &c. &c., without an elucidation of any, even the most corrupt, glosses, and that my notes should be strictly confined to explanations of the graphical alterations or corrections made by the scribe or his corrector.

§ 17. It will be seen that I have throughout adhered to this plan, which I practically proposed myself, and only deviated from it on very rare occasions. For instance, on p. 3, the twelfth gloss is printed *Afertice,* as in the MS., without a word to explain that it stands for *aphaeretice.* On p. 4, there is no note to gloss 76 to say that *cola* should be *colon ;* nor one to gloss 90 to indicate that *uersum* stands for *uersuum ;* nor one to gloss 94 to explain that for *diastile* we must read *diastole.* On p. 5, gloss 118, *Eucharitia* is printed as in the MS., without an explanation that *Eucharistia* is the right spelling ; and gloss 121 *aparatio* without a note that *apparitio* is the word meant. And so in numerous other cases which will he found more fully explained below in the paragraphs 23—63.

§ 18. On the other hand, the 59th gloss, on p. 4, is explained by references to Jerome and Eucherius, because, having been unable to understand the gloss, and taken the trouble to trace it to its source, I considered it advisable to save similar trouble to others. Other attempts at elucidation, by references to other glosses in this edition, or to other works and glossaries, will be found on pp. 7

(n. 3); 17 (n. 1); 18 (n. 6); 19 (n. 8); 21 (nn. 8 and 9); 22 (n. 5); 28 (n. 2); 30 (n. 1); 38 (n. 3); 44 (n. 4); 45 (n. 2); 50 (n. 3); 53 (n. 6) &c. &c. Again, on p. 9 it is suggested in note 1, that for *discerede* of gloss A 11 we should read *biscerede* as in the Epinal and Erfurt glossaries. This suggestion is made, because it is possible to make *discedere* of the Corpus MS. reading, the *de* being written over the *r*, thus: discere. And the word is omitted by Mr Henry Sweet from his *Oldest English Texts* (p. 37), and by Wülcker in his edition of Thomas Wright's *Vocabularies*.

§ 19. Again, on p. 6 it is pointed out that gloss 223 really consists of two glosses, but on p. 15 I print (A 457) as one gloss what the MS. divides into two. In these and some other cases, where I might easily be suspected of having misread or misunderstood the MS., if I had followed it faithfully, I correct where it was easy to do so, as in A 457; but the gloss on p. 6 could not be altered without a violent change, and I 85, 86 on p. 65 had to be left as in the MS., as I did not observe this separation of one gloss till the whole sheet 5 had been indexed, so that a rectification would have interfered with my numbering. But everywhere I call attention to the condition of the MS. in a note, while suggesting the correction, or sometimes without any explanation at all. For instance: on p. 5 the MS. has distinctly *serarium* in gloss 127, and so it is, of course, printed. But as the *r* and *n* differ but very little in the MS., I felt it necessary to point out in a note that the mistake for *senarium* is in the MS. Similar notes will be found on pp. 11 (n. 7), 13 (n. 2), 17 (n. 9), 18 (nn. 1 and 7), 19 (nn. 4 and 5), &c. &c.

§ 20. Likewise, in cases where other editors have seriously misunderstood or misread glosses, I call attention to the fact in notes. See for instance gloss 229 on p. 6; gloss 357, p. 92; gloss 227, p. 29 &c.

§ 21. As regards the division of words, the MS. has been followed throughout, even in cases where it divides wrongly; see for instance p. 11 (A 173). It seemed to me unadvisable to alter, or even to suggest an alteration of such words as "amoenibus" in A 907. The lemma is evidently taken from Virg. A. I. 697, and should be *auleis superbis*, but it is uncertain whether we must divide "a (= in) moenibus," or regard *amoenibus* as a corruption for *amoenis*. *Musiranus* (M 336) is no doubt the classical "mus araneus," but the former seems to have superseded the latter in late Latin, and I did not feel entitled to divide the word, not even in the Index. But there are glosses where I considered it unadvisable to adhere to the MS. reading. For instance, the words *multarum gentium* of gloss 8 on p. 3, are written as one in the MS., and it was so written in our transcript. But the compositor, finding no room for the whole compound in one line, divided it after *multarum*, and placed a hyphen after this word. This looked to me so misleading, that I thought it better to separate the words, but to indicate the state of the MS. in a note. Other deviations from the MS. reading, always for some reason or other, will be found on pp. 7 (n. 4), 9 (n. 2), 10 (n. 3), 12 (n. 7), 15 (nn. 7, 8, 9 and 10), 19 (n. 6), &c. &c.[1]

It is to be observed that no importance is to be attached to the divisions of the MS. In a good many cases the scribe does not seem to have understood the glosses which he was writing, and could, therefore, not be expected to divide the words properly. Quite as often he would hardly have had room to separate the words correctly, even if he had known how to do it. In a few cases only he seems to have aimed at some explanation of the component parts of a word or of a gloss. But wherever there was any doubt as to how the scribe had divided the words, I have given the correct division the benefit of the doubt, and in the Index, moreover, every word is entered in its proper place.

§ 22.   Having now described the MS. and its most characteristic features, as well as the method adopted in dealing with the MS. readings, I proceed to give a short review of the peculiarities of the Glossary from a philological and palaeographical point of view, confining myself to the Latin portion of it.

At first sight the glosses appear to be in a very corrupt condition. I shall, however, endeavour to show (1) that the numerous deviations in spelling from what we now know as classical Latin, are mostly due to organic changes, which either were introduced by the scribe of the Corpus MS., or had already been effected in the MS. or MSS. which he followed ; (2) that many of the corruptions are due to misreadings of our scribe or his predecessors, which may almost be said to have been natural and unavoidable, on account of the form which the misread letters had in ancient handwriting.

§ 23.   That the Corpus Glossary is not an original work, is apparent from a good many glosses, which are now so corrupt and altered from what they originally must have been, that they are almost entirely unintelligible. For instance, the gloss C 373 : *Cherochelini inmallones*, for *ceruchi lineae in malo nauis* (see also C 222, 324 and 346), is the

---

[1] One hyphen (A 203, to-hald) has crept in, which is not in the MS., which has to hald.

work of a copyist transcribing an already corrupt example, not that of an original compiler. But, even in cases of this kind, nearly all the corruptions can be traced to the organic changes or systematic scribal misreadings which are pointed out below (§§ 39—60). The wonder is that glosses such as that just mentioned, should have been passed over by the corrector who corrected so many words. It seems, however, that, in regard to knowledge, he was just in the same position as the scribe, as he wrote, for instance, *enebata* for *eneruata* in gloss E 66.

§ 24. In dealing with the changes or misspellings in the Glossary, we must take them as we find them, without being able to enquire whether our scribe, or the MS. which he followed, is responsible for them. Nor will it be necessary, while recording the various spellings, to refer to them as already occurring in late classical authors. It seems clear, for instance, that such corrupted lemmata as *b*acillat for *v*acillat (B 7), *b*errus for *v*erres (B 70), *b*erruca for *v*erruca (B 71), &c., must have been inserted, in this condition, in the present glossary or its example, straight from the sources whence these glossaries were compiled, as it is hardly probable that, if such words had been originally arranged under the v (u), a scribe, even with the most debased pronunciation, would have deliberately arranged them under the *b*. By "sources" we need not necessarily understand "authors"; for the words of glossaries like that of the Corpus MS., which is already alphabetically arranged according to the first two letters of each word, must have been collected in earlier glossaries according to the first letter of each word. The latter, in their turn, were no doubt compiled from so-called class-glossaries, in which glosses had been copied from various authors or interlinear glosses, in the order in which they followed each other in the texts, or arranged under subjects. So that the glosses, before they were copied into the Corpus MS., must have already passed through at least two or three stages in other MSS.

§ 25. We could not speak of an error where the interpretation does not agree with the lemma of a gloss, either in case, or tense, or person, or number. For instance: E 205, where *enigmata* need not be altered to *enigma*, to agree with the sing. *similitudo ;* E 426, where it is, at least, doubtful whether honor*at* should be altered to -ret, to agree with *extollat.* Such discrepancies occur frequently ; see, for instance, F 20, where *Fastis* must not be regarded as a mistake for *Fasti* ; F 54, where *Facetias* is not necessarily an error for *Facetia* ; P 144, where *tristitia* stands perhaps for *tristia*, though the former is not necessarily wrong. Nor could we call T 277 *tramitum* glossed by *uiae transuersae*, a mistake. M 38, *maiales*, probably = *maialis*, though the former, a plural, cannot be said to be wrongly glossed by a word in the singular. So, having regard to the A. S. adjective in gloss F 153, we might feel tempted to alter the lemma into ferrugine*us* for ferrugine. But in all these and similar cases, which might be quoted by dozens, the glossator, I think, simply indicated the sense of the lemma by some more familiar word, without pausing to make the cases, tenses &c. agree, and it would be unadvisable to correct them, as the very form of the lemmata will often enable us to trace them to their sources. For instance, C 979, the gen. *cycladis* (or the plur. for *cyclades*) was, no doubt, taken straight in that form from some author. Glosses like P 722 (*praecipitat*), P 736 (*promunt*), quote the exact form of Virgilian words (Aen. II. 9 and 260). *Praestantis* of P 770 would suggest *praestantes* of Aen. VIII. 548, if not some doubt arose from "excellent*es*" being corrected into "excellent*is*". Again it is difficult to say whether exheret*et*, in E 381, is a subj. quoted in that form from some book, or whether it should be altered to -d*at*, to agree with *alienat*.

§ 26. But when we except such glosses, a good many still remain, the defects of which we could not ascribe to organic changes or systematic misreadings. Here other influences have been at work, as

truncation: A 226 (adipiscit for -scit*ur*); C 103 (caractis for ca*tar*ractes); E 232 (epome for epi*t*ome); F 152 (sacer for sacer*dos*), 209 (pictaci for pittaci*a*), 242 (florca for flor*a*lia), 421 (rustici for rustici *haruspices*); H 88 (androgi for androg*ynus*), 166 (hynę for hyaenę); I 241 (interpola for interpola*ta*, see 340); L 27 (fenes for fenes*trae*); 191 (linquid for *d*elinquit); M 51 (made for made*ns*), 255 (sextari for sextari*i* XVI); N 59 (dilatio for dila*tatio*), 99 (caelesti for caelest*em*), 159 (nob for nob*ilis*); O 51 (perseuerant for perseueran*ter*), 220 (pandat for pandat*ur*), 253 (or for or*sus*); P 222 (perfungit for -t*ur*), 311 (pessul for pessul*us*), 357 (steba for steba*diorum*), 852 (saltus for *locus* altus?); R 96 (concordi medii for concordiae medius); S 292 (necessiam for necess*ar*iam), 305 (sistit for sistit*ur*), 320 (ambagus for ambagi*bus*), 446 (spurcia for spurci*tia*); T 253 (omits: ordinibus remorum); U 168 (uitiginem for uiti*l*iginem), &c. &c.

Such truncations are easily understood when we examine the facsimile page accompanying this work, and see how often the copyists were obliged to write the final *or* last two or three or more letters of a word or of a gloss above or under the line. Sometimes the interpretation was written two or three lines away from the lemma, upwards or downwards.

§ 27. Some of the above truncations are, of course, due to the *contractions* of the original having been overlooked or misunderstood, as for instance, where final *ur* has been omitted after *t*, as this was simply indicated by the horizontal line through the *t* being more bent upwards than in other *t*s. In some cases we find *ur* wrongly added, as N 21 (inueniret*ur* for inueniret); P 280 (per-curritur for percurrit), where the scribe perhaps had a *t* before him of which the stroke was too much bent upwards. The same contraction was, no doubt, wrongly expanded in other cases, as L 188 (trutinatum for trutinatur). Other contractions were also wrongly expanded, as O 118 (capit*er* for capit*is*); S 34 (perfecti for pr*ae*fecti).

§ 28. *Transposition of letters :* B 45 (b*ar*benta for br*ab*enta); C 960 (*pi*scarum for *sp*icarum); F 90 (fastig*as*ti for fastig*ati*s), 95 (f*ar*rice for farc*ir*e), 416 (pulch*ar*re for pulch*ra*re); G 27 (gari*l*um for ga*ler*um); I 14 (ici*st* for i*st*ic), 413 int*r*inicio for inter*ni*cio), 424 (in*l*ustare for insu*l*tare); L 37 (lan*u*car for lac*u*nar), 274 (lu*cor* for lur*co*); M 68 (sc*l*uptor for scu*l*ptor); N 156 (noctic*u*la for noctil*u*ca); O 189 (*ci*uibus for *ui*cibus); P 23 (ce*u*airistias for e*u*caristias); R 173 (*r*idig*u*s for rig*id*us); S 478 (*sp*iciones for *sc*ipiones), 680 (c*ur*ribus for cr*ur*ibus); T 148 (sc*l*uptae for scu*l*ptae), 186 (*ti*psina for *pti*sana), 232 (tr*u*bidus for t*ur*bidus); U 101 (neg*r*os for ueg*or*s = uecors).

§ 29. *Misreading of strokes :* C 836 (commulsa for conuulsa); H 115 (h*in*cire for h*ui*cine); I 525 (i*u*mperum for iunip-); L 14 (lam*s*ta for lan*i*sta), 231.(lin*i*fator for lymphator); M 64 (ma*m*pularis for man*i*p-); O 131 (farma for fari*n*a); P 66 (pantom*in*ia for -*in*a), 105 (pal*n*iatus for palmatus), 854 (pube tem*i*s for pube ten*u*s); S 315 (com*m*us for quo*min*us), 346 (si*n*ifonium for symphonium), 379 (s*m*us for s*in*us); U 252 (un*i*brellas for umb-).

§ 30. *Wrong division of words :* A 628 (anacephaleos in repeti-tionem, for -leosin); P 794 (productalem strumentum for productale *i*nstrumentum).

§ 31. *Wrong case-ending :* H 17 (uest*u*m for uest*e*m); M 272 (monarch*u*s for monarch*a*, perhaps through confusion with monachus, or the Gr. μονάρχης). *Wrong genitive :* P 17 (lapis for lapi*d*is). *Wrong gender :* L 154 (nanis piratic*u*s for ...piratic*a*); C 982 (permult*o*s for permult*ae*). *Lines or words out of place :* C 847 (flagrat, with its interpretation conburit, wrongly tacked on to comentarium, the interpretation of which is either lost or added to some other gloss); M 190 (uel corni marini, a repetition, in the wrong place, of part of M 182, or the remainder of a similar gloss as the latter). Compare also C 888 with F 158 and D 219; while *damde* of D 16 seems to be the same as dande, in D 5, &c. &c.

§ 32. *Wrong* or *imperfectly effected corrections :* F 224 fuxit, with *l* added above the line ; but perhaps *faxit* was meant. R 37 *in exili* was forgotten to be marked for erasure.

§ 33. *Wrong additions of letters :* H 25 (*h*abyssum for byssum, perhaps through confusion with abyssum) ; N 95 (labora*r*e for labore) ; P 333 (pecu*n*ia for pecna).

§ 34. There are other corruptions which can only be partially arranged under the above operations or the organic changes which are pointed out hereafter, as : C 707 (conplici*is* for conplici*bus*), 761 (continuat*n*r for contio*n*atur¹), 833 (pastiarium for participarium) ; M 273 (monarcha for monomachia) ; N 34 (nauat, frang*a*t, perhaps for naufragatur, nanem frangit), 92 (nestorio for nefario ?) ; O 205 (carnes for carmen) ; P 43 (parcitatem for ?), 125 (p*a*rasit*er* for parasit*i*), 354 (peripitegi for peripatetici). See also P 364, 365, 366, 367, 382 (amare domorum for amatores donorum), 796 (oratorum for hortorum), 837, 838, 840 ; Q 65 (quinos for cynicos), 79 (quur*r*is for curulis) ; R 25, 32 (accipitur for accipitris), 61 (rexenteseon for exegeseos ?), 149 (metallaris for ?), 203 ; T 2 (tagax for taxat).

§ 35. Such misreadings as a*n*gustior for a*u*gustior (A 640), whereby not only the lemma has come to mean exactly the opposite of the interpretation, but the word inserted in a wrong place in the alphabetical arrangement, will be found classified below. F 333 (frugalis : largus) might, at first sight, seem to be a somewhat similar gloss, and to have arisen from an original *parcus* (= frugalis) having been changed first into par*g*us and then corrected, by someone who did not understand the latter word, into *largus*. But the Leiden glossary has : " Frugali, larga uel lata."

So again, the lemma of I 449 does not agree with the interpretation, as *inepti* is not = *adquisiti* ; but the original glossator must have written *indepti*, and the Leiden glossary has actually *indeptum = adquisitum*. I 484 and I 488 were probably written together in earlier glossaries. So also I 527 and I 529, P 368 and P 369. Again, G 152 and G 163 seem to go together as *gramina : herba arida*. But there is always some danger in correcting glosses without having them satisfactorily traced to their origin. For instance, at first sight it would seem that P 715 and P 716 go together, but a comparison with what we read on p. 246 in Hildebrand's *Glossarium Latinum* shows that we must pause before attempting such a combination. Likewise in such

---

¹ Perhaps the second *n* was first misread as *u*, and the word being unintelligible in this form, a would-be corrector made *continuatur* of it.

a case as F 274 where *forda* is explained by *sus* pregnans, perhaps for *bos* pregnans.

§ 36.   We now come to certain alterations in the spelling of Latin, which, as they occur more than once and some even frequently and regularly, must clearly be attributed to the pronunciation of the respective vowels and consonants by the scribes, and which, therefore, may be described as organic changes, which, if they had not been arrested by occasional reforms in the writing of Latin, such as those instituted by Charlemagne[1], would have produced, in course of time, a written Latin language, almost as different from the classical Latin, as the spoken Italian, French and other Romance languages.

I observed these peculiar spellings and the frequency and regularity of their occurrence some years ago, while working at a Mediaeval Latin Dictionary, more especially after the appearance of the *Catholicon Anglicum*, published by the Camden Society in 1882. A collation of this work with the Additional MS. 15,562 of the British Museum, which contains the same text as the *Catholicon*, but the various readings of which have only been occasionally indicated by its editor, showed me that these spellings and changes were capable of being systematised and tabulated. The result of a few months' work in this direction was very gratifying, as it gave me a key to almost all the corruptions and different forms of one and the same word in Du Cange and various other Mediaeval Latin glossaries. An examination of the Corpus Glossary brings out the fact that, though there is an interval of eight centuries between it and the *Catholicon Anglicum*, which is dated 1483, both these glossaries, written in England, stand in precisely the same stage with regard to deviations from the classical spelling of Latin caused by pronunciation, and changes caused by misreadings of certain letters.

§ 37.   Having these tables of the changes and corruptions in the *Catholicon*, I began to compile similar ones for my own purpose, while seeing the present Glossary through the press. During the course of

---

[1] I may here point to the various texts of the *Lex Salica*, one of which is known as the Lex *emendata*, because, at Charlemagne's command, its Latinity had been purged from the corruptions and organic changes so prevalent in the earlier texts, as may be seen in the parallel edition of all the texts, published by me, in 1882, together with Prof. Kern, of Leiden, whose study of these corruptions and changes enabled him to interpret most successfully the so-called Malberg glosses, which are found in the earlier texts of the Salic Law.

this work, however, it occurred to me, that, instead of scattering observations or hints as regards peculiar spellings or corruptions in occasional
notes, the publication of portions of my tables might be of some use to
students of Mediaeval as well as classical Latin, and to future editors of
glossaries. In my opinion those who, during the last few years, have
advocated or introduced certain modifications in the pronunciation of
Latin, have not paid sufficient attention to what has been going on in
that direction for eighteen centuries, as is exemplified by nearly every
Latin MS. preserved to us, though a great deal of the evidence
regarding the pronunciation of Latin is lost to or concealed from us
by the alterations which the editors of Latin texts effect in printing
them.

§ 38. As it is not my plan at present to write a treatise on these
organic changes, but merely to point them out, and reduce them to
such a system as may assist us in understanding and correcting
Mediaeval Latin, and likewise the corrupted spellings found in the
MSS. of classical authors, I bring here together, in an alphabetical
arrangement, the most material part of the evidence that I have been
able to collect, from the present glossary, concerning each individual
letter of the Latin language. In this system I include not only those
changes brought about by the *pronunciation* of the scribe or scribes, as
b for *p*, *t* for *d* &c., but also the omission or insertion of certain letters,
and misreadings, as *A* for *B*, and o for *s* (C). As I did not begin the
drawing up of these tables till after the printing of the first thirty-two
pages, the examples from these pages are less numerous than those of
the remaining portion of the glossary, though I believe that even from
those thirty-two pages I have collected the most material evidence.

Though the tables are entirely the result of my own observations,
having hardly read any books on the subject, I am aware that most of
the phenomena which I point out are known and have been discussed in
various scholarly works. But the tables may, perhaps, derive some
advantage from their being drawn up from a genuine and clearly
written eighth-century glossary, to which, at the same time, they may
serve as a kind of key.

§ 39. *A* (capital) for *B*: A 940 (*A*ubulcus for *B*ubulcus); B 68
(*A*eneficium for *B*eneficium)

a for *o*: A 20 (abrizium for obr-), 459 (alapiciosa for alopeciosa),
637 (tediasus for taediosus), 763 (anaglosa for arnoglossa); D 288
(dicta for dicto); E 284 (Erata for Erato); G 11 (galeras, pilleas for
galeros, pilleos); L 204 (cartice for cortice); M 109 (manachus for
mon-), 208 (mimopora for myoparo); N 3 (naualis for noualis), 146

(naualia for noualia) ; O 175 (onocratallus for onocrotalus) ; P 117 (palagra for podagra), 171 (patalogia for pathologia), 235 (pericapis for pericope), 638 (promontaria for promontoria), 773 (modula for -lo) ; S 544 (stramete for stromatis) ; T 145 (consentia for consensio)

a for *e* : F 424 (cadauera for cadauere) ; H 49 (habet for hebet), 50 (habitat for hebctat) ; I 157 (infactus for infectus), 341 (inlauare for illabere), 486 (mediatas for medietas), 487 (irridabant for irridebant) ; O 74 (obnectare for obnectere) ; P 23, 81 (panagericum for panegyricum), 77 (panagericis for panegyricis), 188 (partica for pertica), 313 (patra for petra) ; S 135 (scenopagia for -pegia)

a for *u* : C 698 (emulamenta for emolumenta) ; L 43 (lapanas for lupanar) ; P 159 (parasitali for parasituli), 449 (plunas for prunus) ; T 246 (trax for trux)

ae for *e* : A 92 (aeditus for ed-) ; B 90 (baelbae for beluae) ; F 43 (faestum for festum) ; M 93 (mansuaeuit for mansueuit), 313 (aloae for aloe) ; Q 7, 8, 13, 29, 33, 35, 36 (quaer- for quer-) ; (by wrong expansion of contraction) : D 108 (depraecatio for deprec-), 109 (depraehendo for depreh-) ; E 507 (expraesit for expressit) ; I 63 (interpraes for interpres) ; (in adverbial ending) : A 297 (aequae for aeque) ; F 9 (fabrae for fabre) ; Q 22 (diminutiuae for -ue)

au for *a* : A 818 (auras for aras) ; E 470 (exaurauit for exarauit), 512 (exaudituat for exad-) ; H 24 (hausae for gazae) ; P 588 (protuplaustum for protoplastum)

a for *re* : I 4 (iacea for iacere)

a for *i* : Int. 121 (aparatio for apparitio) ; G 191 (gallus for gilbus) ; T 55 (tendamus for tendimus) ; (through *e* = *y*) : Int. 192 (lacisca for lycisca) ; T 13 (tabicon for typicon)

a for *au* : A 901 (aspicium for ausp-) ; I 83 (infastior for infaustior) ; L 215 (actionator for auct-), 223 (actioni for auctione) ; U 83 (uescada for bascauda)

a for *ae* (= *e*) : A 400 (agrę for aegre) ; C 849 (poeta for poetae) ; L 140 (latitiae for laet-)

a for *oe* : P 384 (phanicem for phoeniceum)

a inserted : S 362 (signaum for signum)

a (initial) dropped : B 85 (bena for auena).

§ 40. *b* for *d* : A 1 (abminiculum for adm-) ; H 121 (hirobi for hirodi)

b for *p* : A 13 (abtabiles for apt-), 42, 64, 75 (abtauit, abtet for apt-) ; C 945 (cuba for cupa) ; E 321 (inobs for inops) ; O 2, 10 (obtio for optio), 70 (obtatis for opt-) ; T 13 (tabicon for typicon), 22 (tabetum for tapetum) *b* for *u* (= v): Int. 309 (inebitabile for inou-) ; A 23 (aberuncat for auerr-), 48 (abcna for au-), 551 (bellosus for uillosus); B 7 (bacillat for uac-), 70 (berrus for uerres), 71 (berruca for uerr-), 72, 77 (berna for uerua), 85 (bena for auena), 87 (beredarios for uer-), 88 (berbene for uerbeno), 90 (baelbae for beluae), 103 (bitiligo for uit-), 112 (bifarius for uiuarium), 135 (bitricius for uitricus), 139 (bibrantia for uibr-) ; C 487 (clibosa for cliuosa), 489 (clabatum for clau-), 726 (conlubio for conluuio), 795 (brebiter for breu-); D 292 (curba for curua) ; E 66 (enebata for eneruata), 524 (exubiae for exuuiae) ; F 7 (fabor for fauor), 322 (fribula for friuola), 340 (fribolum for friu-). See also F 219, 249, 276, 321, 322, 340, 374 ; G 29, 99; I 64, 358; L 2, 11, 51, 58, 69, 129, 165, 174, 189; M 121 (gebsias for geusias), 182, 203 ; N 23, 76, 127; O 83 ; P 49, 276 ; R 20; S 374, 504 &c.

b for *ph*: B 145 (bosboris for *ph*os*ph*orus); N 111 (nimba for nymp*h*a)

b for *f*: B 109 (bibarius for bifarius)

b for *l*: E 495 (biberatas for *l*ib-) ; T 263 (bebbi for belli ; see below § 63)

b inserted : F 423 (funebraticius for funerat-) ; L 216 (librantes for lirantes)

b omitted: I 140 (inhiebant for inhibebant); O 146 (olimat for obl-)

§ 41. *C* doubled: A 173 (accolitus for acolytus) ; C 877 (croccitus for crocitus) ; F 135 (faecce for facce) ; H 155 (huncciue for huncine)

c omitted (before *t*): Int. 321 (distintio for distinctio); A 172 (accintu for accinctu); C 549 (conpletitur for conplectitur), 732 (coarta for coarcta) ; M 230 (cinthium for cinctum)

c inserted (before *t*): C 727 (confictium for conuitium); N 139 (noctet for notet); S 561 (fructices for frutices)

c (initial) omitted : O 142 (olentes for colentes?)

c inserted (after *s* and before *i*): E 106 (eliscium for elysium)

c inserted (before *x*): C 813 (coniuncxerunt for coniunx-)

c for *sch*: C 359 (cetula for *sch*edula)

c for *l*: P 111 (pacin for pa*l*in), 176 (paruca for paru*l*a ?)

c for *q*: P 269 (scualare for squ-)

c for *qu*: A 352, 831 (Aescilia, Ascilium for Es*q*uiliae) ; S 270 (sexciplum for ses*qu*iplum)

c for *p* : S 679 (siacte for sua*p*te)

c for *f* (= *ph*): S 185 (scienices for scini*f*es)

c for *s*: L 97 (lactescit for lacessit) ; misreading: C 199 (cartago for sartago) cc for *x*: B 47 (baccuas for baxcas)

c for *ch*: Int. 90 (disticon for distic*h*on), 217 (monesticon for monostic*h*on); A 116 (aceron for ac*h*eron), 957 (aurocalcum for auric*h*alcum); C 7 (*C*arubdis for c*h*arybdis), 758 (concis for conc*h*is), 975 (cyrograffum for c*h*irographum); E 222 (cnlencus for elenc*h*us), 519 (exenodocium for xenodoc*h*ium); F 70 (colcorum for colc*h*orum); G 98 (gigantomacie for -c*h*ia); H 120 (scema for sc*h*ema); see further I 169; L 271; M 122, 133, 141; N 2; O 237; P 195; R 103; S 74, 120, 201, 482, 545; T 203, 266

c for *r*: I 446 (cacorum for ca*r*orum)

c for *sc*: L 228 (faces for fa*sc*es)

ch for Gr. κ and χ: A 107 (ac*h*olothus for acoluthus); C 360 (chroma); M 68 (malac*h*ia for malacia)

ch for *h*: P 78 (parc*h*edris for par*h*edris)

c for *g*: A 632 (ancore for an*g*ore); C 341 (cente for *g*anta), 946 (cummi for *g*ummi); G 170 (*g*rates for crates), 174 (*g*raticium for cra**ticium); S 543 (strica for stri*g*a); T 200 (tocoria for tu*g*uria)

c for *t*: A 886 (incendunt for in*t*-); F 101 (farcum for far*t*um), 209 (pictaci for pi*t*taci); I 492 (iscit for is*t*le); M 298 (musicanter for musi*t*anter); S. 202 (sclactarius for s*t*la*t*tarius); E 536 (suciata for sa*t*iata)

ci for *ti*: G 78 (ges*ci*re for ges*ti*re); L 24 (lauti*ci*ae for lauti*ti*ae)

c for *cc*: F 217 (flacentia for flaccentia); M 89 (sacellum for saccellum); O 115 (ocultantur for occ-), 121 (ocursauis, ocurris for occ-), 122 (ocultant for occ-)

§ 42. *d* omitted: A 409 (aiumenta for a*d*ium-)

d for *t*: A 277 (a*d*auus for a*t*auus); D 348 (*d*omus for *t*omus); E 70 (co*d*itiana for co*t*idiana; I 463 (inqui*d* for inqui*t*); L 241 (linqui*d*, reliqui*d* for liqui*t*, reliqui*t*); O 256 (sor*d*es for sor*t*es); T 9, 31 (tan*d*undem for tau*t*-)

di for *gi*: C 793 (con*d*iarium for con*g*iarium)

d for *dd*: S 47 (quo*d*am for quo*dd*am)

d for *o*: P 236 (peri*d*don for periodon)

d for *r*: S 484 (spi*d*is for spi*r*is)

d for *cl*: N 140 (nomen*d*ator for -*cl*ator)

d for *i*: M 364 (mun*d*a for muni*a*)

d for *n*: A 562 (ande*d*a for ande*n*a)

§ 43. *e* for *o*: Int. 217 (mon*e*sticon for mon*o*stichon); A 168 (malliol*e*s for malleol*o*s); B 64 (beant*e*s for boant*e*s); C 634 (del*e*res for dol*o*res); H 153 (hr*e*ma for chr*o*ma); L 320 (lubric*e*s for lubric*o*s); N 91 (n*e*xius for n*o*xius); P 458 (pli*o*sperus for ph*o*sphorus), 662 (prexeos for ptochias), 861 (medicos for modicos) ; S 95 (neu for non), 559 (stuperatus for stupor-) ; T 133 (teruus for toruus)

e for *i* : A 10 (ancella for ancilla), 61 (absedas for absidas), 128 (arcessite for -ti) ; C 523 (cremine for crim-), 697 (trapizetae for trapezitae), 729 (collegitur for collig-), 748 (conpetum for conpitum), 764 (concedit for concidit), 847 (conburet for conburit), 852 (utiles for utilis), 872 (crebrat for cribrat), 873 (crebrum for cribrum), 932 (curules for -lis) ; D 9 (dapsele for -ile), 42 (deffitentur for diff-), 44 (degladiandi for digl-), 53 (dedasculum for didascalum), 63 (degladiati for digl-), 67 (decedit for decidit), 94 (degesta for dig-), 98 (deadema for diad-). See further D 107, 149, 154, 158, 165, 172, 183, 194, 197, 203, 212, 213 ; E 283 (erenis for erinys), 317, 449, 468, 476, 489, 540, 541, 547 ; F 21, 45, 46, 199, 236, 278, 331 ; G 25, 27, 29, 123, 139 ; H 13, 49, 75, 78, 85, 98 ; I 108 (indegina for indigena), 118, 158, 332, 360, 426, 433, 499, 509 ; L 72, 121, 122, 254 ; M 64, 77, 86, 118, 131, 265 ; N 60, 197 ; O 61, 93, 124, 159, 163, 260 ; P 32, 71, 112, 317, 375, 662 ; S 155, 192, 320, 321, 374

e for *a* : C 341, G 53, 68 (cente, gente for ganta) ; D 90 (seperare for separare) ; E 219 (energia for enargia), 276 (operentur for operantur), 370 (iectato for iactato) ; F 350 (aristes for aristas) ; G 23 (geneo for ganeo), 160 (greditur for graditur) ; I 95 (infusceretur for infuscar-), 142 (merothece for myrotheca). See further I 459, 497 ; L 26, 72, 105, 106, 112, 113, 125, 257, 342 ; M 7, 122 ; N 55 ; P 499, 830 ; R 170 ; S 247, 257, 508, 544 ; U 83

e omitted : Int. 12 (afertice for aphaeretice) ; D 45 (delibrat for deliberat) ; I 313 (inrequiuit for inrequieuit) ; G 56 (genthliatici for geneth-) ; N 5 (nausatio for nauseatio), 191 (nucli for nuclei) ; O 157 (olastrum for oleastrum)

e for *y* (= i) : E 235 (epistelia for epistylia) ; G 47 (gemmasium for gymnasium), 74 (gemnasia for gymn-) ; I 142 (merothece for myrotheca) ; M 132 (merepsica for myrepsica), 138 (merotetes for myrothece), 166 (megale for myg-) ; P 23, 81 (panagericum for pancgyricum), 77 (panagericis for panegyricis) ; S 253 (senodus for synodus)

e for *ae* : Int. 12 (afertice for aphaeretice) ; B 144 (blessus for blaesus) ; C 728 (coetanium, coeuum for coaetanium, coaeuum) ; D 174, 226 (deseptus, diseptus for dissaeptus) ; E 94 (egre for aegre), 266 (equora for aequora), 267 (equiperat for aequiperat), 275 (erumna for aerumna), 311 (esitat for haesitat) ; see further E 305, 307, 357, 428, 459 ; F 2 (teda for taeda), 38 (precinentes for praec-), 52 (sepe for saepe), 143 (feculentus, fece for faec-, faece), 150, 413 (cesus for caesus) ; G 37 (gesa for gaesa), 48, 97 ; H 48 (herumna for aerumna) ; see also

H 113, 144, 145; I 81, 117, 234, 332; M 162, 177, 192, 196, 206,
363; N 53, 54, 69, 80; O 182; P 12, 90, 140, 157, 162, 268, 269;
R 229; S 139 &c. &c.

e for *ie*: E 274 (*ereon* = I 43 *ierion* = Gr. ἱερεῖον)

ę for *ae*: A 157 (acrę for acr*ae*), 177 (adsutę for -t*ae*), 290 (adęquat
for ad*ae*q-), 317 (aequę for aequ*ae*); E 420 (exedrę for exedr*ae*), 486
(alienę for -n*ae*), &c.

ę for *e*: A 400 (agrę for aegr*e*)

ę for *i*: L 33 (lęxiua for l*i*xiuia)

e prefixed: E 519, R 103 (*exenodocium* for xenodochium)

eu for *e*: E 330, 346 (*eudolia* for edulia), 351 (*eurynis* for erinys)

ex for *aes*: E 521 (*extimat* for *aes*timat)

ex (partly) dropped: O 198 (speoto for *ex*specto)

e for *oe*: F 122 (Fenicium for Phoen-), 198 (citharedus for citha-
roedus); M 134, 179 (melopeus for melopoeus); P 252 (penix for
phoenix), 388 (Phebe for Phoebe), 502 (petria for poetria). See also
i for *oe*

e inserted: Int. 317 (pedeum for pedum); A 429 (alietibus for
alitibus); I 423 (iuperimente for inprimente); L 285 (lupea for lupa)

e (initial) omitted: P 397 (pistilia for epistylia), 423 (pimelea
= ἐπιμέλεια)

e for *eu*: R 51 (rema for re*u*ma)

e for *t*: M 232 (monofealmon for monoph*t*halmon)

e for *u*: O 172 (onestus for on*u*stus), 176 (lectum for l*u*crum)

e for *ei*: Int. 125 (edulion for eidyllion).

§ 44. *f* for *ph*: Int. 12 (a*f*ertice for a*ph*aeretice), 294 (ste*f*anus for
step*h*anus); D 248 (dia*f*onia for dia*ph*-); E 348 (eu*f*onia for eu*ph*-);
F 22 (*f*asianus for *ph*as-), 61 (*f*alangarius for *ph*al-), 70 (*f*asus for
*Ph*asis). See further F 73, 113, 114, 122, 130, 155, 156, 177, 189, 209,
211, 216, 255, 296, 298; H 64; M 124, 139, 204, 232; N 100; O 176,
265; P 55 (bis), 79, 299; S 45, 342, 346, 361, 367; T 162

f for *u* (= v): B 18 (de*f*oratio for de*u*-); B 112 (bi*f*arius for
uiuarium); C 503 (con*f*ulsus for con*u*ulsus), 547 (*f*orax for *u*orax),
727 (con*f*ictium for con*u*itium); D 84 (de*f*otabat for de*u*otabat), 172,
233 (di*f*ortium, de*f*ortia for di*u*-), 238 (di*f*eruerat for di*u*erberat), 267
(de*f*orat for de*u*orat); F 99 (*f*arius for *u*arius), 128 (*f*enus for *V*enus?),
178 (*f*ibrans for *u*ibrans), 300 (*f*ortex for *u*ortex), 410 (fugiti*f*arius
for fugiti*u*-); M 62, 114 (Ma*f*ortiam, Ma*f*ortem for Ma*u*ortiam,
Ma*u*ortem); P 262 (per*f*icaciter for per*u*-), 263 (*f*elocitas for *u*el-),
617 (pro*f*ecta for pro*u*-), 631 (prae*f*aricator for prae*u*-), 677 (pri*f*ignus
for pri*u*-), 766 (pro*f*ectus for pro*u*-)

ff for *ph*: C 635 (*coff*inus for *coph*inus), 975 (cyrogra*ff*um for chirogra*ph*um); E 83 (*eff*ebus for e*ph*ebus), 91 (*eff*eui for e*ph*ebi); I 146 (interanagly*ff*a for -gly*ph*a); S 380 (so*ff*a for so*ph*ia), 388 (so*ff*isticis for so*ph*-), 520 (stro*ff*a for stro*ph*a), 540 (stro*ff*ia for stro*ph*ia), 718 (syngra*ff*e for syngra*ph*e)

f for *s*: C 593 (con*f*erata for con*s*erta?); S 710 (syne*f*actas for syneisactas)

f for *i*: D 310 (dis*f*ecit for disiecit)

f for *b*: D 262 (diatri*f*as for diatribas); E 250 (epi*f*ati for ephibati); M 326 (Mulci*f*er for -ber)

f for *h*: F 58 (*f*ariolus for *h*ariolus)

f for *ff*: F 236 (de*f*usa for di*ff*usus); H 33 (di*f*iculter, di*f*icile for di*ff*-)

f for *n*: S 577 (stur*f*us for stur*n*us, through stur*uu*s?)

f for *p*: M 177 (*f*loret for *p*lorat); T 256 (tro*f*on for tro*p*on)

f for *r*: A 376 (A*f*estotiles for Ar-)

§ 45. *g* inserted: A 104 (aco*g*nitum for aconitum); E 24 (ec*g*-ferunt for ecferunt); F 192 (fiti*g*alis for fitialis)

g omitted: A 259 (a*g*erat for a*gg*erat); F 223 (flarantius for flagr-); L 254 (loica for lo*g*ica)

g doubled: E 97 (e*gg*ones for e*g*ones); F 141 (su*gg*it for su*g*it)

g for *c*: E 104 (e*g*logae for eclogae); F 287 (folli*g*antes for follic-); I 510 (iun*g*etum) for iuncetum); M 118 (mante*g*a for mantica), 299 (mul*g*atores for mulc-); R 228 (masti*g*at for masticat); S 23, 89 (san*g*it for san*c*it); U 101 (ne*g*ros for uecors)

g for *u* (= v): E 525 (exu*g*iae for exu*u*iae); F 363 (fri*g*ula for fri*u*ola)

g for *d*: H 75 (heru*g*o for hiru*d*o)

g for *t*: P 195 (peri p*g*ocias for peri p*t*ocias)

§ 46. *h* omitted: A 13 (abiles for *h*ab-), 448 (alitus for *h*al-); C 44, 86 (cantarus for cant*h*arus), 972 (cyatus for cyat*h*us); D 97 (detrait for detra*h*it); E 391 (exaltauit for ex*h*alauit); G 74 (termae for t*h*ermae); M 138 (merotetes for myrot*h*ece), 287 (monotalmis for monopht*h*almis); R 22, 24 (ramnus for r*h*amnus), 111 (retica for r*h*aetica), 177 (Rinocoruris for R*h*in-), 180 (rithmus for r*h*ythmus), 181 (rinoceres for r*h*inoceros); S 309 (exibeo for ex*h*ibeo), 571 (strutio for strut*h*io); T 175 (timiamatc for t*h*ym-), 196 (torax for t*h*orax). E 167 (emisticius for *h*em-), 169 (emisperion for *h*em-), 278 (eruli for *h*eruli), 279 (erns for *h*erus), 290 (erodi for *h*erodius), 302, 311 (esitat for *h*aesitat), 360, 404 (exaustis for ex*h*austis), 449, 489 (exanreant, exaureant for ex*h*auriant), 522 (exameron for *h*exaemeron); G 48 (asta for *h*asta); I 62 (ortator for *h*ortator), 78 (inians for in*h*ians), 94 (inibitum for in*h*ibitum), 292 (inalator for in*h*alator); see further I 480, 481; L 129; N 17, 33, 55, 59; O 126, 128, 151, 158, 159, 227, 230, 257, 262 (oroma for *h*orama), 265; P 8, 171, 183, 386, 473 (astella for *h*astella), 567; R 40, 108, 129; S 449

h inserted: E 240 (ep*h*itomos for epit-), 241 (epit*h*oma for epitoma), 318 (et*h*imologia for etym-); P 745 (pro*h*emium for prooemium); R 85 (ret*h*orridus for retorr-); S 629 (super*h*abundans for superab-); T 136 (t*h*eda for taeda), 144 (t*h*us for tus), 154 (T*h*ersicorem for Terpsi-chorem), 156 (t*h*essera for tessera)

h for *ch*: B 181 (bra*h*iale for brac*h*iale); H 16 (*h*alibs for c*h*alybs), 19 (*h*arubdis for c*h*arybdis), 153 (*h*rcma for c*h*roma)

h for *g*: H 24 (*h*ausae for *g*azae)

h prefixed: D 42 (*h*ostiarii for ost-); H 48 (*h*erumna for aerumna), 52 (*h*ebenum for ebenum), 120 (*h*ieronia for ironia), 134 (*h*olor for olor), 146 (*h*olido for olido), 147 (*h*oneraria for oner-), 151 (*h*olitor for olitor); L 86 (*h*abunde for ab-), 265 and O 181 (*h*abundans for ab-); M 267 (*h*abundat for ab-); P 239 (*h*ironiam for iron-); S 66 (*h*onera for onera)

h transposed: R 62 (ret*h*orica for r*h*etorica), 131 (ret*h*orem for r*h*etorem)

§ 47. *i* for *y*: A 173 (accol*i*tus for acol*y*tus); D 281 (discolus for d*y*scolus); E 262, 289 (ependiteu, erenditen for ependy*ten*), 318 (ethimologia for et*y*mologia), 351 (euryn*i*s for eriny*s*); F 209 (f*i*lacteria for ph*y*l-), 211 (f*i*largiria for philarg*y*ria); G 92 (gipsus for g*y*psum), 142 (gr*i*pem for gr*y*phem), 143 (grillus for gr*y*llus); see further H 92, 104, 113; I 5, 9, 480, 481; L 160, 194, 198, 227, 229, 240; M 204, 206, 208, 218, 221; N 63, 100, 109, 111; O 24, 144, 145, 152, 158, 171, 236, 260; P 11, 55, 127, 169, 397, 433, 510; S 168, 190, 199, 316, 318, 328, 333, 342, 367, 377, 466; Q 42 (qu*i*nici for c*y*nici), 65 (qu*i*nos for c*y*nos)

i inserted: A 8, 21 (inu*i*olata for inuolata); C 49 (uacillan*i*s for -lans); D 375 (duell*i*um for duellum); E 301 (er*i*gastulo for ergastulo), 469 (ex*i*tus for extis); H 121 (diuiden*i*s for diuidens), 139 (holioglapha for holographa); I 76 (angust*i*is for augustis), 171 (studios*i*us for studiosus), 290 (in poster*i*o for in postero); L 212 (li*i*s for lis), 240 (linch*i*ni for lychni), 300 (lu*i*tia for lutea); M 141 (mecan*i*cia for me-chanica), 200 (metr*i*c*i*us for metricus), 230 (cinth*i*um for cinctum); O 17 (resisten*i*s for -tens); P 25 (con*i*uentio for conuentio), 337 (persolu*i*o for persoluo), 500 (postic*i*a for postica); S 279 (indican*i*s for iudicans), 424 (so-ler*i*s for sollers); U 136 (uert*i*gio for uertigo), 181 (uitr*i*c*i*us for nitricns)

i (initial) dropped: C 512 (conisma for *i*conisma); S 551 (stinc for *i*stino), 564 (stie for *i*stic) *i* omitted: E 237 (breuiarum for breuiarium), 394 (exito for exitio); F 190 (luscina for luscinia), 272 (formas for formias), 303 (snarum for suarium), 414 (fustarius for fustiarius), 427 (fulgine for fulig-); I 145 (trinis, uis for triuiis, uiis), 319 (inuolutis for inuolnitis), 335 (latumis for latumiis); L 33 (lexiua for lixiuia), 52 (brachis for brachiis), 57 (lacinosum for laciniosum); M 283 (supplicis for -ciis); N 176 (nudustertius for nudiust-); O 207 (stipendis for -diis); P 265 (perende for perendie), 301, 303 (per for peri), 476 (plagarius for plagiar-), 526 (orbs for orbis), 812 (priuilegarius for -giarius); Q 29 (quaeremonis for querimoniis); S 267 (sero for serio)

i (final) dropped: C 697 (collectari, nummulari for collectarii, nummularii); L 220 (ceruari for ceruarii), 289 (litterari for litterarii); P 139 (patriei for patricii), 159 (bucelatori for buccellatorii), 758 (primari for primarii); S 218 (unguentari for -tarii); U 118 (ueredari for -darii)

ig for *y*: G 97 (gigneceum for gynaeceum)

i for *u*: Int. 208 (aestis for aestus); C 721 (bonis for bonus); D 191 (delibra for delubra); H 149 (homulis for homullus); I 266 (intibus for intubus); L 258 (pannis for pannus); M 19 (manitergium for manut-); N 100 (nouellis for -lus), 128 (nimquis for numquis); O 58 (obstipuit for obstup-); P 161 (incibus for incubus), 771 (criminosis for -sus), 872 (pigilis for pug-); Q 30, 32 (quaestiosus, quaestiosius for quaestu-); S 197 (scripulum for scrup-), 679 (siacte for suapte)

i for *e*: A 150 (acnonitus for acoenonetus), 459 (alapiciosa for alopec-); C 556 (coercit for coercet), 578 (praeuidimus for praeuidemus), 596 (conquirentem for conquerentem), 697 (trapizetae for trapezitae), 728 (coetanium for coaetaneum), 870 (crudiscente for crudescente), 888 (siriem for seriem), 914 (nansia for nausea); D 51 (defitiget for defetiget), 66 (decidens for decedens), 106 (decit for deeet), 161 (discendit for desc-), 216 (dispectare, dispicere for despectare, despicere), 237 (dilubra for delubra), 260 (diriguere for deriguere), 261 (diocisa for dioecesis), 324 (dissedit for dissidet), 326 (dissiduus, disidiosus for desiduus, desidiosus); E 136 (elimentis for elementis), 143 (eligantur for eleganter), 155 (mercis for merces), 246 (adoliscens for adolescens), 429 (extimplo for extemplo); F 3 (facitia for facetia), 40 (familicus for famel-), 82 (fatitur for fatetur), 115 (feruginius for ferrugineus), 187 (fistum for festum), 249 (rubins for rubeus), 292 (fomis for fomes?), 299 (forinsis for forensis); G 27 (garilum for galerum), 50 (genialis for geniales); H 50 (habitat for hebetat), 56 (hebitatus for hebetatus), 84 (hebitiores, rusticioris for hebetiores, rusticiores), 110 (hiscire for hiscere), 115 (uiro

for uero); I 59 (distitutus for dest-), 60 (initia for inedia); see further
I 61, 72, 74, 81, 91 (inlicebra for inlecebra), 108 (indegina for indigena),
118, 219, 252, 300, 301, 342, 373, 437, 444, 490, 498, 506, 511; L 2,
143, 156, 195, 201, 220, 221, 223, 238, 268, 279, 300; M 14, 52, 63,
86, 155, 177, 181, 190, 225 (misuratio for mens-), 240, 244, 247, 250,
257, 335, 341, 354, 360; N 39, 51, 60, 125; O 27, 154, 164, 237, 265,
266, 293; P 8, 40, 105, 106, 108, 135, 340, 348, 436, 464; S 306, 318,
321, 349

i for *oe*: F 155 (finix for phoenix); L 175 (lidoria for loedoria);
O 128 (odiporicum for hodoep-)

i for *a*: C 765 (consimilis for -las); D 229 (dicit for dicat); E 555
(uigilibant for uigilabant); F 76 (faniticus for fanaticus); H 10
(euacuissent for euacuassent); I 431 (linguidus for languidus); L 208
(litescere for lat-), 285 (lupinaria for lupan-); P 168 (pipilio for pap-),
183 (pantigatum for pantagathum); S 329 (sipius for sapins)

ie for *e*: D 269 (diemat for demat)

ie for *i*: H 120 (bieronia for ironia); S 185 (scienices for scinifes)

ie for *y*: H 117 (hiemen for hymen)

i for *o*: Int. 94 (diastile for diastole); H 118 (hirribile for horr-);
P 515 (pilimita for pol-)

i for *ae*: H 123 (sitosus for saetosus)

it for *s*: I 15 (percussuit for percussus)

ie for Gr. *è*: I 40 (ieortasticai for ἑορτ-)

i for *ei*: P 451 (pliadas for pleiadas)

iu for *e*: P 108 (consolatorium for -torem), 268 (eruditorium for
-torem)

i for *s*: A 761 (arcesiendos for arcessendos)

i for *t*: A 768 (apium for aptum)

i for *l*: C 444 (cieps for cleps)

§ 48. *l* transposed: C 642 (scluptae for sculptae)

l doubled: C 373 (mallo for malo), 713 (collorate for colorate);
D 292 (tollerabilis for toler-); F 148 (fellus for felus = felis), 190
(filomella for filomela); G 27 (pelleum for pileum); M 87, 92 (mallo
for malo), 90 (mallim, nellim for malim, nelim); O 175 (onocratallus
for onocrotalus); P 296 (tollerata for toler-), 323 (tolleramus for toler-)

l for *b*: A 354 (uli for ubi); F 405 (lugulre for lugubre)

l omitted: Int. 259 (circumfexus for circumflexus); A 20 (spendor
for splendor), 879 (atomi for latomi); C 496 (causile for clausile);
E 218 (spendescit for splendescit); P 547 (postrum for plostrum),
574 (fiius for filius); R 131 (spendoris for splendoris), 219 (spendidum
for splendidum); S 514 (stragna for stragula)

l inserted : B 147 (b*l*ohonicula for bothon-); S 187 (sca*l*pula for scapula)

l for *r*: F 254 (f*l*agrans for f*r*agrans), 329 (f*l*agrat for f*r*agrat); H 139 (holiog*l*apha for holog*r*apha); O 46 (obscu*l*atio for obscur-); P 55 (pastofo*l*ia for pastophoria), 243 (perf*l*ictio for perf*r*ictio), 449 (p*l*unas for prunus), 456 (p*l*umum for p*r*unum); S 674 (su*l*iunt for su*r*iunt)

L for *N*: L 149 (*L*eptis for *N*eptis)

l for *u*: L 230 (a*l*tionatur for auct-)

l for *u* (*v* or *b*): G 91, 191 (gil*l*us, gallus for gil*u*us or gil*b*us)

l for *i*: B 43 (basil*l*a for basili*a*); G 175 (G*r*a*l*orum for Graiorum); O 49 (ob*l*ectare for ob*i*ectare)

l for *ll*: H 79 (pa*l*idus for pa*ll*idus), 149 (homu*l*is for homu*ll*us); N 155 (noue*l*etum for noue*ll*etum); P 159 (buce*l*atori for bucce*ll*atorii), 442 (deco*l*atur for deco*ll*atur), 699 (anguila for anguil*l*a); S 382 (so*l*entia for so*ll*ertia), 387, 389 (so*l*ers for so*ll*ers)

li for *h*: P 458 (p*li*osperus for p*h*osphorus)

li for *r*: S 21 (sa*li*tum for sa*r*tum)

l for *g*: A 417 (albu*l*o for albu*g*o)

§ 49. *m* for *mm*: C 720 (consu*m*atus for consu*mm*atus), 760 (co*m*entat for co*mm*entat); S 377 (si*m*isti for sy*mm*ystae)

m doubled : C 647 (com*m*itia for comitia)

m for *n*: C 751 (cornice*m* for cornice*n*), 756 (do*m*um for donum); G 47 (gem*m*asium for gymnasium); L 153 (le*m*ociniat for le*n*oc-); P 456 (plu*m*um for pru*n*um); S 726 (sy*m*tagm- for sy*n*t-)

m for *ri*: C 756 (contia*m*um for congia*ri*um)

m for *r*: A 586 (me*m*or for mae*r*or); S 251 (separatu*m* for separatu*r*)

m for *s*: O 196 (faculta*m* for faculta*s*)

m inserted : E 204 (e*m*phimerides for ephemerides); M 208 (mi-*m*opora for myoparo)

m for *ns*: O 31 (perseuera*m* for perseuera*ns*)

§ 50. *n* for *u*: A 640 (a*n*gustior for aug-); B 45 (barbe*n*ta for brabeuta); C 476 (cla*n*dire for cla*u*dire), 684 (concla*n*ia for concla*u*ia), 976 (cynomi*n*na for cynos*u*ra); E 449 (exa*n*reant for exha*u*riant); P 863 (sine for si*u*e); S 294 (se*n*ente for saeuiente ?)

n omitted : C 797 (cogitarium for co*n*giarium); E 317 (ethicus for eth*n*icus); F 213 (flutas for fluta*n*s); I 470 (ioluerunt for i*n*ol-), 495 (isignit for i*n*signit); M 59 (masitat for ma*n*sitat), 220 (magifice for mag*n*ifice), 225 (misuratio for me*n*s-), 236 (conpugit for conpu*n*git); P 348 (penticotarchus for pente*n*tarchus), 467 (plataria for pla*n*taria);

Q 66 (quiquennalis for qui*n*quennalis); S 90 (saxit for sa*n*xit), 682 (i for *in*)

n inserted : Int. 126 (ethia*n*tike for aetiatike); D 303 (pero*rn*ans for perorans), 323 (de*n*ique for deique); E 222 (*en*lencus for elenchus); I 247 (inquie*ns* for inquies); L 109, 266 (formo*n*sum for formosum), 219 (li*n*gurrit for ligurrit), 240 (li*n*chini for lychni), 241 (li*n*quid for liquit), 321 (falla*n*x for fallax); S 114 (a*n*thletae for athletae)

ni omitted : M 361 (mufex for mu*ni*fex)

n for *p* : E 249 (epile*n*ticus for epilepticus)

n for *g* : S 356 (sinuum for si*g*num)

n for *m* : A 585 (a*n*fora for amphora), 609 (a*n*fetrite for amphit-); E 476 (exte*n*us for exti*m*us); H 119 (pantomi*n*us for -mi*m*us); I 109 (i*n*nobiliter for im*m*ob-); P 816 (propedie*n* for -die*m*)

n doubled : R 145 (re*n*nuunt for re*n*uunt)

n for *r* : A 299 (aeg*n*e for aeg*r*e); F 428, 433 (mo*n*s for mo*r*s); G 64 (ge*n*usia for gerusia); I 532 (lace*n*osa for lace*r*osa); M 22 (ma*n*tyrium for mart-); O 174 (o*n*tigometra for o*r*t-); P 50 (pantocrato*n* for -crato*r*); S 144 (obscurio*n*es for -*r*es); S 382 (sole*n*tia for solle*r*tia)

n for *h* : H 161 (*n*unc for *h*unc); U 143 (ue*n*iculum for ue*h*iculum)

n for *l* : F 382 (fu*n*ix for fu*l*ix); L 156 (linionis for lineo*l*is)

§ 51. o for *s* : A 133 (fortio for forti*s*), 213, 620 (satio for sati*s*), 243 (farao for farri*s*); C 453 (uindictio for uindicti*s*), 802 (comitatio for comitati*s*?); E 46 (abdicatio for abdicati*s*); F 155 (congregatio for congregati*s*)

o for *u* : A 107 (acholothus for acol*u*thus), 258 (adolator for ad*u*l-); B 83 (teotoni for te*u*toni), 149, 164 (bouulci, bobulcus for b*u*b-); C 508 (conabulum for c*u*n-), 555 (conlocopletatus for conloc*u*pl-), 640 (cospis for c*u*spis), 671 (coagolescit for coag*u*l-), 775 (coagolum for coag*u*lum), 850 (comolus for c*u*m*u*lus), 889 (guttoris for gutt*u*ris), 932 (curro for curr*u*); D 83 (deglobere for degl*u*bere), 258 (dilotis for dil*u*tis), 366 (motatio for m*u*tatio); E 155 (emolomentum for emol*u*mentum), 330, 346 (eudolia for ed*u*lia), 466 (permotatio for perm*u*t-); F 275 (forcifer for furcifer); G 167 (gratator, gratulator for -t*u*r); H 9 (baeiolat for hei*u*lat), 61 (l*u*xoriosus for lux*u*r-), 100 (hiatos for hiat*u*s), 224 (bobulinum for b*u*b-); see further I 497; L 129, 312; M 57, 257; N 180; O 160, 161, 165; P 49, 56, 90, 441, 476, 499, 530, 835; R 206, 207; S 97, 158, 308, 368, 413, 429, 530; T 200, 204

o for *oe* : D 261 (diocisa for di*oe*cesis)

o for *a* : A 102 (aconito for -t*a*), 514 (obolitionem for *a*bol-); D 76 (potescit for p*a*tescit), 157 (obsorbens for *a*bs-), 166 (defragore for defra-

gare) ; E 331 (tolentorum for tal-) ; F 104 (fauo for faba), 130 (Foeton for Phaeton), 269 (fogo for fago), 296 (formacopula for pharmacopola) ; L 260 (lobe for labe) ; M 79 (manatio for manantia), 133 (meloncolia for melancholia), 208 (mimopora for myoparo) ; N 181 (nuntio for nuntia) ; O 124 (ocearium for aciarium), 262 (oroma for horama) ; P 165 (parmocopula for pharmacopola), 542 (popauer for pap-), 662 (prexeos for ptochias), 730 (obruptus for abr-) ; S 311 (situlo for -la), 317 (olioquin for al-), 465 (spargona for spargana) ; T 136 (optum for apt-), 140 (colores for cal-), 178 (Titon for Titan)

o for *e*: A 923 (opotatis for ep-) ; E 125 (elogi for elegi) ; G 131 (glomoramur for glomer-) ; L 259 (lotum for letum) ; O 22 (oboliscus for obel-) ; P 499 (podorem for poderem), 548 (porgere for perg-) ; S 266 (serio for serie), 413 (sodolus for sedulus), 432 (sodatus for sedatus)

o inserted: H 11 (habiloes for habiles), 119 (historicus for histricus); L 21 (laogoena for lagoena)

o omitted : O 223 (oplere for obolere)

o for *i*: I 336 (intomus for intimus); P 317 (appollones for Apollinis)

oe for *e*: L 263, 267 (loetalis, loetiferum for let-)

oy for *u*: M 233 (moysica for musica)

§ 52. *p* for *ph*: E 184 (emisperium for hemisphaerium), 244 (epimeri for ephemeris), 250 (epifati for ephibati) ; G 142 (gripem for gryphem); N 17, 33 (napta for naphtha), 55 (nepta for naphtha), 59 (neptalim for nephthalim) ; P 165 (parmocopula for ph-), 252 (penix for phoenix), 458 (pliosperus for phospherus) ; S 442 (speriae for spheritae), 458 (spera for sphera)

p omitted : E 478 (exsumtuanit for exsumptuanit) ; T 154 (Thersicorem for Terpsichoren)

pp for *bb*: G 93 (gippus for gibbus)

p for *b*: I 102 (increpescit for increbrescit), 418 (puplico for publico); O 223 (oplere for obolere) ; P 327, 339 (puplicam, puplicum for publ-), 680 (proplesma for problema), 870 (puplicani, puplicam for publ-); R 60 (respuplica for respubl-)

p for *f*: P 323 (perperimus for · perferimus?), 666 (praxinus for fraxinus)

p for *g* : O 58 (obripuit for obriguit)

p for *pp*: Int. 121 (aparatio for apparitio) ; O 183 (operichamur for opp-), 185 (opido for oppido), 186 (opilauit for opp-), 188 (operientes for opp-), 198 (operior, for opp-), 214 (opessulatis for opp-), 220 (opansum for opp-)

p for *u* : S 102 (pappa for uappa)

C. G.

p doubled : M 63 (ma*pp*alia for ma*p*alia) ; P 317 (*app*ollones for Apoll*i*nis)

p for *s* : A 382 (aga*p*o for aga*s*o)

ph for *p* : E 161 (em*ph*eria for em*p*eiria), 230 (e*ph*iphania for epiphania), 238 (e*ph*ithalumium for e*p*it-), 239 (e*ph*yria for em*p*iria), 240 (e*ph*itomos for e*p*itomos) ; O 144 (olim*ph*um for Olym*p*um) ; P 386 (*ph*itccus for *p*ithecus)

ph omitted : M 287 (monotalmis for mono*ph*thalmis)

§ 53. *qu* for *ch* : C 530 (con*qu*ilium for conc*h*ilium)

qu for *c* : Q 42 (*qu*inici for cynici), 65 (*qu*inos for cynicos)

§ 54. *r* omitted : A 763 (anaglosa for arnoglossa) ; D 123 (desticare for dest*r*icare) ; E 66 (enebata for cneruata) ; F 190 (expimuntur for exp*r*imuntur), 318–320 (fratuelis for frat*r*uelis), 337 (frustatur for frust*r*ator), 345 (fons for frons), 409 (fulgetum for fulget*r*um) ; G 172 (feire for fe*r*ire) ; I 19 (pr*o*pietas for proprietas), 102 (increpescit for increb*r*escit), 467 (propio for prop*r*io) ; L 72 (ceditu for c*n*editur) ; N 172 (noma for norma) ; O 120 (occusare for occursare) ; P 120 (pantocranto for -cranto*r*) ; S 74 (cura for c*r*ura), 558 (stangulat for str-) ; T 120 (uemis for ue*r*mis) ; U 138 (nena for ue*r*na), 148 (uemiculus for ue*r*miculus)

r for *t* : D 306 (dic*r*eus for dic*t*cus) ; N 200 (nu*r*us for nu*t*us) ; P 662 (p*r*exeos for p*t*ochias)

r for *h* : D 133 (prouerat for proue*h*at ?) ; O 283 (crasmauit for c*h*asm-)

r for *p* : E 289 (erenditen for ependyten) ; O 254 (orpleuit for o*pp*l-)

r for *u* : F 94 (adiura*r*e for adiu*u*are)

rg for *pt* : I 457 (iner*g*iae for ine*p*tiae)

r transposed : P 715 (p*r*ancatarius for pancrat-)

r doubled : O 71 (obse*rr*at for obse*r*at)

r for *n* : (graphical : misreading of original) ; Int. 127 (se*r*arium for se*n*-) ; A 44 (disso*r*um for disso*n*um), 575 (u*r*cenos for u*n*cinos), 749 (a*r*chius for a*n*xius), 820 (a*r*cius for a*n*xins) ; C 434 (ci*r*cinni for ci*n*cinni), 954 (cu*r*ac for cu*n*ae), 968 (cu*r*abula for cu*n*abula), 976 (cynomin*r*a for cynosu*r*a) ; H 115 (hinci*r*e for huici*n*e) ; M 260 (mo*r*otonus for mo*n*ot-)

r for *s* : Int. 191 (lacerto*r* for -to*s*) ; A 28 (ab*r*istit for ab*s*istit), 29 (ab*r*isit for ab*s*istit), 31 (aba*r*o for aba*s*o), 757 (a*r*tum for a*s*tum), 775 (a*r*cesi for a*s*cesi) ; I 378 (incu*rr*us for incu*rs*us) ; O 273 (ostentu*r* for ostentu*s*)

r for *l* : M 257 (mo*r*git for mu*l*get)

r inserted : A 962, 963 (ax*r*edones, ax*r*edo for axed-) ; C 699 (conubrium for conubium); P 484 (portior for potior), 813 (praes-trigiae for praestig-); T 92 (terpore for tepore)

r for *rr*: A 23 (aberuncat for auerruncat); C 932 (curendum for curr-); E 487 (scurilis for scurrilis); F 115 (feruginius for ferrugineus); G 14 (garula for garrula); I 146 (interasile for interrasile); O 230 (oripilatio for horrip-); S 605 (susurio for susurrio)

§ 55. *s* doubled: B 26 (bassia for basiá), 144 (blessus for blaesus); C 838 (pussillanimis for pusil-); D 110 (accussat for accusat), 208 (recussnuere for recusauere), 326 (dissiduus for desiduus); E 315 (essox for esox); G 139 (Gnossea for Gnosia); I 82 (accussat for accusat); 394 (intror-ssum for introrsum); O 44 (obessus for obesus); P 223 (perossum for perosum)

s for *ss*: Int. 20 (misus for missus); C 482 (elasis for classis), 490 (fosa for fossa), 493, 497 (clasica for classica), 507, 745 (commisura for commissura), 722 (commisionibus for commissi-), 893 (spisauit for spi-ssauit); D 226 (diseptus for dissaeptus), 240 (disipat for dissipat), 303 (disertans for dissertans); E 442 (disolutus for diss-), 471 (examusim for examussim), 500 (excesus for excessus), 507 (expraesit for expressit); F 64 (fasus for fassus); G 58 (geserat for gesserat); I 446 (amisione for amissione): see further M 152, 205, 216, 285, 309, 351; O 167; P 190, 349, 464, 663; S 321

s inserted before *ci* (= ti): Int. 301 (conscionator for concionator = contion-)

s for *x*: A 284, 285 (ausiliare, ausiliabor for aux-), 635 (ansiferis for anx-), 942 (ausillae for auxillac); E 321 (estera for extera); F 304 (fornis for fornix); O 190 (ausilium for aux-); R 142 (remes for remex)

s for *c*: C 194 (cassusum for cascusum); H 116 (hisseire for hiscere); I 339 (inconsissis for inconcussis)

s for *f*: B 127 (bisarius for bifarius); E 236 (eptasyllon for hepta-*ph*yllon = heptafyllon); U 20 (uaser for unfer)

s for *o*: C 21 (interruptis for interruptio), 588 (contentis for con-tentio). See above: *o* for *s*

s (final) dropped: D 222 (discor for discors); O 126 (odo for hodos); T 111 (praepositu for -tus)

s omitted after *x*: E 382 (excrtum for exsertum), 396, 499 (exerta for exserta), 397 (exerti for exserti), 509 (execrare for exs-), 514 (exerit for exserit), 517 (excreat for exsc-), 528 (extinctis for exstinctis), 531 (exerere for exserere), 539 (exolutus for exsol-)

s for *t*: E 72 (fasus for fatus)

si for *ti*: P 81 (licensiosum for licenti-); S 279 (sentensiosus for sententi-). See further below, on the pronunciation of *ti s* for *n*: I 472 (discessio for discensio); L 2 (lanioses for lanio*n*es)

ss for *di*: E 417 (cxossum for exo*di*um)

s omitted: Int. 118 (eucharitia for eucharistia); A 396 (agrotis for agrestis); E 484 (extipices for extispices); I 62 (iupulor for inpulsor)

s for *r*: B 129 (bileso for bile*r*o); C 425 (atpostat for adpo*r*tat); F 85 (fascimen for f*a*rcimen); H 159 (humasc for huma*r*e); L 43 (lapa-na*s* for lupanar), 47 (la*s* for lar)

s inserted: F 156 (filoxsenia for philoxenia); I 9 (iaspix for iapyx), 406 (industias for indutias); P 55 (gazofsilacio for gazophylacio), 680, 685 (proplesma, problesma for problema), 780 (problesmata for problemata); T 21 (tapetsa for tapeta)

s for *g*: S 723 (syntasma for synta*g*ma), 724 (syntasmata for synta*g*mata)

s for *l*: C 77 (concisium for conchy*l*ium)

s for *z*: H 24 (hausae for gazae); S 281 (septisonium, sonae for septizonium, zonae)

sc for *cc*: S 621, 652, 665 (suscensere, suscenset for succ-)

s for *ex*: S 122 (sceptor for *ex*ceptor)

s for *sc*: R 86 (resiscas for re*sc*iscas)

s for *y*: A 270 (adsta for ad*y*ta)

s for *ic*: H 76 (helson for hel*ic*on)

§ 56. *t* for *d*; Int. 201 (atsumsio for a*d*sumptio); A 768 (a*t* for a*d*); B 7 (trepi*t*at for trepi*d*at); C 177, 195 (atuocatus, atuocati for a*d*u-), 359 (ce*t*ula for ce*d*ula = schedula), 626 (coa*t*unat for coa*d*unat), 628 (a*t*inuenta for a*d*in-), 796 (a*t*iungere for a*d*i-), 823 (a*t*flictio for a*d*flictio); F 114 (quo*t* for quo*d*), 176 (fice*t*ula for fice*d*ula), 410 (a*t*sidue for a*d*s-); I 509 (iuglan*t*es for iuglandes); N 114 (ni*t*or for ni*d*or); P 309 (apu*t* for apu*d*)

t for *r*: D 165 (dege*t*it for dige*r*it); O 176 (lec*t*um for lucrum)

t doubled: E 183 (emi*tt*ogium for hemi*t*ogium); S 310 (li*tt*oris for li*t*oris)

t inserted: C 932 (s*t*ella, s*t*ellares for sella, sellares); E 391 (exal*t*auit for exhalauit); I 147 (in*t*ula for inula)

t inserted after *c*: A 145 (ac*t*u for acu); F 103 (amic*t*us for amicus); L 97 (lac*t*escit for lacessit)

th for *ph*: E 251 (epita*th*ium for epita*ph*ium)

th for *d*: O 130 (oe*th*ippia for oe*d*ipodia); P 112 (paleno*th*ian for palino*d*ian)

t omitted: F 39 (facitat for fac*t*itat); M 370 (mulcra for mulc*t*ra); O 236 (ortigomera for ortygome*t*ra); S 556 (suppa for s*t*uppa) *t* for *l*: F 389 (*t*ectorum for *l*ectorum)

t for *f*: I 306 (in*t*erius for in*f*erius)

ti for *di*: A 349 (gla*ti*aturae for gladi-), 875 (ra*ti*o for ra*di*o); C 604 (conpen*ti*a for coupendia), 756 (con*ti*amum for congiarium; here *ti* arose from *di* for *gi*); D 168 (iracun*ti*a for iracun*di*a); E 70 (codi*ti*ana for cotidi-); F 36 (facun*ti*a for facun*di*a); I 60 (ini*ti*a for ine*di*a); L 184 (inui*ti*a for inui*di*a); O 256 (au*ti*untur for au*di*untur); S 344 (sinna*ti*cum for synna*di*cum), 612, 677 (subcen*ti*a for succen*di*a); Z 1, 6 (zo*ti*acus, zo*ti*acum for zodi-)

t for *c*: B 222 (bu*t*eriae for buceriae); I 492 (isci*t* for isti*c*); M 138 (merote*t*es for myrothece), 186 (medi*t*us for medicus), 369 (mul*t*atur for mulc-); T 243 (comi*t*us for comicus)

ti inserted before *ci*: L 9 (membrana*ti*cius for membranacius)

t for *tt*: D 98, 221 (ui*t*a for ni*tt*a); E 491 (sagi*t*a for sagi*tt*a); O 42, 53 (obli*t*erarent, obli*t*eratum for obli*tt*-)

For the pronunciation of *ti* see: Int 201 (atsum*si*o for adsump*ti*o), 301 (cons*ci*onator for con*ti*onator or concion-); A 660 (ostcn*ti*o for osten*si*o), 679 (defen*ti*o for defen*si*o); B 182 (bra*ti*um for bra*ci*um); E 412 (quaes*si*onum for quaes*ti*-); P 81 (licen*si*osus for licen*ti*-) ; S 279 (senten*si*osus for senten*ti*osus), 321 (desen*ti*ones for dissen*si*ones); T 145 (consen*ti*a for consen*si*o)

§ 57. *u* (*v*) for *b*: A 103 (acer*u*e for acer*b*e), 109 (acer*u*us for -*b*us); D 176 (diri*u*itorium for diri*u*it-), 238 (difer*u*erat for di*u*er*b*erat); E 91 (effe*u*i for effe*b*i); F 104 (fa*u*o for fa*b*o), 109 (fa*u*is for fa*b*is), 248 (fla*u*ellum for flabellum); I 341 (inla*u*are for illa*b*ere), 467 (pa*u*one for pa*b*one); L 224 (li*u*ido for li*b*ido); P 450 (plu*u*eius for ple*b*eius), 477 (ple*u*icola for plebicola); U 15 (*u*atilla for *b*atilla), 30, 135 (*u*accanalia, *u*accatur for *b*acch-), 83 (*u*escada for *b*ascauda), 102 (*u*ehemoth for behemoth)

u for *o*: Int 287 (symb*u*lus for symb*o*lus); A 223 (adstipulat*u*r for -t*o*r); C 698 (em*u*lamenta for emol*u*menta); C 741 (comm*u*nitorium, m*u*nitionem for comm*o*nitorium, m*o*nitionem), 800 (conpetit*u*r for conpetit*o*r), 876 (cr*u*cus for cr*o*cus), 935 (c*u*piae for c*o*piae), 950 (c*u*pia for copia); D 9 (c*u*piose for c*o*piose); E 154 (em*u*lumentum for emol*u*mentum); F 296 (formacop*u*la for pharmacop*o*la), 322 (frib*u*la for friuola), 337 (frustat*u*r for frustrat*o*r), 363 (frig*u*la for friuola); I 64 (inpl*u*raberis for inplor*a*ueris), 96 (inprouis*u* for inprouis*o*), 308 (inpl*u*rat for inpl*o*rat); L 230 (altionatur for -t*o*r), 257, 264 (log*u*s for log*o*s); M 221 (min*u*parones for myop-), 266 (mon*u*polium for monop-); N 173 (praerogat*u*r for -t*o*r); O 137 (m*u*rsus for m*o*rsus), 213 (op*u*s for op*o*s); P 8 (panti*u*m for pantheon), 88 (parab*u*la for -bola). See further

P 165, 249, 588, 811, 824, 867, 880; R 229, 242; S 98, 346, 367, 373, 721; T 194

u for *y*: B 82 (ber*u*lus for ber*y*llus); C 7 (car*u*bdis for char*y*bdis); D 7 (dact*u*lus for dact*y*lus); G 179 (g*u*mnaside for g*y*mn-); H 19 (har*u*bdis for char*y*bdis); T 168 (tit*u*rus for tit*y*rus)

u for *a*: A 190 (adsoci*u*nt for -*a*nt); D 53 (dedasc*u*lum for didas-c*a*lum), 308 (didasc*u*lus for didasc*a*lus); E 536 (s*u*ciata for s*a*tiata); F 93 (farr*u*go for farr*a*go), 240 (fl*u*mmonium, fl*u*minibus for fl*a*monium, fl*a*minibus), 242 (fl*u*men for fl*a*men), 276 (curb*u*tum for curu*a*tum), 369 (f*u*rcit for f*a*rcit), 371 (f*u*rcimen for f*a*rcimen); G 9 (gab*u*lum for gab*a*l-); H 157 (h*u*matum for h*a*matum); L 79 (l*u*tere for l*a*tere); M 96 (r*u*pit for r*a*pit), 360 (m*u*turat for m*a*turat), 138 (p*u*gula for p*a*gula); P 639 (prorog*u*nt for prorog*a*nt); R 98 (rep*u*gula for rep*a*gula)

u for *f*: A 471 (*u*eneratricia for *f*en-), 719 (di*u*initio for de*f*in-); F 322, 363 (*u*ictilia for *f*ictilia); I 365 (infructi*u*eras for -*f*eras); O 80 (ob*u*ibulare for ob*f*-); R 152 (re*u*ocilandi for re*f*-); U 21 (na*u*er for ua*f*er), 160 (*u*indunt for *f*indunt), 175 (*u*icatum for *f*icatum)

u for *e*: A 427 (poll*u*x for poll*e*x); B 70 (ber*r*us for *u*erres); E 115 (r*u*pulsi for r*e*pulsi), 143 (eligant*u*r for eligant*e*r); H 54 (hercul*u*s for hercul*e*s); I 383 (intemperi*u*s for -i*e*s); P 450 (pl*u*ueius for pl*e*beius), 538 (poll*u*x for poll*e*x)

u for *i*: A 925 (a*u*s for a*i*s); C 151 (cantar*u*s for canthar*i*s), 532 (contemt*u*m for -t*i*m), 580 (corb*u*s for corb*i*s); E 469 (exit*u*s for ext*i*s); F 294 (foc*u*lentur for foc*i*lentur); L 311 (lut*u*us for lit*u*us); M 377 (mut*u*li for mut*i*li); P 297 (pen*u*s for pen*i*s)

u omitted: Int. 90, 125 (uers*u*m for uers*u*um); F 76 (deserit for deser*u*it); M 123 (manduco for man*u*duco), S 10 (sablo for sab*u*lo)

u (*v*) omitted: A 732 (arrius for *u*arius); F 49 (faonius for fa*u*o-nius); H 79 (helus for bel*u*us); M 326 (ulcanus for *u*ulcanus)

u inserted: Int. 262, 318 (ped*u*um for pedum); F 236 (fl*u*emina for flemina); I 248 (inping*u*it for inpingit), 262 (inpet*u*unt for inpetunt); M 104 (marc*u*et for marcet), 314 (mul*u*ctra for mulctra); O 189 (mili-t*u*um for militum)

u for *li*: H 78 (he*u*otropeum for he*li*otropium)

u for *l*: C 58 (ca*u*culus for ca*l*culus)

u for *n*: H 155 (huncc*u*e for huncine); M 106 (ma*u*cus for ma*n*ens); N 38 (na*u*us for na*n*us)

u for *d*: I 355 (in*u*olem for in*d*olem)

u for *oe*: M 353 (m*u*nia for m*oe*uia)

u for *ph*: P 475 (plastogra*u*is for -gra*ph*is); S 199 (sci*u*i for scy*ph*i)

ui for *e*: O 41 (ob*ui*x for obe*x*)

§ 58. *x* omitted: E 406 (corcizo for e*x*orcizo), 418 (epolitum for e*x*politum), 464 (epiabilis for e*x*p-), 538 (eoleuit for e*x*oleuit)

x for *cs*: E 402 (e*x*taseos for ec*st*-)

x for *ch*: P 662 (pre*x*eos for ptoc*h*ias)

x for *s*: C 746 (co*x* for co*s*); S 270 (se*x*ciplum for se*s*quiplum), 280 (se*x*tertius for se*s*tertius)

x for *t*: M 380 (unc*x*io for unc*t*io)

§ 59. *y* for *i*: C 975 (c*y*rograffum for chirographum), 982 (c*y*nnomomum for c*i*nn-); E 351 (eur*y*nis for er*i*nys); N 113 (n*y*mbus for n*i*mbus); P 28 (paral*y*pemenon for paral*i*pomenon)

y for *oe* (=*e*): C 978 (c*y*miterium for c*oe*meterium)

y for *e*: M 31 (mans*y*r for manse*r*)

§ 60. *z* for *x*: P 382 (philo*z*eni for philo*x*eni)

§ 61. When we place all the above clerical errors, scribal misreadings, organic changes &c., side by side, then *ponebus* (P 485) and *panibus* (P 147) for Phoebus[1], become intelligible. The first scribe wrote, no doubt by mistake, *poebus*, and added *h* above the line: poe$\overset{h}{b}$us. The next, misreading *h* for *n* (as in some other cases recorded above, § 50), and incorporating the correction with the word, wrote *ponebus*, which some other scribe or scribes altered, by the natural changes pointed out above, into *panibus*. In other places we find genuine Latin words formed regularly from other genuine words, as *habitat* for *hebetat* (H 50)

[1] I think it useful to point out that Prof. Skeat, writing, in the *Academy* of Feb. 9, 1884 (p. 99), on the gloss "pánibus, sol", said: "It is not easy to see how *panibus* can be explained by *sol* if *sol* means the sun. If phonetic laws will admit of it, we would suggest that *sol* may be English; and, if so, a variant of Anglo-Saxon *sufl*, Icelandic *sufl*, Danish *suul*, which actually means a kind of food. The Northern-English word is still *sool*, and is duly discussed in the notes to *Piers Plowman* (Early-English Text Society), p. 374."

The Corpus Glossary, however, offers four glosses for comparison, namely,

P 147 panibus: sol ⎫
P 485 ponebus: sol ⎬ mentioned above
P 388 phebe: sol
S 439 Sol: phoebi

while the Leiden glossary quotes from the "Liber Rotarum"

Phoebe: sol

So that, I believe, the question is settled in favour of *sol* being the Latin word for *sun*, and *panibus*, *ponebus* &c. corruptions for P*h*oebus. While I write this note, Prof. Skeat informs me that he is now rather of my opinion, and that he at present doubts if A. S. *sufl* is likely to appear as *sol* in the 8th century.

and *initia* for *inedia* (I 60), though they are totally wrong in the particular places where they occur.

§ 62. Though the Corpus Glossary contains many Greek words, several of which are taken from St Jerome's *Liber* (or *Catalogus*) *de viris illustribus*, they are all expressed in Latin characters, except one which begins with Λ, but is found among the A glosses (see A 593 ΛΑΩRHTON), owing, no doubt, to a scribe having mistaken Λ for A[1]. As the glossator explains this word by *ratio populorum*, it would seem that an N has dropped out, and that the original must have had ΛΑΩΝRHTON. The Corpus gloss seems identical with that in the Epinal Glossary (3 C. 26), which the editor transliterates by *acbodin- rotan*. This is correct, except the *i*, which could not possibly be read from the sign which follows the *d*, and looks like c turned round. In fact, the so-called *di*, look more like ch, unless, combined with *o*, they are the remains of a corrupt Ω. The Corpus and the Epinal glosses seem identical with that in the Erfurt Glossary (*Neue Jahrbücher für Philologie*, 13er Supplementbd., Leipz., 1847, p. 262, no. 295), which, according to Oehler, reads "Acdocroaton, ratio populorum."

A similar, perhaps the identical gloss occurs in a Leiden Glossary (MS. No. 69 of the Leiden University Library), in a chapter or collection of words which is stated to have been taken from St Jerome's *Catalogus* mentioned above. It reads: "Cintiota oni taltaon: ratio populorum." In the transcript which I made of the Leiden Glossary in 1885, I have written a note that the last *a* might be read as *ic*. But even with this change, there is only a faint resemblance between the Leiden word or words, and the three readings given above. Several words, which the Leiden Glossary states to have been taken from the *Catalogus*, I have been unable to trace in that work. But many others we can trace from the prologue down to chapter 118 (Migne's edition). Now, "Cintiota..." is written in the Leiden glossary between the glosses "monon: unius" of ch. 101, and "temoys: libros" of ch. 109, wherefore it seems that "Cintiota..." is to be looked for in the chapters 102—108. But the only words that I can find suggestive of the gloss are κατὰ τῶν Ἐθνῶν, which occur in ch. 107. This agrees more with

---

[1] In my note to the Corpus gloss (p. 17), I say that the Greek word is written on an erasure, and that the original word evidently commenced with *l* which is still visible. But Mr Jenkinson, the University Librarian, thinks that the traces of a letter which are still visible, are those of a large A, and I now agree with him. So that the Greek word in the Corpus MS. was probably written at first in Roman characters, and resembled that of the Epinal and Erfurt MSS. more than it does now.

the Leiden MS., than with the Corpus, Epinal and Erfurt readings. But if there is a difference, I do not know how to reconcile it. It would almost seem as if one of the readings were St Jerome's own word or words, while the other might have been derived from one of his commentators. Perhaps those versed in Patristic literature will be able to solve the difficulty.

§ 63. Similar observations to those detailed above might be made about the A. S. words; but these I leave to students of that language. They are everywhere marked by an asterisk[1], and I have paid as much attention and care to them as to the Latin portion of the work, and have had, moreover, the valuable help of Profs. Skeat and Zupitza, so that I trust that no Latin words are marked as A. S., and no A. S. words left unstarred. A few deserve to be mentioned here:

Int. 92 decurat, hornnaap. Prof. Zupitza, in the *Academy* of 1884, p. 317, suggested that "*horn* is = *orn* (ran), and *naap* = *náp*, from *nipan* (sank down), and *decurat* a mistake for *decurrit*[2]".

A 459 Alapiciosa: calpa. This is actually so written in the Corpus MS., and there is, as far as I know, nothing against an A. S. "calpa". But I believe that here it is an error of the A. S. scribe for the Lat. *calua*, which is found in the Epinal and Erfurt MSS., while the latter MS. has, moreover, *alapiciosus : calvus* in another place. And as the same gloss occurs in a Latin Glossary (*Corpus Glossariorum Latinorum*, ed. Geo. Goetz, vol. IV. p. 471) in which there are no A. S. words at all, we may safely regard the Corpus "calpa" as an Anglo-Saxonized form of the Latin *calua*.

A 712. Apporeor: onsteuum. Before the sheet, in which this gloss occurs, was printed off, I removed the star from before *onsteuum*, on a hint given to me, which I was not prepared to disregard, that the word could not be A. S. But I still look upon it as an A. S. word,

---

[1] I have strictly adhered, in the text as well as the index, to the forms employed in the MS. to express *th* (þ, d and ð) and *w* (ƿ), all the more as we see that Mr Sweet (*Oldest English Texts*, p. 3) builds a theory on the presence and absence of these symbols. I admit that their use causes some difficulty, and that the compositor is apt to confuse þ with ƿ, and the latter with p. But in my case the difficulty has never been very great, and I see especially no reason why editors of A. S. texts should abolish p if they retain the þ.

[2] One would almost feel inclined to suggest: decorat, hornat (for ornat); see Goetz, *Corpus Glossariorum Lat.*, IV. 52.

though perhaps corrupt; cf. A 666 and Mr Henry Sweet's *Oldest English Texts*, pp. 558[b], 559[a].

B 89 *Sperta* is marked as A. S., though it may be the Latin *sporta*.

B 136 perna is starred, though it may be the Latin *uerna*.

C 250 and C 256 I do not understand, in spite of all my endeavours to make them out. In the Harleian MS. 3376 (10th cent.) I found *Catacrinas* glossed by *hypban*, and *caluiale* without any explanation.

C 882 Cripta : ascussum. I dealt with the latter word, as with *onsteuum* mentioned above. But I now prefer to regard it as A. S., perhaps some form of *a-scunian*. The Erfurt MS. has aroussum.

A 483 (challes); F 342 (lose); G 25 (pea); M 155 (meadrobordan); O 91 (grestu); P 411 (osperi, or *os peri*), P 562, 874 (fahame), 572 (seuuiu) I do not understand.

I 25 oxstaelde. Prof. Zupitza suggests *on-staelde*.

M 121 malas : *gebsias*. The latter word as pointed out to me by Prof. Zupitza, just before this preface went to press, must be the Latin *yeusiae*, quoted by Du Cange (sub voce) from Marcellus, *Liber de medicamentis* (cap. XII, p. 93, in the Basle edition of 1536, or col. 295 in the Stephanus ed. of 1567): "Affectae maxillae ad sedandum dolorem dentium et gingivarum et *yeusiarum* adhibentur". The word is not found in any Latin Dictionary, not even in De Vit's edition of Forcellini's *Lexicon*, though he says that he had used the Basle edition of 1536.

P 27 Parabsides : ganutan. We find in the "Glossarium vetus", published in Mai's *Classicorum Auctorum* tom. VI, in which no A. S. words occur, "parapsis, *yabata* uel catinum" (p. 538), and again (p. 539) "pisi, *gavata* vel patina". This Glossary has just been republished in Goetz' *Corpus Glossariorum* who, at the first gloss, says (Vol. IV p. 136) that a second hand has corrected *gabata* into *gauata*. The second gloss he prints "pisi *gauatha* uel patina", adding that two other codices have *gabata*.

The Latin *gabata* (on the etymology of which see Forcellini's *Lexicon* and Isid. *Etym.* 20. 4. 11) has been used by Martial, Ennodius, Anthimus, Venantius. Diez (*Grammatik*, 3rd ed., I 17) refers to Span. *gábata*, newpr. *gaouda*, Fr. *jatte*, Ital. *gavetta*. Graff (*Althochdeutscher Sprachschatz*, IV. 126) quotes *yebita, gebida, gebitta, gebeta, gebiza, gepiza, gerbita*, and in an A. S. glossary, of the 10th or 11th century, published in Wülcker's *Vocabularies*, we find, in col. 280, among words belonging to the table: ' parabsides, *gabote*". So that the word seems to have been adopted by various languages.

T 263 Tragoedia: *bebbi* cantio. If any word in the glossary looks like genuine A. S., it is *bebbi*. Thomas Wright inserted it in the second vol. of his *Vocabularies*, p. 122. Prof. Zupitza had marked it as such in his transcript, and it has, consequently, found a place in Prof. Wülcker's *Vocabularies*, and been starred in the present work. But, while indexing the A. S. words, further research brought me, I believe, on the right track, and· *bebbi* seems to be nothing but a corrupt Latin word. On leaf 31ᵃⁿ of the Leiden MS. (Voss. 69) the first gloss quoted "dc Eusebio" runs: "Tragoedia . bellica cantica . uel fabulatio . uel hircania: Trago Hircus." This is identical with the Epinal gloss 26. E. 18 "tragoedia: belli cantia uel fabulatio" and Erfurt: "Tragoedia belli cantica uel fabulatio."

T 321 tubolo : fala. The Epinal Glossary has (27. A. 11) tabula : fala; the Erfurt Glossary (*Neue Jahrbücher für Philologie*, 13ᶜʳ Supplementbd., 1847, p. 382, no. 90) tabulo : fala. Thomas Wright, excerpting the Corpus Glossary, did not insert this gloss in his *Vocabularies*, so that he seems to have thought that *fala* was not A. S. But we find it in the second edition of his work by Prof. Wülcker, and, though I know the Latin *fala* or *phala*, yet I have marked the word as A. S., for various reasons. The gloss is quoted, and *fala* described as A. S., in Diefenbach's *Glossarium* (under the word *tabula*), not only from the Erfurt Glossary, quoted above, but also from articles in *Anzeiger für die Kunde des deutschen Mittelalters*, Vols. VII, p. 132 sqq., VIII, 233 sqq., Mone's *Quellen*, I 310 sqq., 329 sqq., which I have not here at my disposal.

The word *fala* is also quoted in Leo's *Angelsächsisches Glossar*, 524. 50, from the *Glossae Mettenses* (= *Anzeiger*, VII 132). It there means *tabula*. The gloss appears once more in Diefenbach's *Glossarium*, under the word *andena*, as: "tubolofola : andedabrondra." But this is a mixture of two glosses, which Diefenbach quotes from Bethmann's article in *Zeitschrift für Deutsches Altertum*, vol. V, p. 197, and which the latter inaccurately copied from the Leiden MS., Voss. 69, where we read "tubolo, fala." In the latter MS., in which the glosses are for the most part still arranged under the authors whence they are derived, this particular gloss appears, unfortunately, in a chapter containing mixed glosses from various authors, so that we cannot follow the word to its source with any certainty. But as the Leiden MS. is tolerably accurate in many respects, I believe that *tubolo*, not *tabula*, is the right reading, all the more as the latter, being such a well-known word, would not easily have become corrupted. The identical gloss occurs, no doubt, again in a

MS. of the 10th or 11th century (Brit. Mus., Cotton, Cleop. A III, p. 76 sqq.) published in Wülcker's *Vocabularies*, where on col. 279, the 10th gloss is "tubulo : fealo." This interpretation would mean either *fallow* or *many*.

§ 64. As in the course of my work I have been able to trace a good many of the Latin glosses to their sources, and Profs. Mayor and Skeat have pointed out to me the origin of several others, it would not, with the help of the various glossaries and treatises on glosses published during this century, be difficult to draw up a list of such glosses as we have identified. But the list would be still incomplete, and it would moreover, in my opinion, be better to defer such a work, for which I have already made elaborate preparations, till the glossaries related to the present one, like those of Epinal, Erfurt and Leiden, are accessible to students of this branch of literature in trustworthy editions[1]. Of the Leiden glossary, in which the glosses are, to a great extent, still arranged under their respective sources, and which, therefore makes the identification of a good many glosses comparatively easy, I made a transcript in 1885, but its handwriting is so puzzling in many places, that I could not think of publishing it without making a fresh collation of the MS. There are, moreover, various other glossaries in the Libraries of Cambridge (for instance: MS. O. 5. 4 of the Library of Trinity College), Oxford, and the British Museum, which deserve to be published, not only on account of their great importance for the study of Latin, but of English. Nothing could be more desirable than the publication of some of them on the plan of such great works as that of Steinmeyer and Sievers (*Die althochdeutschen Glossen*), which is a real monument of labour and research, and the *Corpus Glossatorum Latinorum*, now in course of publication at Leipzig by Dr Geo. Goetz. I only express the hope that complete and exhaustive indices, not only to the lemmata, but also to the interpretations, will accompany all works of this kind, as without them the use of glossaries, which are not arranged strictly alphabetically, is extremely laborious, and causes a waste of time, which I had very often reason to deplore greatly.

§ 65. The two indices, which follow after the Glossary, are meant

---

[1] I also defer till some future work a discussion as to the relation of the Corpus Glossary to those of Epinal, Erfurt, Leiden and others, as such a discussion can only be of use when the whole of the evidence is before us.

to be exhaustive. In the Latin index every word contained in the Glossary is inserted in its proper place in the alphabet, in exactly the same form as it appears in the text; but the wrong division of words has not been adhered to.

In the A. S. index I have attempted to analyse the compounds, though I am well aware that in so doing I may have made errors[1], and appear here and there as deciding questions which philologists are not yet agreed upon. For instance: *athed, aðexe* I have ventured to treat as composed of *a-*, and *thed, ðexe*, and *ecilma, ecilmehti* as composed of *e-* and *cilma, cilmehti*, and hence these words will be found again under *thed, ðexe, cilma, cilmehti*. All this may some day be found to be wrong; but, in the meantime, I trust that no inconvenience will arise from my treatment, which I have found to be convenient in other respects.

§ 66. The Corpus Glossary appears now for the first time entire. Three attempts have already been made to publish its Latin-Anglo-Saxon glosses: (1) in 1873, by Thomas Wright, in the second volume of *Vocabularies*, p. 98 sqq.; (2) in 1884, by Prof. Wülcker, in his second edition of Thomas Wright's Vocabularies; (3) in 1885, by Mr Henry Sweet, in his *Oldest English Texts*. But each of these editions either omits here and there A. S. glosses, or inserts glosses which are not A. S. at all, so that one never knows what there is exactly in the MS. In the present work each gloss appears, so to speak, in its context. The two parts of the Glossary together contain 8712 glosses, counting the repetition of glosses A 307—348, and reckoning gloss 223, on page 6, and E 282 as two each, and I 85 and 86 as one. The Index of the Latin words contains 21,033 entries, and that of the Anglo-Saxon words 3292; but in the latter Index most of the words are entered twice, some even three or four times.

I hope that the great care and trouble which I have devoted to the work may have succeeded in making it free from serious blemishes. I took it in hand in 1884, when I was told by members of the Cambridge Board of Mediaeval and Modern Languages that there was a prospect of Mediaeval Latin and Palaeography being included in their scheme. I do not know whether there is still such a prospect. But during the

---

[1] I had divided *eors-cripel* (gloss A 706), according to Mr Sweet's definition of the word on p. 574ᵃ of his *Oldest English Texts*. But Prof. Zupitza explained to me, just in time, that the compound is "*eor-scripel; eor-* for *éar-*, from *éare*, Engl. ear; and *scripel*, a deriv. from *screpan*". Hence this word is the exact counterpart of the Lat. *auriscalpium*, and means an ear-pick. Mr Sweet makes a "paralytic" of it.

years 1885 to 1889, while other work prevented me from devoting the necessary time and attention to the Corpus Glossary, the study and publication of Mediaeval Latin texts and glossaries have proceeded apace in Germany and at Oxford, and I hope that the present work may be of some use to those who take an interest in such studies.

§ 67.   I have already said above that Prof. Mayor and Prof. Skeat have pointed out to me the origin of several of the glosses.   But in kindly going minutely over all the proof-sheets, they have also noticed many of the scribal errors and organic changes found in the glosses.   The plan adopted for the publication of the glossary did not allow me to correct the glosses, or to insert Prof. Mayor's acute emendations of various corrupt glosses.   But his corrections were often very useful to me in drawing up the tables of organic changes printed above in §§ 17—60, while Prof. Skeat's interpretations of some of the A.-S. words helped me in making the Anglo-Saxon index.   My relations to Prof. Zupitza, with respect to the text, are recorded above in §§ 2 and 3, and I add here my best thanks to him for several very valuable observations on, and corrections of, words in the A. S. index.   I also discharge an agreeable duty in thanking the Rev. Dr Atkinson, Master of Clare College, for his kind interest in the work, which induced him to recommend its publication to the Syndics of the Pitt Press; the Rev. S. S. Lewis, the Librarian of Corpus Christi College, for having afforded me at all times the most easy and unrestricted access to the MS.; Dr Henry Jackson, Fellow of Trinity College, for various useful observations, and the Syndics of the Press for their liberality in defraying the expenses of the publication.

Cambridge, 28 April, 1890.

List[1] of works consulted by me, or containing material for the study of Glossaries.

Loewe (Gust.) Prodromus corporis Glossariorum Latinorum. Lipsiae, 1876. 8°.

The Latin Heptateuch, published piecemeal in 1560, 1733 and 1852—88, critically reviewed by John E. B. Mayor. London, 1889. 8°.

N.B. This is not a work on glossaries, but it deals largely, most acutely, and systematically with corruptions in Latin texts, and late Latin, and is therefore indispensable to students of glossaries.

Glossarium Latinum Bibliothecae Parisinae Antiquissimum Saeo. ix., edidit G. F. Hildebrand. Goettingae, 1854. 8°.

Anglo-Saxon and Old English Vocabularies, [edited] by Thomas Wright. Second edition..., by R. P. Wülcker. London, 1884. 8°.

Die althochdeutschen Glossen, gesammelt und bearbeitet von El. Steinmeyer und Ed. Sievers, 2 vols. Berlin, 1879—1882. 8°.

Corpus Glossariorum Latinorum a Gustavo Loewe incohatum, auspiciis Societatis Litterarum Regiae Saxonicae composuit, recensuit, edidit Geo. Goetz; Voll. 2 and 4. Lipsiae, 1888, 1889. 8°.

Alphita. A Medico-Botanical Glossary, from the Bodleian MS. Selden B. 35, edited by J. L. G. Mowat. Oxford, Clarendon Press, 1887. 4°.

Sinonoma Bartholomei. A Glossary from a 14th century MS. in the Library of Pembroke College, Oxford, edited by J. L. G. Mowat. Oxford, Clarendon Press, 1882. 4°.

Glossae nominum, edidit Gust. Loewe. Accedunt eiusdem Opuscula Glossographica, collecta a Georgio Goetz. Lipsiae, 1884. 8°.

Glossae nominum, in *Indice lect. Monast.*, ed. Ferd. Deycks, 1854, 5.

Glossae Placidi Grammatici, in Classicorum Auctorum e Vaticanis Codicibus editorum, curante Angelo Maio, tom. III. (Romae, 1831), p. 427 sqq.

Glossarium vetus, *ibidem*, tom. VI, p. 501 sqq.

Placidi Glossae valde auctae et emendatae, *ibidem*, p. 554 sqq. [Reprinted by R. Klotz in the 2nd Supplementbd. (1833) of the *Jahrbücher für Philologie.*]

Excerpta ex Glossario vetere, *ibidem*, p. 576 sqq.

Glossae antiquae, *ibidem*, tom. VII, p. 550 sqq.

Thesaurus novus Latinitatis, *ibidem*, tom. VIII, p. 1 sqq.

---

[1] This List is, as will be seen, incomplete. It does not, for instance, mention such works as those of Du Cange and Diefenbach, which are generally known. Nor does it refer to the collections of Isidorus (Etymologiae), Papias, Osbern of Gloucester, Ugutio, Joannes de Janua, Brito, Matthaeus Silvaticus, the "Liber glossarum", the "Vocabularii ex quo", &c. &c., as information about them may be found in Loewe's *Prodromus*, and *Glossae nominum*.

Glossarium, in tom. VI (p. 459 sqq.) of Forcellini's Totius Latinitatis Lexicon, ed. De-Vit.

N.B. See also the List of glosses and Glossaries used in the
compilation of the Lexicon, in the first volume, p. ccxliv sq.

Caroli Labbæi Glossaria, Graeco-Latina et Latino-Graeca. Londini,
1816—1826. Fol.

Old German Glosses, from a Bodleian MS. (Auct. F. 1. 46), by
F. Madan, in *Journal of Philology*, vol. X, p. 92 sqq.

Luctatii Placidi Grammatici Glossae, recensuit et illustravit A.
Deuerling. Lipsiae, B. G. Teubner, 1875.

Oehler's edition of Erfurt Glossaries (in Neue Jahrbücher für
Philologie, 13er Supplementbd. for 1847).

Onomastica Sacra, Paulus de Lagarde edidit, Gottingae, 1870. 8°.

Isidorus. Liber glossarum, usually ascribed to Isidorus (in Migne's
Patrologia Latina, vol. 83, p. 1331 sqq.).

S. Melitonis Clavis, in Spicilegium Solesmense, ed. J. B. Pitra,
vol. III.

Collectio Salernitana, ed. Salvatore de Renzi, 3 voll. 8° Napoli,
1852. (A Glossary in the 3rd vol.).

Nettleship (Henry). Contributions to Latin Lexicography. 8°.
Oxford, 1889.

Hagen (Herm.), De Placidi glossis. 1879. 4°.

Hagen (Herm.), Gradus ad criticen, Leipzig, 1879. 8°.

Berger (Sam.), De glossariis et compendiis exegeticis. Lipsiae,
1879. 8°.

Goelzer (Henri). Étude Lexicographique et grammaticale de la
Latinité de Saint Jérome. Paris, 1884. 8°.

Bonnet (Max). Le Latin de Grégoire de Tours. Paris, 1890. 8°.

Archiv für Lateinische Lexikographie und Grammatik, ed. Ed.
Wölfflin, Leipzig, 1884 &c. 8°.

Altromanische Glossare, von Friedr. Diez. Bonn, 1865. 8°. Also
translated into French, by Alfred Bauer. Paris, 1870. 8°.

The St Gallen Glossary, ed. by Minton Warren. Cambridge (Massa-
chusetts), 1885. 8°.

Catholicon Anglicum, an English-Latin Wordbook, dated 1483,
edited by S. J. H. Herrtage. London, 1881. 8°.

Manipulus Vocabulorum. A Dictionary of English and Latin
words, ed. by H. B. Wheatley. [London] 1867. 4°.

Promptorium Parvulorum sive Clericorum, ed. Alb. Way, 3 pts.
London, 1843—1865. 4°.

See also various glosses published in articles in *Zeitschrift für
Deutsches Alterthum.*

in nomine

Agius . Mons fortitudinis	Agius agnus *sanctus* inmaculatus.
Bartholomeus . filins suspendentis	Spina . *latine* id *est* uia lata *bræde
*haligast	Achanthos . *grece* Armi losa
aquas S*anctus* sp*iritus*	id *est* *þistel nom*en* serpentis
concrepare	Cardela Dipsa

Iþi

Di*stinctio* XI gr*adus* I. retr*orsus*[1].
elucidac*io* quar*umdam* parcium cum a.
lib*er* s*an*cti au*gustini* Cantuariensis

......

S 3   144

The above is all that is written on the recto of the first leaf of
the MS. But it has not all been written at one and the same time, or by
one scribe. (1) The line at the top; the words in the left-hand column
from Agius to aquas, and the first line in the right-hand column, are
in the handwriting of the 8th century A. S. scribe, who has written the
whole Glossary that follows hereafter. This portion is perhaps a trace
of a first attempt to arrange scattered glosses in a more or less alphabetical
order, and which seems to have been abandoned for the better one
commenced on leaf 2. (2) A first addition to the original writing was
made in the right-hand column by an A. S. scribe of the 9th or 10th
century, who, imitating the original writing of the MS., has added
the line containing the words Achanthos to losa (of which latter word
the *s* has been partly erased). (3) The remaining words in this column
have been added, in small Caroline minuscules, by an A. S. scribe of the
10th or 11th century. Iþi is probably nothing but some scribbling of this
scribe. (4) A further addition has been made, in the left-hand column,

---

[1] The reading of the MS. is ret*us*; but I do not know the meaning of such a word.
Prof. Skeat suggests retr*orsus*, id est: behind, at the back of the shelf.

C. G.   1

after aquas, but in the same line, by an A. S. hand of the 11th or 12th century, who has written *Sanctus* spi*ritus*, and haligast over these two words. (5) The word concrepare, in the left-hand column, has been added by an A. S. scribe of the 12th century, in Caroline minuscules. (6) Lower down, in the centre of the leaf, is written, in a hand of the 13th century, the pressmark of the St. Augustine's Library, with the title of the MS. : Distinctio &c. (7) Underneath this pressmark follow some letters or words (here represented by dots), probably written in the 13th century, but now for the most part erased, though, on the left hand side, we may still discern abcdefgh. (8) Further down we find the old pressmark (S. 3), by which the MS. is designated in 1722 in Will. Stanley's Catalogue of the books bequeathed by Archbishop Parker to the Library of Corpus Christi College, Cambridge, p. 55 ; and still earlier in 1705 in Humphr. Wanleii *Librorum Vett. Septentr. qui in Angliæ Bibliothecis extant,* ... *Catalogus* (Antiquæ Literaturæ Septentr. Liber alter, p. 115 b.) Fol. Oxon. And by this pressmark it was very likely indicated in the List of Books bequeathed by the Archbishop to Còrpus Christi College. But this List, which is mentioned in the Deed of the bequest (still preserved in Corpus College), cannot now be found. (9) By the side of the old pressmark is written the new one (144), by which the MS. is designated in 1777 in Nasmith's Catalogue of the same collection, and which it still bears.

Fol. 1ᵇ. Here an A. S. hand of the 12th century has scribbled :
      i hppdunf p p s i s d dumb
      quconfidunt in dno s

(Fol. 2ᵃᵃ) # Interpraetatio nominum ebraicorum et grecorum.

A donai . adoneus . *dominus.*
Angelus . nuntius.
Archangelus . summus nuntius.
Adam . omusium . terrenus.
5 Abel . luctus miserabilis.
Amorreum . amarum.
Abram . pater excelsus.
Abraham . pater multarum[1] gentium[1].
Augustus . sollemnis.
10 Aegyptus . tribulatio.
Agius . *sanctus.*
Afertice ablatiuus.
Aaron . mons fortitudinis.
Abdias . seruus *domini.*
15 Ambacuc . amplexans.
Aggeus . sollemnis[2].
Andreas . uirilis.
Agins . petit.
Alleluia . landate *dominum.*
20 Apostolus . misus.
Apocalipsin . reuelatio.
Amen . uere.
Arsis . eleuatio.
Abdo . seruus eius.
25 Achialon . uiuens *deo.*
Agar . aduena.

Aser . beatus.
Asa . tollens.
Amalech . populus lambens.
30 Athoniel . responsio *dei.*
Aoth . gloriosus.
Abisalon . pater pacis.
Abba . pater
Adsida . *flood.
35 (2ᵃᵇ) Abia . pater *dominus.*
Amasias . populum tollens.
Azarias . auxilium *dei.*
Achaz . adherens[3]
Ammon . fidelis.
40 Achab . frater patris.

B artholomeus . filius[4] . suspendentis aquas.
Bruchus . locusta.
Belfegor . simulacra.
Bethlem . domus panis.
45 Beniamin . filius dexterae.
Bare . fulgurans[5].
Baasa . pinguido.
Bariona . filius columbae.
Baria . breuis.
50 Bucolicon . pastorale carmen.

---

[1] MS. joins the two words.
[2] After this word is scribbled a b d f g i, by the same scribe who has scribbled the letters on Fol. 1ᵇ.
[3] MS. adhendens, and r written above the line, between the n and d.
[4] Inserted above the line with marks of reference ·/
[5] MS. fulgurans, and o written above the second .u.

Brachicatalecticus . ubi duę minus su*n*t.
Bresith . genesis.
Babylon . confusio.

Cherubin . multitudo scientię.
55 Cain . possessio.
Caldei . quasi dęmonia
Caluarię locus . *cualmstou.
Cham . callidus.
Cas . leo[1].
60 Canon . regula
Clericus . sors *d*ei.
Catacuminus . instructus.
Cephas . petrus.
(2[ba]) Cedar . tenebrae.
65 Cananeus . possidens.
Capoth . doxa gloria
Cataclismum . diluuium[2].
Codex . liber.
Coliferte . *geþofta.
70 Clanis . *helma.
Crepidine*m* . *neoþoúard[3].
Cletice . uocatiuus.
Chronus . tempus.
Catalecticus . ubi in pede uersus . una syll*ab*a deest[4].
75 Catalectus . ubi uersus legitimo fine concluditur.
Cola membrum.
Comma incisum.
Commata ipsae incisiones pedu*m*.

Danid . desiderabilis *d*ei.

80 Danihil . indicium *d*ei.
Diabulus . criminator.
Diaconus . minister
Deuteronomium . secunda lex.
Dan . indicium.
85 Deborra[5] . loquax.
Dalila . paupercula.
Diapsalma . sermonu*m* rupta continuatio.
Doleus . *hyden.
Dasile . *boor
90 Disticon . duorum uersum.
Dotice . datiuus.
Decurat *hornnaap.
Dasia . hispidum
Diastile . separatio
95 Digammos . duplex littera.
Dimetron . duorum pedum

Eufrates . frugifer
(2[bb])
Eua calamitas.
Enoch . dedicatio.
100 Euaeum . ferru*m* pessimum.
Ebrei . translatores.
Edom . rufus terrenus.
Eliezer . auxiliu*m* *d*ei.
Esau . rufens.
105 Eli . d*eus* meus.
Eliachim . resurrectio do*m*ini.
Elia . do*m*ini *d*ei.
Eliseus . do*m*ini *m*ei salus.
Esaias . salus do*m*ini.
110 Ephoth . uestimento[6] sacerdo*ti*[7].
Episcopus . superspector.

---

[1] The interpretation is wanting here. Hieronymus (*Liber de nominibus Hebraicis, de Zacharia*) has : Chaseleu, spes ejus ; Eucherius (*Hebraeorum nominum interpretatio*) has : Casleu, in Zacharia propheta, Nouember, qui est nonus.

[2] Written after gloss 69, with marks of reference ·/. to, and by the side of, cataclismum.   [3] MS. has accent over the *u*.

[4] MS. de est, so written on account of a hole in the vellum made by the erasure of a word for which deest was substituted ; of the original word no trace has remained ; only two dots and a mark sometimes found elsewhere by the side of other words are still visible.

[5] MS. Debora, and second *r* above the line.

[6] MS. uestimenta, with point below *a* and *o* above it.

[7] MS. sacerdo, with horizontal stroke above *o*, for *sacerdotis*, or *sacerdotali*.

Elizabeth . dei mei saturitas.
Ecclesia . euocatio.
Effraim . frugifer.
115 Exodus . exitus.
Ezechihel . fortitudo dei.
Euangelium . bona adnuntiatio
Eucharitia . gratia.
Eliut . deus meus iste.
120 Emaus . nomen castel.
Ephiphania . aparatio.
Elam . saeculi.
Ephithonte . epistola.
Euillan . usum ignis.
125 Edulion . paucorum uersum.
Ethiantike . accussatiuos.
Exametron . serarium¹.
Eptimemeren . syllaba remanens
    post iii. pedes.
Eucharitia . sacrificium.

130 (3ᵐ) Farao dissipator.
Fanuhel facies dei.
Facias aperiens.
Feta aperi.
Farizaei . diuisi.
135 Ferula *breod.
Fundus *bodan.
Foratorium . *huiris.

Gabrihel fortitudo dei.
Gotholia . tempus domini.
140 Gedeon . temtatio.
Galilaei . uolubilis.
Gemellus . *getuin.
Genice . genitiuus.
Gat temtatio.
145 Gehenna nalles gratuita . qui-
    dam aestimant apellatam hanc
    nallem gehennon quae est
    iuxta murum hierusalem.

Gacila *smithstreo.
Glebulum *brider.

Hierusalem . nisio pacis.
Hieremeas excelsus domini.
150 Holocaustum sacrificium.
Heroicometron uirorum carmen.
Hel theus deus. .

(3ᵃᵇ) Iafeth . latitudo.
Iair inluminans.
155 Ipochrita . simulator
Imnum . carmen domini.
Isaac . risus.
Iacob . supplantator
Iuda . glorificans.
160 Isachar mercis est.
Ioseph . saluator
Iob . dolens.
Ismahel² . auditio dei.
Israhel . uir uidens deum.
165 Iesue . saluator
Iohannes . gratia dei.
Iesus . saluator
Iepte . aperiens.
Isai . insulae.
170 Iudith . laudans.
Ionatha . columbae donvm³
Iosaphath . domini indicium.
Ioram . qui⁴ est excelsus.
Ioas . sperans.
175 Iatha . robustus.
Iosias . domini salus.
Ioachas . robustus.
Ioachim . cuius est praeparatio.
Iechonias . praeparatio dei.
180 Ieroboam . deiudicans populum.
Iambri psalmus.
Ieu ipse uel est.
Ioel incipiente deo.
Iona columba.
185 Iungula . *geocboga.

¹ So in MS. for senarium.   ² MS. Ismael, and h above the line, between a and e.
³ MS. donom, with v above the second o.
⁴ MS. has dni, with stroke over n, after qui; but the three letters are marked for
erasure.

(3ʰⁿ) Kyrieleison . do*m*ine miserere nobis.

Loth . declinans.
Laban . candidus.
Lucas . ipse consurgens.
190 Lazarus . adiutus.
Lacertor brachia.
Lacisca . catula ex lupa et cane . nascit.
Lia . laboriosa.
Leui appositus.
195 Lenita diaconus.
Ledo *nepflod.
Lancola *cellae.
Libitorium *saa.
Lignarium *uuidubinde.

200 Michael qui sicut d*eu*s.
Moses atsumsio.
Matusalem mortuus.
Malachias angelus meus.
Maria inluminatrix.
205 Matheus donatus.
Marcus excelsus.
Mandragora pomum.
Margor aestis.
Melchizedech . rex instus.
210 Manasse . oblitus.
Manasses obliuiosus.
Manachem . consulans.
Micha quis *est* iste.
(3ᵇᵇ) Mesias . Chr*istu*s.
215 Mantega *taeg.
Malina *fylled flood.
Monesticon . unius uersus.
Monometron uersus unius ped*is*.
Mec media distinctio.
220 Mappa *cneoribt.
Maculosus *specfaag.
Menta *minte.

Matheus . donatus idem . apellatus *est* leui . libbeus[1]. corcuculns . i*d est* a corde i*d est* taddeus . ipse *est* . et iudas . iacobi.

Noe . reqnies.
225 Natzareus . sa*nctus*.
Neptalim conuersantis.
None latratus.
Nafissa beth anima.
Nanum[2] germen[2]. .
230 Nablium[3]. psalterium.

Oreb longitudo.
Osanna . saluifica.
Ochazias . adp*rae*hendens do*mi*num
Ozias . fortitudo do*m*ini.
235 Ombri . crispans meus.
Ose . saluator.
Oxia . acuta.
Onomastice . genitiuus.

Petrus . agnoscens.
240 Paulus . mirabilis.
Philippus[4]. 6s[5] lampadis.
(4ⁿᵃ) Pontius . declinans . consilium.
Pilatus. 6s[5] malleatoris.
Pascha do*m*ini . transitus.
245 Phasa . pascha.
Pentecostes . quinquagesimus.
Parasceuen. p*rae*paratio cibi.
Papa . admirabilis.
Platus . latitudo.
250 Praesbyter sacerdos.
Pontifex episcopus.
Pithonissa. sp*iritu*s inferni
Pentimemeren . syll*aba* rema-
nens post. II . pedes.

---

[1] libbeus—iacobi, is a separate gloss.
[2] This gloss is not *navum* and A. S. *gerinen* as read and explained by Mr Henry Sweet (*Oldest English Texts*, pp. 35 and 505). It is found in S. Jerome's *Liber de nominibus Hebraicis*.   [3] MS. namblium, with point below first *m*.
[4] MS. phippus, and *li* written above *i*.   [5] MS. has an accent over *o*.

Peta . nates.
255 Poeticus . liber.
Poema . unius libri opus.
Poessis . opus multorum libro-
　　rum.
Prosodia . accentus[1].
Pistomine . circumfexus.
260 Psili . purum.
Pos . pes.
Pentametron . u . peduum.
Periodos . clausula . *uel* tota sen-
　　teutia est.

Raphael . medicina dei.
265 Roboam . latitudo populi.
Raguel . pastor dei.
Rabbi . magister
Rebecca . patientia.
Rahel . ouis dei.
270 Ruben . nidens filius.
Rucha . sp*iritu*s.
Racha inanis.
(4ᵃᵇ) Rastrum . *raece.
Rithmus . numerus.
275 Romani sublimis.
Roma . uirtus.

Seraphin . ardens.
Sarrai . princeps mea.
Sacello . in domo idoli.
280 Sarra . princeps.
Sumuel . nomen eius d*eus*.
Sabaoth . omnipotens.
Salomon . pacificus.
Saulus . temtatio.
285 Satanan . aduersarius[2].
Scynifes . colum sine acult'[3].
Symbulus . conlatio.
Sinodus . congregatio.
Symeon . exauditio.

290 Sem . nominatus
Samson . sol eerum
Simon . pone merorem.
Soffonias . abscondens eam
Stefanus . coronatus.
295 Sedecias . instus do*m*ini . .
Sella . petitio.
Saducei . iustificati.
Sicini . *ac dus[4].
Silu*ę* . apostolus.
300 Sinagoga ecclesia.
Salamon ecclesiastes . conscio-
　　nator et idida omnia unum
　　sunt et est dilectus do*m*ini
(4ᵇᵃ) Semigar nomen adueniens
Sion . specula
Sinai . mensura
305 Samaritani . custodes
Scarioth . uicus memoria m*or*t*is*.
Scisca *eoforþrote.
Sublatoriu*m* . *bluestbaelg
Sillogismo inebitabile.

Thronus . sedes[5].
Thomas . abissus.
Thola . uermiculus.
Tyrus . angustia.
Thesis . positura.
315 Tonus[6] . accentus.
Trissisma . crassitudo.
Trimetron . trium pedeum.
Tetrametron . . IIII . peduum.
Tritus[7] trocheus . syl*laba* po*st*
　　. uii . pede*s* rem*anens*.
320 Terte bocolicon . syl*laba* po*st* u .
　　pede*s* rem*anens*.
Telia . distintio.
Trilex . *driii.
Thorat . lęx.
Triplum . testimonium.
325 Tantalus . *aelbitu.

---

[1] MS. accentes, with point below second c and *u* above it.

[2] MS. adueisarius, but first *i* altered to *r*.

[3] MS. acult with horizontal stroke over *t*. Eucherius has : Ciniphes, culicum genus est aculeis permolestum.

[4] MS. joins these two words.

[5] MS. sedes, with i above the second *e*.

[6] Onus on an erasure.

[7] One letter erased between i and *t*.

U el gemitus.
Ua . *eupa.
Uertelium[1] . *uerua
Uomer *scaer.
330 Urihel ignis dei.

Y dra . aqua
Ypudiastole . subseparatio
(4[bb]) Ypercatalecticus . ubi sub
  legitimos . pedes syllaba crescit.

Yposticen subdistinctio[2].

335 Z abahoth exercituum.
Zabulon habitaculum fortis.
Zebedeus . dotatus.
Zacharia . memor domini.
Zacheus . iustificatus.
340 Zezania lolium.
Zezabel fluens . sanguinem.

[1] MS. uertelum, with *i* above, between *l* and *u*.
[2] MS. subdistintio, with *c* above, between *n* and *t*.

Incipi*t* . **glosa** secu*ndum* **ordine***m* .
elimentor*um* **alphabeti** .

A̲bminiculum . adiutorium
Abelena . *haeselhnutu.
Abiecit . *proiecit.*
Absida . sacrarium.
5 Abies . *etspe.
Ab ineunte ætatc infantia
Abimelech . patris mei regnum.
Abegelata inuiolata.
Absinthium . *permod.
10 Abra ancella
Abdicauit. negauit *uel* *discerede[1]
Abortus . *misbyrd.
Abiles . abtabiles.
Abolenda delenda
15 Ablata . *binumine.
Abdensis . abscondens.
Abstemus abstinens
Abaso . infima domus.
Abrepticius . furiosus.
20 Abrizium . spendor auri
Abacta . inuiolata.
Abegato . uenenato.
Aberuncat abstirpat.
Abnepus . qui natus *est* de pro-
     nepote.
25 Abauus . i*d est* aui . anus . nam
     gradus ipsi sic su*nt* . pater .
     anus . pro . anus . abauus .
     atauus . triauus . quasi tertius
     anus.
Abrogata deleta.
Abigit minat.
Abristit longe.
Abrisit . longe *est* et sit.

30 Abactus . ab actu remotus.
Abaro . infirma domus.
Abdicit inclusit
Abigelus qui tollit sernum a*ut*
     pecus alienu*m*.
Abcesit uocat.
35 Abstenus sobrius.
Abolere . neglegenter agere *uel*
     obliuisci.
Abdicare repellere *uel* refutare
Absoluta . libera.
Abunde . *genycthlice.
40 (5ᵃᵇ) Abacta inuolata *uel* exclusa.
Abspernit contemnit.
Abtauit . conparauit
Absistere discedere
Absordium dissimilem . dissoru*m*.
45 Abiget *pereth.
Ab euro *eastansudan.
Ad euronothum *eastsuth.
Abena arundo agrestis.
Abitote abite.
50 Abusitatus . minus instructus in
     scientia.
Abdicat . refutat i[2] exheredat *uel*
     abieecit *uel* alienat.
Abduxit negauit.
Abrasa ablata[3]
Abdit abscondit
55 Abdecet . non decet
Absonus homo sine sono.
Abiudices negas.
Abtemus adiungemus
Abstans distans
60 Abigiata inuolata.

[1] The final *de* are added above the line. For *biscerede*, as in the Epinal and Erfurt glossaries? [2] MS. refutati, but the i probably means i*d est*, as elsewhere.
[3] Added above the line by corrector.

Absedas acdificii latiores conacu-
las.
Abicies turba. .
Abrogat derogat.
Ahtet uos impleat uos.
65 Abolita sopita.
Ab latere *est* longe.
Absistit desistit
Abdus ab hacrore.
Abiurat negat.
70 Ab adipe . quae fortes fuert im-
molate.
Abicce apelle.
Abnuit abnegat non consentit[1].
Abditum reconditum . abscondi-
tum
Abstrusum remotum latens abs-
consum.
75 Abtauit conparauit adquisiuit
Absurdus rusticus indignus.
Abiuratio negatio.
Absit . longe sit *uel* distat
Abstrusa abscondita.
80 Abegit expulit remouit.
Abegunt a se expellunt
Abest absens erat.
Aboleta distructa
Abolitio . gestor*um* dilectio.
85 Abolet tollet . a memoria aufert.
(5[ba]) Abutitur recussat.
Abditis . *gehyddu*m.
Abdedit inclusit occultauit.
Ab affrico . *suðanpestan.
90 Aboleri . deleri *uel* tollere.
Aboleri adduceri . *uel* a memoria
moueri.
Ab borea . *eastannorþan.
Abiles . apertum
Aborsus . ab eo quod *est* ordior
95 Absorduum . indignum.

Actionator[2] qui de pretio con-
tendit.

Acerra . arca[3] turis[3].
Accitus . euocatus.
Achaz uirtus.
100 Acer. uehemens.
Acie turba.
Aconito . *þungas.
Acerue . moleste.
Acognitum genus herbę uene-
natae.
105 Acti fatis . fatorum lege inpulsi.
Aciem gladii . uim gladii.
Acholothus . sectator.
Aceruus *muha.
Aceruus . malus *uel* inmaturus.
110 Achimenia . aut lex caldeorum .
uocabatur. quam nullus poterat
inmutare.
A censoribus . a iudicibus.
Accipe . cognosce audi.
A circio . *norðanpestan.
Actionaris *folcgeroebum.
115 Acisculum *piic.
Aceron. fluuius aput inferos.
Acies . et ordo militum . et ocu-
lorum nisus . et acumen ferri.
*ecg. *uel* *scearp*nis*[4].
Acinaces gladii.
(5[bb]) Accape audi.
120 Aerabulus *mapuldur
Achalantis . *uel* luscinia *uel* ros-
cinia *nehtęgale.
Achus . greeus . rex.
Acrifolus . *holegn.
Acidus . ab acrore.
125 Acega . *holthona.
Accitor aduocator
Accearium . *steli.
Acciti . euocati . arcessite
Acitula *hromsa.
130 Acitelum *hromsan crop.
Accitulium *gęces sure.
Acinum *hindberiae.
Acris fortio *uel* *from
Actionabatur *scirde.

---

[1] MS. consetit, with *n* above *e*.
[2] An initial director (a) is written by the side of this word, in the margin, for
the guidance of the illuminator.   [3] MS. joins the two words.
[4] MS. sceap, with stroke over *p*, and *r* above *a*, for scearpnis.

135 Actuarius . *praee.
Accetum *gefeotodne
Accidiosus . mente inquietus.
Acegia *snite¹.
Aceodo . exortatoriae.
140 Acephalon . sine capite.
Accedeatur stomachatur.
Accensi irati uel concitati.
Acroceria ligatura articulorum.
Accio . aocini . accersiui.
145 Aculeus . ab actu . diminutiuum.
Acumina² . ingenia.
Aceruus cumulus . lapidum
Accire euocare.
Acta ripa nemorosa uel conti-
nentes.
150 Acnonitus . qui nulli commu-
nicat.
Accentus . uox alta sine pro-
ducta
Acclinis . resupinus . et incum-
bens.
Accire . maris fluctus.
Aclides tela arma gladia.
155 Accumbere interesse.
Acenou . oratio.
Acrę mentis ualidae mentis.
Aceti cotilla uas id est *bolle
(6ᵃᵃ) Acies . extenta militum in-
pugnatio.
160 Acus . *netl uel *gronuisc.
Accessio . significat frigorem.
Acerbatur uertebatur.
Acceptator auctor
Aceruitas . dolor crudelitas
165 Accidia . tedium . uel anxietas id
est * sorg.
Acremonia . acumen . uel sęnitia.
Actotum³ . sine mora.
Acisculum . quod habent in-
structores quasi . mallioles . ad
cedendos lapides.
Acatasticus . adstans uel uersus.

170 Actuariis . acta qui facit.
Accola . uicinus . possessor   uel
alienus cultor
Accintu *denetle.
Accolitus cero ferarius.

Adstipulatio . adfirmatio.
175 Adstipula . adiunctus.
Adductus . arcessitus.
Adsutę * gesiupide.
Ad praestolandum . ad obseruan-
dum.
Adminiculante . adiuuante.
180 Adnexus . adiunctus.
Adludit . coaptauit
Adfector . interfector
Adacto . coacto.
Adilicem . genus rubi.
185 Adigebant . cogebant
Aditum . ab adeundo dictum.
Adsaecula cliens.
Adtaminat usurpat.
(6ᵃᵇ) Adstipulatus . adiunctus.
190 Adsciscunt . adsociunt.
Adulti . inmaturi.
Adultus . maturus.
Addictus . *forscrifen.
Adolerent sacrificarent.
195 Adolet . incendit.
Adfectans . concupiscens⁴.
Adeptus . adsecutus.
Adridente . * tyctende.
Aduncis . * gebegdum.
200 Ad penses⁵ . * tó⁶ nyttum.
Adsensore . * fultemendum.
Adfectat temtat.
Adclinis . * to-hald . uel incum-
bens.
At queue . *end suelce.
205 Adtenuatus . subtilis.
Ademto *gebinumini⁷.

---

¹ MS. has accent over n.   ² i written below the last stroke of m.
³ MS. Actotum, with u over o, but in different ink.
⁴ MS. concipiscens, with point below first i, and u above it.
⁶ MS. penses, with a above second e.   ⁶ MS. has accent over o.
⁷ So in MS. for binumini.   The scribe should have marked ge for erasure.

Adfinis . proximus.

Adfectaret . desideraret.

Adsaeclum[1].*þegn. minister[2] turpitudinis[2].

210 Adcingunt praeparant.

Adorsus . adgressus[3].

Addicit . abdicat amouet.

Adfatim . habundanter mox uel statim satio . ualde.

Addie . ualde dic.

215 Adoptat . adfiliat.

Adbiguus anceps dultius

Adgrediuntur * geeodun.

Adlido . * tonpinto.

Adfatim . optime loquens.

220: Adnitentibus . * tilgendum.

Adsciuit . coniunxit.

(6[ba]) Adolescere . maturescere . crescere.

Adstipulatur idonius[4] testis

Adprobatur . adfirmatur

225 Adimere . subtrahere

Adipiscit . adquirit.

Ad libidines . * praene.

Adtonitus . * hlysnende

Ad fasces . * to peordmyndum.

230 Addiceret . iudicaret.

Adfectatoris . adpetitoris . uel amatoris.

Adfligit * gehuaeh.

Adsertor . firmator.

Adsertores . confirmator

235 Adrogantissime . * plonclice[5].

Adyta . templa

Adfectio . uoluptas.

Adorea . libamina

Adnouit . consentit.

240 Adniue . adiunge.

Adsectator . imitator

Adoleo . glutto

Ador . genus farao frumenti

Adamans . ualde amans.

245 Adamans . genus lapidis ferro durior

Adclibatum . oblicum.

Adoritur nascitur adgreditur

Adrumauit . rumorem . obtulit.

Adimit tollit.

250 Adsaeculi . pedisequi uel lenones.

Adeo . in tantum.

Adio ingredior

Admodum ualde.

(6[bb]) Adlobrius gallis cinis de gallia.

255 Adfabilis . dilectabilis.

Adire perferre . uel adgredire.

Adornat . plus quam ornat

Adsentator adolator blanditor

Agerat adicit.

260 Ad extollendum . ad laudandum

Adciuisse . aduocare.

Adid . interpellat.

Ad mancipandum ad liberandum

Adsciscere adsumere.

265 Adimitio ademptio.

Adfectat . uult desiderat

Adplaudat[6]. * onhliorrouuit[7]

Adiumentis . auxiliis.

Adluo adluit profluit.

270 Adsta interiora templi.

Adluerit infunderet.

Admisum. peccatum uel receptum

Adnauimus . adnotauimus.

Adstipatus . adiunctus.

275 Adnuit promittit . spondit.

Adtonitos . stupore defixos.

Adauus . patris . auus.

Ad confutandum . ad conuiucendam

Adiciens . prohibens.

280 Adcommodaturus . * uuoende.

Aduentio . * sarpo.

Adscite adiuncti.

Aduocatus . * þingere.

---

[1] MS. Adsaeculum, but first u erased.   [2] Added by corrector.

[3] MS. Adgressus . adorsus, but marked for transposition.

[4] MS. idonitus, with point under t.

[5] MS. ploncli, with sign of abbreviation over i.

[6] MS. pladat, with u above, between a and d.

[7] The A. S. words written as one in MS.

Adesto . ausiliare.

285 Adero ausiliabor

Adfectat temtat adpetit *uel* amat *uel* cupit.

(7ᵃᵃ) Adhibuit . . * geladade . *uel* aduoc*auit*

Adplicuit . * geþiudde.

Adliciens . inuitans.

290 Aequiperat . adǫquat *id est* ǫqua . *et* paria facit.

Aedib*us* . domib*us*.

Aeditus . natus.

Aemulus¹ . imitator

Aeneum . aereum

295 Aequatis . * efnum.

Aequidiales . aequinoctiales . *id est* isymerinos grece.

Aequae . similiter

Aerii . uirgae ferreae.

Aegne² . indigne.

300 Aegyptus . caligo.

Aeditio . aliud interp*raetatio*.

Aeneatores . tubicines.

Aeuus . tempus.

Aesculus . * boece.

305 Aedicula . domus modica.

Aegilippon . grece sax*um* emineus . quo nec capellǫ nalent ascender*e*.

Aequeus eiusde*m* aeatis [aetatis] conǫuns [conæuus]³.

Aegeator hortator

Aedificia [ǫdificia] templa urbana

310 ǫdes [Aedes] domus.

Aerarium . ubi aerari [aerarii] inclusi s*un*t [sunt].

Aestuca . calor.

Aerumna . miseria

Aequor pelagus . *uel* campus.

315 Aequora . campi . *uel* maria

Aegit . * praec.

Aequǫ . [Aequae] mons . magnitudo.

Aequigenae . gemini.

(7ᵃᵇ) Aestuaria . * fleotas.

320 Aequiperabatur similabator [similabatur]

Aere alieno . * geabuli.

Aegro animo . tristi [triste] animo.

Aethica . moralis.

Aestus . procella

325 Aeditui . hostiarii.

Aestibale . tempus.

Aes . aeris.

Aegesta . * gors.

Aetatula . aetas modica.

330 Aestuaria . [Actuaria] . ubi duo maria conueniunt.

Aeneade . coniurati . aenea.

Aeques . et equester⁴ unum sunt [s*un*t].

Aequitatus . et peditatus numerus equitum et peditum.

Aerectatio . tuba.

335 Aeleuenus . habundans.

Acuitas . aetas aeternitas [ǫternitas].

Aerumnus . infortunus.

Aes alienum [Aes e alienum] . pecunia debitum.

Aeterna . partes . caeli superiores.

340 Aether polum axis caelum.

Acuum . sæcul*um*.

Aesolus . genus arb*oris*.

Aequitat⁵ . atsimulat

Aeglea . patria uentorum . *uel* rex . uentorum.

345 Aequaeuus . conǫuus . [Aequeuus . conaeuus]

---

¹ MS. Aemulus, and *ator* added above the *s*, by corrector.

² So in MS., *not* Aegre.

³ The Glosses 307—34⁸ are repeated in the MS. on Fol. 7ᵇᵃ line 1 to 7ᵇᵇ, line 14. The few differences between the two texts are printed in square brackets.

⁴ MS. quester, with *e* above *q*.

⁵ MS. Aquitat, with *e* above *q*.

Aerarium . locus in quo pecunia redigitur.

Liticines tubicines[1].

Aemula . inimica et inimicatrix.

Aequimanus . species glatiaturae [gladiaturae] quae utraquae [utraque] manu depugnat.

349* [Fol. 7[ba] line 1 to 7[bb] line 14 (first half) contains, as has been said, a repetition of glosses 307— 348. On the second half of line 14 is written, once more, Liticines tubicines (see 347) after which the MS. continues]

350 (7[bb] line 15) Aeneatores . cornicinis.

Aequore totum per totum mare.

Aequipensum . *ebnpege.

Aescilia . mons in urbe roma.

Aerarium . thesaurum uli pupliee . pecunia mittitur.

355 Aera . rota caeli.

Aeri . iacintini.

Afiniculum *ellende[2] a finibus procul.

Affore . adesse.

Afflarat . *ansuaep.

360 A fafonio . *suþanpestan

Affatim . habunde.

Affecta uel arefacta[2] ornata uel attenuata.

Affluunt habundant.

Affricus *pestsudpind.

365 Affatus locutus.

Affaturus absens futurus erit[3].

Affatibus habundanter.

(8[aa]) Afestotiles . nomen auctoris.

Affectans . desiderat.

370 Afficit . amauit honorat.

Affectui . *megsibbe . uel dilectione.

Aggeres terrae congeries . cumulus.

Agon . certamen.

Agonitheta princeps illius artis

375 Agonista . qui discit illam artem.

Agmen . quadratum miles in itenere . quaterna . acie incedens.

Agitur . regitur

Agasson . minister . officialis.

Agnatus . cognatus.

380 Agustę . sanctae.

Agiographae . sancta scriptura

Agrestes . fera.

Agapo . qui negotia aliena anteambulant

Ageator . hortator.

385 Agricola . rusticos.

Agonantes . explicantes.

Agonia . hostia.

Agga . circa .

Aggreditur . acceditur.

390 Agitor . regens.

Agrarius . *utlines.

Agrippa . qui in pedes nascitur.

Agundis . rebus.

Agens . persequens.

395 Agreste . ferum.

Agretis . *pildę.

Agastrum *ægmang.

Agmine . itenere uel impetu uel ordine.

Agitatio *unstilnis.

400 (8[ab]) Agrę . indigne.

Agitate . *onettad.

Aggressus . inuestus . uel[4] invit[4]

Agmine . fulmine.

---

[1] This gloss is written in the MS. after redigitur (in the repetition on Fol. 7[bb], line 10) and is repeated 4 lines lower down.

[2] Added above the line, by corrector.

[3] erit added above futurus, by corrector.

[4] Added above the line by corrector between agg- and inu- .

Age . uelociter.
405 Agapem . *suoesendo.
Agitante . faciente.
Agmen *peorod.
Agger monticulosus.

Aiumenta auxilia.
410 Aiocten . ingem[1] diuersum.
Ain . uerbum interiectionis.
Ain.tandem . Ain uero.

Allegoria[2] . figuralis dictio . ali-
ud . dicere et aliud intelligere
Alea . *tebl.
415 Altilis . ut pasta ab alendo.
Alcator . *teblere.
Albulo . *flio.
Altilis aues dicitur a uolando
Alium . *gaarleec.
420 Alogia . conuiuium.
Alba spina . *heagodorn[3].
Alcion . *iseru.
Algor . frigos[4].
Alluuies[5] . locus cenosus.
425 Alliciat . alligat.
Alienigena[6] . qui in aliena terra
nascitur
Allux . pollux . in pede.
Alnus . *aler.
Alietibus . auibus.
430 (8ᵇᵃ) Alneum . *fulaetreo.
Ales . aues.
Alietum . *spaerhabuc.
Alneta . *alerholt.
Alga . *paar.
435 Altrinsecus . * on ba halfe[7].

Albipedius . *huitfoot.
Aluuium . *meeli.
Aligeri pinnate.
Aluiolum . *aldaht
440 Alga . *scaldhyflas uel * sondhyl-
las.
Alnus . ratis nauis.
Alabastrum . uas[1] de[1] gemma.[1]
propri nomen . lapidis et uas
nominat . de illo lapide factum.
Aluiola . peluis . rotundus.
Alternantium . *staefnendra
445 Alacris . *snel.
Alacer . *suift
Alucus . *streamraad.
Alitus . *aethm.
Algidus . humor frigidus.
450 Alumnae . *fostorbearn.
Alternatur . latinum nomen est .
sed alterna . post alterum facit.
Alerius . nutritor
Altercator . litigat.
Alibre . alimentum
455 Alnus . neuter.
Alligorrit degustat
Allegare . nerba imperatoris ad[8]
iudicem . ciuitatis mittere[8].
(8ᵇᵇ) Alsiosus . frigoriosus.
Alapiciosa . *calpa.
460 Aluearia . *hyfi.
Alioquin . quid si non.
Aliquantesper[9] aliquandio.
Alter ambobus[10] unus aut ambo
Alterius agunt non simul agunt
465 Alea . prodigus.
Aleator lnsor cupiditatis
Altilia . *foedils.
Altores . cultores.

---

[1] Added above the line by corrector.
[2] An initial director (a) is written by the side of this word, in the margin.
[3] MS. heaðorn, with go added above the line, between a and ð.
[4] MS. frigos, with v above o.
[5] MS. allunics, and tcs written above es.
[6] MS. alienagena, with i below first n, and point below second a.
[7] MS. joins onbahalfe.
[8] ad—mittere, written as a separate entry in the MS.
[9] per joined with aliquandio in MS., not with aliquantes.
[10] MS. rather alteram bobus.

Alacrimonia . laetitia.
470 Alectat . spectat.
Alienum aes . pecunia ueneratri-
cia.
Alaris . cabba alarius.
Allegat insinuat mittit.
Alsit . friguit.
475 Algit infrigidat
Alter et uter alter *et* ambo
Alternis . subauditur uicibus ut
modo . qui modo illud.
Alcido . *meau.
Altum . mare *uel* caelum.
480 Alliciunt . prouocant
Allisus . adfectus.
Alcanus . *þoden.
Alites . *challes.
Albet . splendet
485 Alatis halas habentibus
Alitus . aura uentus.
Almas . ager secundus.
Ala . aequus.
Alipedes . ueloces ut equi.
490 (9ᵃⁿ) Alueum . *edúaelle[1]
Alitudo . *fothur
Alligeo . *recceo.
Altor . *fostorfaeder
Allox . *tahae
495 Albo . penna
Altrix . nutrix
Allauda . *lauricae
Alma . *sancta* pulchra *praeclara*
Albus . praetoris ubi conscripti .
qui recitandi sunt . tabula *est*
et habet albeis litteris iudices
et senatores
500 Alphei . de loco *dicitur*.

Amineae[2] . sine rubore.
Amites . *laergae[3].

Amsancti . undi*que* sancti.
Amisionem . *forlor
505 Amfridis . uersiculis.
Amorręi . amari.
Amalehc . populus lambiens[4].
Ambariam . pro ambob*us* partib*us*.
Amfrite . mare.
510 Amphi . utrimq*ue*
Amminic*ulum* . adiutori*um*.
Amminiculan*t*[5] . adiuuan*t*[5].
Amita . soror patris.
Amnestiam . obolitionem.
515 Amera . genus salicis
Amphitetron . circu*m*spectacum.
Ammentum . *sceptog.
Amata . catenata ab eo q*uod* s*unt*
amici.
(9ⁿᵇ) Ambrones . *gredge.
520 Amnuere . refugere.
Amoenum[6] . fertile iocundum.
Ambages . *ymbsuaepe.
Ambagiosus . circulosus.
Ambrosea . *suoetnis.
525 Amello . prop*rium* . nomen . loci.
Amburimur incendimur
Amatores . qui amant una*m* . qua-
si de uno riuo.
Amulire . abducere.
Amphitrite . mare
530 Amulas . nasa aenea in modum
ollae
Amigdalinas . quida*m* arbor
Amens . *emod.
Amites . *fugultreo . *uel* *reftras
Amtes . *oemsetinne piingeardes.
535 Ambulas . *þiustra.
Amilarius . *mearb.
Amictit . uestit texit.
Amictorium . uestimentum
Ambusta . conbusta.
540 Amurea . fex olei.

---

[1] MS. has accent over the *u*.
[2] MS. has here some sign like p in the margin.
[3] MS. largae, with *e* added above the line between *a* and *r*.
[4] MS. lumbiens, with point below *u*, and *a* above it.
[5] Both final *n* with horizontal stroke over it.
[6] MS. amonum, with *e* above the line.

Amandat . commendat

Ambulacrum. spatium ambulandi

Amittere . relinquere . perdere.

Amphitare . genus uestimenti. u-
trimque uillosum.

545 Ambila . *laec.

Amiculo . *hręgli.

Ammodum . ualde.

Amentis . *sceptloum.

Ambiit . circumiit.

550 Ambit . cupit.

(9ᵇᵃ) Amphibalus. hircus bellosus.

Amanet . extra manet.

Ambages . nauticum.

Ambages . circuli uel sermonum

555 Ambitus . poten¹ uel circuitis² uel
circuitus

Antiquarius . qui grandes litteras scribit

Anubis. deus . egiptiorum.

Antestis . pontifex.

Ansa . fibula.

560 Antra . obscura loca.

Antifrasin . contraria³ locutio.

Andeda . *brandrod⁴.

Annuit . promittit.

Annnes . permittes.

565 Anomalum . inlegale.

Anologia . ratio uerborum.

Anthlia⁵ . rota auritoria

Anudus. quartana die quarta

Aneta . *enid

570 Anes . nalles.

Anetum . *dili.

Antiae . *loccas.

Anathomen . apertionem.

Anciliatur . adolatur.

575 Anconos . urcenos.

Anguens . *breer.

Anniculus . unius anni.

Anticipatio . praeocupatio.

Antefata . *forepyrde.

580 Anastasis . *dilignissum

Ancilia scuta arma caelestia.

(9ᵇᵇ) Anticipauit⁶ . praeueniat

Anathema . abhominabilis⁷ deiectus.

Annitur . plus conatur

585 Anfora . . iiii . modios⁸ tenet

Angor . tristitia uel memor⁹

Antemne . *paede.

Antemna . *seglgęrd

Andapila retia ursorum

590 Anguis . serpens aquarum

Anarchias . sine principatu . uel
ubi nullius.potestas monarchia.
ubi unius. polarchia ubi mul-
torum¹⁰.

Annales . annuos.

ΛΑΩΡΗΤΟΝ¹¹. id est ratio. populorum.

Anfractus . circuitus.

595 Animi . uoluntatis

Anchoresis . remotio uel recessio

Anquirit . ualde quirit.

Ancipitis . gladiolum quae . in
medio. habet manubrium.

Ansportat . abducit auehit

600 Ancilus . poplites.

Antagonista . recertator

Antedo q'¹² . *pyrtdrenc.

Ansatae . *aetgaere.

---

¹ The Erfurt MS. has potentia, and the sign after poten in the Corpus MS. differs somewhat from the usual l for uel. It perhaps represents the ligature for tia of the original.

² MS. circuitos, but point below second u, and i above it.

³ MS. contrria, with a above the line, between rr.

⁴ MS. branrod, with d above the line, between n and r.

⁵ MS. anthia, with l above the line, between h and i.

⁶ MS. aticipauit, with n above first t.   ⁷ Added above the line by corrector.

⁸ MS. medius, with point below u, and o above it.

⁹ So in MS. for maeror.   ¹⁰ MS. mulorum, with t above o.

¹¹ Written on an erasure; the original word evidently commenced with l, which is still visible.

¹² MS. q with sign of contraction above it.

Anapsi . nigri coloris *uel*[1] dura[1]
605 Anobarbus flaba barba *uel* dura
Annates . proximi
Annuus . anniuersarius.
Anus . auellus.
Anfetrite . mare.
610 Antena . *hoga.
Animaequius . ipse homo.
(10ᵘᵃ) Anepos . extranepos[2].
Ancile . *aut*[3] ancilia scuta.
Anudus . manifeste.
615 Angiportus . angustus locus.
Anulum . fidei libertatem fidei.
Anxius . *sorgendi.
Annua . *gerlice.
Annue . faue.
620 Annixi . satio conantes.
Angeportus refrigerium nauium.
Anagliffa . scpupta[4] species.
Anomala . dissimilia.
Andracas . temporalis *uel* principatus.
625 Anate . *clader sticca.
Antes . extremi ordines uiniarum.
Anser . *goos.
Anacephaleos . in repetitionem *uel* recapitulatio.
Angulinis . proprium nomen.
630 Antebiblium . pignus codicis.
Antefatus . testatus,
Ancore . merore . tristitia.
Anim . atuertit uidit *uel* intellegit
Anagogen . superior . sensus.
635 Andres . uirtus.
Ansiferis . mestificis.
Anediosus . tediasus[5].
Anget . sollicitat *uel* stimulat.
Angit . consignat.
640 Angustior[6] . amplior.
Ancil uirga aurea.
Ancipis . inritas.

Antedo . antecaelo.
Antecelere . antecedere.
645 (10ⁿᵇ) Antecellit . *prae*cedit.
Anus . *alduuif.
Antictores . *contra*positi.
Angit . fucat offucat
Actigeni[7] . priorgeni.
650 An . ant.
Anguila . *eL
Anastasin . resurrectionem.
Anim . atuersio . sententia . in reum dicta.
Anaturale . sapientia.
655 Andeo . bibo.
Anceps . *tuigendi.
Anfractum . iter tortuosum *uel* difficile.
Anathem . abhominat*io*.
Antulus . *caecbora.

660 Apodixen . fantasia *uel* ostentio.
Apocatasticus . adstans.
Apotheca . *uel* horreum[8] . repositio.
Aptat . copulat.
Apparitorium . adiutor*ium*.
665 Apparasin . negatio.
Aporians[9] . *anscungendi.
Aplustra . *geroedro
Apodixes . exemplum . probatio.
Apolitarium . ubi ponuntur . res labentium
670 Aper . *eobor.
Aporiamur . *biad þreade.
Apiastrum *biopyrt
Apio *merice.
(10ᵇᵃ) Aprica . Aestiua calens.
675 Apricam . calor sine neuto.
Apotasia . *fraet gengian
A portis . caspis nom*en* loci.

---

[1] Dittography from the next line.
[2] MS. -nepos, with *v* above *o*.
[3] MS. h with sign of contraction above it.
[4] spupta, with c above the line, between *s* and *p*, but no point below first *p*.
[5] So in MS., but an attempt to alter *a* into *o* seems to have been made.
[6] See A 949.
[7] So in MS. for antegeni.
[8] MS. orreum, with *h* added above the line.
[9] MS. aporiens, with point below *e*, and *a* above it.

Apricum . locus temperatus.

Apologia . defentio.

680 Aplestia . crapula.

Aptata . perfecta¹.

Apporia . defluens.

Appetitus . *gidsung.

Apparitione . *getiunge.

685 Apex . dignitas² . summa pars capitis . uel littera caeli.

Apoplexa³ . genus morbi.

Apotheca . domus uini.

Apocalypseos . reuelationem

Apocrifa . occulta.

690 Apocrisis . depulso absconsis.

Apologiticum . excussabilem

Apostata . discessus a fide.

Apologias . excusationes.

Apothisen . superpositio.

695 Apestas . sceleratas negle
Negle gentes quae⁴.

Aparatu . uel⁵ ministratio⁵ *aex-
faru.

Apototyas excusationes.

Apte tuos⁶ . impleat uos.

Apparator ministrator⁹ auxilia-
tor.

700 Aptauit . conparauit.

Apiscitur . utilitate consequitur

Appellens . adplicens.

Appulissit . applicauit.

Apparatorium . ubi res⁷ . quaecumque parentur.

705 (10ᵇᵇ) Aperticius . asperens.

Applare . *eorscripel

Apricitas . color *hio.

Aparitio . *gethingio.

Apparatum . *geþrec.

710 Appotheca . *pinfaet.

Apostemam . commune.

Apporeor . onsteuum⁸ . quibus
cius uiscera interno foetore .
coinquenentur et inde loquendo exalauit odorem foetorem.

Aparcias . uii.trionum uentus.

Aquilium . fuscum . uel subnigrum.

715 Aquilium . *onga.

Aquemale . *lebel.

Aquilae . *segnas.

Aquilici . scrutatores aquarum.

Arthimetica . diuinitio . uel
numeralis.

720 Armonia . *suinsung.

Ariolatus . *frihtruug.

Armellae . brachialia.

Areoli . aromatum orti.

Archia . initium.

725 Archioritas . conflictus.

Areoli . *sceabas.

Archipirata . princeps piratorum.

Arba . terra que aratur uel spatium

Ardia . *hragra⁹ . et die . perdu-
lum

730 Argella . *laam.

Argutiae . *thrauuo.

Arrius . *faag.

(11ᵃᵃ) Arcebat . repellebat.

Armentarium . locus ubi arma
conduntur.

735 Arbutus . *aespe.

Argutiae . *gleaunisse.

Argute . acute.

Armenias . pilas . nomen loci.

---

¹ MS. perfata, altered into perfecta. ² Added above the line by corrector.

³ MS. apoplexa, with *i* added between *x* and *a*, but by another band and in different
ink. ⁴ So in MS. and the first negle underlined.

⁵ Added by corrector above the line with mark of reference /. after apototyas (see
next gloss). But the words apparently belong to this gloss.

⁶ So divided in MS. for aptet uos. ⁷ MS. has accent above res.

⁸ This word is apparently corrupt; cf. Epinal Gloss. 5 A, after 21. It does not
seem to be A. S.

⁹ MS. brara, with *g* added above the line, between *a* and *r*.

Ardentes . festiuantes.
740 Arx . *fuestin.
Armentum . et armentarium di-
citur locus ubi instructio . ar-
morum . reponuntur.
Archturus . septem.
Archtoes . *paegneþixl.
Artura . *tot.
745 Archontes . principes.
Arcontvs[1] . princeps.
Arduum . dificile.
Argilla . *thoae.
Archius . grauatus.
750 Aripagita . archisynagogus.
Arula . *fyrponne[2].
Artemta . genus uasis.
Artemon . *obersegl uel malus.
nauis.
Artoa . excelsa uel alta
755 Armilausia . *serce.
Arpago . *apel uel *clauuo
Artum . dolum.
Arcistis . sagitarius.
Arpa . *earugeot.
760 Araxis . fluuius . orientis
Arcesiendos . exhibendus.
Archia principatus.
(11ab) Anaglosa[3] . *pegbrade.
Arpia . *ceber[4].
765 Armus . *boog.
Arida . terra.
Areet[5] . uetat depulit prohibet[6].
Arula . uas apium at focum.
Arbatę . *sibæd.
770 Arbina . adeps . axungia.
Argenteus . albus.

Ars plumaria . *uuyndecreft.
Archiatros . *healecas[7].
Ariopagus . nomen curiae.
775 Arcesi . intellectui.
Arcem . summitatem uel uertigo.
Arestis . stipulis.
Areolus . erepticius.
Archioretis . libros duo.
780 Arbitrium . collegio.   (781) Arbi-
triorum . multorum[8]
782 Armellu . uas ninarium.
Armentum . pecunia.
Arrepit . eripit
785 Arridit . fanit.
Arguere . ampliare.
Ariopagita . locus martis.
Arualis . rusticus agrestis
Artuus . erectus.
790 Artauit . atflixit conligauit.
Arcebat . uertebatur.
Arcę . eminentia.
Artis . scribtis . strictis.
Artussum . sidus in caelo.
795 Arepticium . demoniosum.
Aruina . *risel.
(11ba) Arcitriclinium . domus maior
Armiger . armi portator
Arguit . ostendit.
800 Ariolus . diuinus.
Ardebat . *scaan.
Artat . angustat
Argolicam . grecam.
Arci . summa pars.
805 Arectas . *hlysnendi.
Argumentum . ostensio.
Arcessitus . *feotod.

---

[1] MS. arcontes, with point below e, and v above it.
[2] The o has been altered into a, but by a later hand and in different ink.
[3] MS. anaglosa, with r added above the line, between a and n, by a hand of the 11th or 12th century.
[4] MS. ceber, with first e altered into ç, and a stroke added between the topstroke and the bow of the b; but by a later hand.
[5] MS. arcet, with re added above the t, by corrector.
[6] MS. prohibet, with re added above the t, by corrector.
[7] MS. healecas, with h added above the line in different ink, probably by the same hand that corrected A 763.
[8] A 780 is written as two glosses in MS., and had also been numbered as A 780 and A 781 in our transcript; hence there is practically no A 781.

Arbitus . *faestinnum

Arrabonem arram

810 Arcister . *strelbora.

Arxhotanian . antiquitatem uel principatum[1].

Arcoretos . conflictus.

Artaba . modi ·iii·

Arcarius . dispensator

815 Arx . arcis.

Arbusta . loca ubi arbores nascuntur.

Articulatus . articulis coupactus

Aruspex[2] . qui ad auras sacrificat.

Areit . submouit.

820 Arcins . lassus uel grabatus.

Aruspices . qui intendunt signa corporis . uel obuiantes hominum uel obseruant signa auium id est cantos.

Arma . unius hominis.

Arieli . qui in ara coniecturam . faciunt

Armatura . totius . militis.

825 Argutus . urbanus uel astutus.

(11ᵇᵇ) Articos . aquilonis.

Astronomia . lex astrorum.

Astrologia . ratio . siderum.

Asellum . spolium.

830 Asta . framea.

Ascilium . mons in urbe Roma.

Asilo . *briosa.

Aspernit . contemnit.

Ascemor . inhonestum.

835 Astum . astutum.

Asses . scorteas . *liþrine trymsas.

Ascella . *ocusta

Ascios . exumbres.

Aspaltum . *spaldur[3]

840 Astrum . caelum.

Ascalonium . *ynnelaec.

Ast . uerum uel statim.

Astaroth . deus sidoniorum.

Astu . *facni . uel *fraefeli.

845 Astatus . de asta pugnans.

Asilum[4] templum refugii

Astismos . quidquid . simplicitate rusticana caret.

Ascetron . intellectum.

Asteriscus . stellis.

850 Astri . riui uel uenti.

Ascesi[5] . ingeni.

Ascopa[6] . *kylle.

Asotus . luxoriosus.

As assis . genus nummi.

855 Astus . calliditas.

Astarium . ubi uendent bona proscriptoribus.

(12ᵃᵃ) Aspernatur . dispicitur.

Astatus . de asta dicitur acitum

Aspera . *unsmoþi

860 Asiani . greci.

Asinius oppri[7].

Asapa . *earngeat

Ascesui[8] . intellectui.

Astur . *haesualpe.

865 Atomas . insecabilia . ac solida corpora.

Attigerit . inurit[9].

Attaminat . inquinat

Atflarat . *onsueop.

Attrectare . male . tangere.

870 Atellanus . mimus . uel histrio[10].

Atriensis . ianitor.

Attubernalis . uicinus . proximae. taberna . habens.

Atticus . *dora.

---

[1] The n is written below the first i.

[2] The r has been added above the line.

[3] Is merely A. S. spelling of asphalte.

[4] MS. has circumflex over i.   [5] See below A 863.

[6] MS. aspa, with co added above the line between s and p.

[7] MS. oppri, with stroke over i; for nomen proprium?

[8] See above A 851.   [9] See B 31.

[10] MS. histro, with i above the line, between r and o.

Atrocitas . uehementia.

875 Atomi . tenuissimi . pulucris . in ratio apparent solis.

Attoniti . *hlysnende . *afyrhte.

Atrox . inmaturus . crudelis[1].

Atrux . malus . seuus.

Atomi . lapidum . praecissorum

880 Atrum . obscurum . nigrum[2].

Atqueue . *onsuilce.

Atque lixarum . atque sernicntium.

Aurifodina . metallum

Anotam . ampliatam

885 Augurans . ominans.

Augures.qui augurium incendunt.

(12^{ab}) Auspex . qui anium augoria intendit.

Aupex qui aucupia exercet.

Auriculum . *dorsos.

890 Autumabam . existimabam

Auriculum . *earpicga.

Anus . *aeldrafaeder.

Auriola . *stigu.

Auspicantes . initiantes.

895 Auellanus . *haesl[3].

Autumant . atfirmant.

Auspicia . cantationes auium.

Aucupatione . *setunge.

Auerteret . expugnaret

900 Ansus . *gedyrstig.

Augurium . aspicium . et notum.

Auexerat . exportauerat

Aurit . implet.

Authencicum . principale.

905 Augurium . signauium[4] uolam[4]

Augur . qui aues . colit

Auleis . superius . pulchris amoenibus.

Auehit . *onpeg aferide.

Auserunt . *nomun *hloduu.

910 Autenticum . auctorale.

Auspicium . initium actionis.

Auleum . curtina . ab aula.

Anotio . puplica uenditio

Augetio . sabbastio.

915 Authentica . uetusta.

Auiaria . secreta . nemora . que anes frequentant.

Anena . *atę.

Auctius . amplius.

(12^{ba}) Auserit . penetrauit.

920 Auernus . infernus.

Auleis . uestibus regiis

Aux . illae . ali minoris[5].

Austis . opotatis.

Auulsa . erepta.

925 Aus . diois.

Autio . crementum.

Audierat . cognouerat.

Austeritus[6] . seueritas.

Aurum . obscurum . nigrum

930 Aut . immo.

Auitiis . antiquis.

Aulea . *streagl[7].

Auet . cupit . gaudet.

Auenicat . eradicat.

1355 Auum . *meli.

Ausim . audaciter uel audeo.

Autumat . dicit.

Audist[8] . ausus est.

Aucupium . et aucusatio unum est.

940 Aubulcus . pastor bonum.

Auctoramentum . quod est indicium.

Ausillae . alę minores.

Auultis . regalibus.

Aufugit . euanuit.

---

[1] MS. crulis, with de added above the u.

[2] MS. nigum, and r added above the line.

[3] MS. hael, and s added above the line.

[4] So in MS. for signa anium uolantium.

[5] Repeated : A 942.

[6] MS. austeritus, with a above the second u, but the latter is not marked for erasion.

[7] MS. streal, and g added above the a.

[8] MS. audit, and s added above the line, between i and t, perhaps for ausit.

945 Auricularium . consiliarium
Auctionabatur . puplice uendebat.
Aueruncat . auertit . alienat.
Auspicantur . *haelsadon.
Augustum . serenum *uel* amplifi-
  cum.
950 Auro primo . auro optimo quod
  est . obrizum.
(12^bb) Auster[1] . *suduuind.
Ausonia . italia.
Augur . *haelsere.
Ausurae . *brucende.
955 Auunculus . *frater* matris.
Augustissimo . famosissimo.
Aurocalcum . *groeni aar[2].
Auceps . eo q*uo*d aues capi*t*.
Aucturatio . uenditio.
960 Auditorium . locus . legendi

Axungia . *rysel.
Axredones . *lynisas.
Axredo . *lynis.
964 Axis . *aex.

Basileon . liber regum.
Bafer . grossus.
Bacidones . *raedinne.
Bagula . *bridels.
5 Bachum liberum patrem.
Balsis . *teter.
Bacillat . trepitat.
Ballista . *staeflidre.
Basterna . *beer.
10 Bachans . ludens.
Balba . mutus.
Bachatur . furit.
Barca . nauis.
Babilonia . confusio.
15 Basileon . rex.
Balbus . q*ui* dulcem . lingnam ha-
  b[et][3].

Batuitum . *gebeaten.
(13^aa) Baal . deforatio *uel* superior.
Baccinia[4] . *beger.
20 Balantes . ones.
Ballena . *horn.
Bachum . latex uinum
Barritus . *genung.
Battat . *geonath
25 Basterna . *scrid.
Bassia . oscula.
Baucalem . gyllonem
Barrus . elefans.
Barbarica . auro ornata.
30 Babigera . stulta.
Basiliscus . serpens . quae . flatu
  suo uniuersa quae attigerit in-
  urit.
Basiliscus . et regulus unum su*nt* .
  et a mustelis[5] . uincitur.
Batutus . percussus.
Barrit . elefans . cu*m* uoce*m* emit-
  tit
35 Balbus . *uulisp.
Bachi . antiqui.
Balteum . lorum.
Balus . *isernfeotor.
Baratrum . sepulcrum
40 Bassandes . baccae.
Baubant . latrant[6]
Bardus . stultus.
Basilla . regina.
Baccanalia . bachatio.
45 Barbenta . qui palmas dat.
Barsus . rufus niger.
Baxem . quas bacceas d*icunt*.
(13^ab) Bachantes . *uuoedende.
Baratrum . *dael.
50 Basis . *syl.
Ballationes . *cnop.
Balbutus . *stom . plisp.
Ban . *segn.
Bapis . *treuteru.
55 Baruina . *barriggae.

---

[1] MS. anter, with *s* added above the line between *u* and *t*.

[2] MS. ar, with second *a* added above the line, between *a* and *r*.

[3] MS. has merely hab.   [4] MS. bacinia, with second c added above the line.

[5] One letter (perhaps *l*) erased between *e* and *l*.

[6] MS. lstrnt, with *a* added above the line, between *r* and *n*.

Balneum . *stofa
Balatus . *bletid.
Bariulus . *reagufinc.
Barbarismus . dictio . uitiosa.

60 Bellicus . subauditur aliquid .
   id *est* sonum . aut tremor.
Beacita . *stearn.
Bellicosus . pugnandi cupidus.
Beel . pater saturni.
Beantes . clamantes.
65 Bellum . quod in campis agitur.
Beta . *berc arbor *dicitur.*
Bellum . marsiculum marsi populi
   su*n*t.
Aeneficium . *freomo[1].
Ber . puteus meus.
70 Berrus . *baar.
Berruca . *uearte.
Berna . seruus.
Bellum . cibricum . gallicum cibri
   enim galli sunt.
Belliger[2] et[3] . bellator unum su*n*t.
75 Bellicum . *slag.
Bellum . italicum bellum romano-
   ru*m*
(13[ba]) Berna . *bigrae.
Belial . pestilentes.
Bellum . intestinum bellum cinile.
80 Bellum . punicum . affric*anum*
Beabes . beatum facis.
Berulus . geminae[3] . gen*us.*
Bellum . teutonicum . gallicum
   teotoni . enim galli sunt.
Bestiarius . uenator bestiarum
85 Bena . *atę.
Behemoth . animal
Beredarios . ueloces nuntios.
Berbene . genera florum.
Bebella . *sperta.
90 Baelbae . bestiae maris
Becta . *stęrt[4].

Bellum . domesticum intra domo
Bettonica . *aturlade.
Bellum . maritimum quod in mare
   fit.
95 Beta . herba.

Bicoca . *haebreblete.
Birillus . ut aqua splendet.
Bidellium . arbor.
Bilustrum . ·x annis.
100 Bitumen . *liim.
Bibliotheca . librorum reposio.
Biremis . ordo super alium
Bitiligo . *blaecthrust . fel.
Biceps . duo capita habens.
105 Bilices . duplices.
Bigimen . e duobus . generibu-
   conceptum.
(13[bb]) Biceps . q*ui* duos dentes
   habet.
Bile . *atr.
Bilinguis . bibarius.
110 Birrica . uestis . ex lana caprarum .
   ualde delicata.
Bitulus . *berc.
Bifarius . piscina.
Byssum[5] . siricum retortum
Bianor . animo et corpore fortis
115 Bigae . ubi . duo . equi curru iun-
   guntu*r*[6]
Biuium . iter duplex.
Biuium . ibi duae uiae *conuen*iunt
Biotbanatas . *seolfbonan[7]
Bimatur . duplicator
120 Biblio . pola . qui biblos uendit
Bibulus . bibatu*r*[8].
Bibliothicatrix . qui. codices . sceat
Biti . proficisci.
Biclinium . q*uasi* bicellium.
125 Bipedalis . duorum pedum
Bifaria . duplici ratione.
Bisarius . bipertitus.

---

[1] MS. fremo and *o* above the line, between *e* and *m*.
[2] MS. joins the two words.   [3] So in MS.; *in* for *m.*
[4] Mr Henry Sweet (*Oldest English Texts*, p. 45) prints wrongly *stęnt.*
[5] MS. bssum, with *y* added above the line, between *b* and *s.*
[6] First *u* added above the line, over the first *n.*
[7] Mr Henry Sweet (*Oldest English Texts*, 45, 466) prints wrongly *sculfboran.*
[8] MS. bibatur, and *o* above the *u.*

Bipertitum . in duohns . pertitum
Bileso . passus amaritudine*m*
130 Bisulcu*m* . utrumq*ue* sulcatum
Bisaltim . gen*s* barbara.
Bipennem . securem bis acuatem
Bilem . amarum.
Bidentes . ones . balantes
351 Bitricius . *steopfaeder
Birbicariolus . *perna.
Bitorius . *erdling.
Bipertitum *herbid.
(14ᵃᵃ) Bibrantia . iacula fulgen*tia*.
40 Bilance*u* . *tuiheolore.
Bibulta . *billeru.

Blitu m . *clate.
Blattis *bitulum
Blessus . *stom.

145 **B**osboris . lux lucis.
Bothonia[1] . *embrin.
Blohonicula[2] . *stoppa
Bofellum . *falud.
Bouulci . bouum pastores.
150 Bona . *scaet.
Bombicini . uermes qui texunt.
Boreus . *east nordpind
Boare . clamare.
Boaptis . ea quae.
155 Bombus . sonus tumidus.
Boa . nomen serpen*tis*.
Boetes . septemtrio.
Bobinatores . inconstantes.
Botitium . fotum fit.
160 Bolia . stabula bouum
Bolimides . qui ante cibum tor-
quetur egrotus . et post cibum
cui sint dolores . indesinentes.
Bolitat . uolitat.
Bonon . aues . in palustris.
Bobulcus . *hridhiorde.
165 Bonestra . *radre.
Bacarius . *meresuin.

Bofor . *lendis lieg.
(14ᵃᵇ) Boare . resonare[3].
Bollas . ornamenta cinguli.
170 Bobulum . bouinum.
Bombosa . *hlaegulendi.
Boantes . clamantes.
Borrum . rubum.
Bogias . catenas.
175 Bonus . faustus.
Botrum . *clystri.
Bona . caduca facultates . quae non
habent firmitatem
Bolides . *sundgerd in scipe *uel*
*metrap.

Briensis . *honduyrm.
180 Bruma . breuitas.
Brahiale . *gyrdels.
Bratium . *malt.
Bradigabo . *felduop.
Braehns . breuis.
185 Broel . *edise . *deortuun.
Broellarius . *ediscueard.
Bruchus . *oefer.
Bruncus . *prot.
Braciae . *cian.
190 Bruchus . genus . locustae quod
uolat.
Brumalia . rosina pluuia.
Brittanica . floris q*uae* in siluis .
nascitur.
Brattanea . lamina[4].
Bromosus . annus . rosinosus.
195 Brittia . *cressa.
Braugina . *barice.

(14ᵇᵃ) **B**ulla . *sigl.
Bux . *box.
Butio . *cyta.
200 Buccis . oris.
Busticeta . locus . ubi *conburant*
corpora.
Burrum . rufum.

---

[1] MS. *m* altered into *ni*.
[2] MS. blohonica, and *ul* added above the line, between c and *a*.
[3] *on* added above the line.   [4] *i* written below the *m*.

Busta. incisa. arbor ramis.

Busticeta. sepulchra in agro.

205 Bullae. ornamenta. regalium camellorum.

Bubo. *uuf.

Butum. inbutum.

Buculus. *rondbaeg.

Bulimus. uermis. similis. lacertae. in stomacho hominis[1]. habitans.

210 Buris. curbamentum. aratri.

Burrum. *bruun.

Burrus. niger.

Bubalis[2]. *peosend.

Bumaste. uua in similitudinem mammae.

215 Bustantes. sepelientes.

Bullit. scatet. fernet.

Bucerum. pecus. bubalis.

Bucula. uacca.

Buccones. stulte[3] rustici.

220 Burgos. castra.

Bullantes. aquae cum exundant[4].

Buteriae. armenta

Buccula. *buuc.

Bustum. conbustum.

225 Bumbus. sonus. impetus.

Bucitum. *seotu.

Butio *frysca.

Bunia. *byden.

Bubla. *flood.

230 (14^bb) Byssum. *tuin.

Bythalasma ubi duo maria conueniunt.

Byrseus. *leđeruyrhta

Byssum. tortum. siricum.

234 Byrsa. corium.

Caeleste. animo. dei sensu

Castimonia. pudicitia.

Calcis. finis.

Calcem. finem.

5 Calculus. *calc.

Caccabum. *cetil.

Carubdis. mare uerticosum

Canea. domus. in theatro.

Cados. *ambras.

10 Cartellus. *pindil.

Canicula. a cane.

Calculus. ratio. uel sententia uel numerus. uel *teblstan.

Carauma. scripta linea.

Cartilago. *naesgristle.

15 Carbunculus. *spryng.

Cautere. *aam.

Calpes. galeae militum

Candes. nasa. fictilia.

Casinur. senex.

20 Caupo qui uinum cum aqua miscet.

Casma. inmensa uel ruptis.

Caulem nimon.

Catapulta. *flaan.

Calculator. conputator.

25 Catafrigia. genus hereticorum in frigia[5].

(15^aa) Cabillatio. *glio.

Camellea. *pulfes camb.

Canes. lingua[6] *ribbe.

Caenum. lutum.

30 Calentes. *hatende.

Caulem. *steola.

Cauliculi. parua folia.

Carecta. loca. caricis[7]. plena.

Camaenae. acantu.

35 Cacihinnatio. risus. altus.

---

[1] Second i written below the n.

[2] MS. bubalis, with u above a.

[3] MS. stulte, and i above e.

[4] MS. exudat, and n added above the line, between u and d.

[5] After this entry (the last in col. 14^bb) a hand of the 11th or 12th cent. has added: Calecantum idem et uitrolum.

[6] u above the line.

[7] MS. caritas, with points below ta, and ci above s.

Chacinnant[1] iuridunt.

Caperata . rugosa.

Capessit . libenter accipit.

Caudix . robor radix.

40 Candet . nitescit

Capacitates[2] domus.

Cabillatur cum conuicio locatur.

Caelicola . qui colit caelum

Cantarus . ubi aqua mittitur

45 Carptim . sparsim.

Carptus . discerptus.

Capulus . *helt.

Carpsit . decerpsit.

Cassabundus . uacillanis.

50 Castum . uacuum.

Catasta . genus supplici.

Cacula . ligna arida.

Catus . doctus.

Caedit . homicidium facit

55 Cascum . uetus . canticum.

Camera . fornax.

Cano . dico.

Cauculus . dolor renium.

(15ᵃᵇ) Caumeuniae . *eordreste.

60 Casses . arauearum tela.

Catiuns . discus . modicus.

Catacesion . doctrinarum.

Catafrigas . secundum frigas.

Catacizati . instructi.

65 Catacizo . doceo.

Cardinarius . primarius.

Cadonca . uniuersalis.

Caracter . stilus . uel figura

Catastrofon . conuersationem

70 Cataron[3] . mundorum.

Caeporicon . itararium uel uiarum.

Canonum . regularum.

Catecominus . deforis audiens.

Catecuminus . instructus.

75 Catholicus . rectus.

Cataceseis . doctrinae.

Calcido . ut ignis[4] . lucet . haec est
prasinum.

Catholica . uniuersalis.

Caelibatus . sine uxore uir.

80 Capissendas . capiendas.

Catamasion . secundum matheum.

Caton perenmatoria libri sex experientia dei.

Casu euentu.

Caotostrifon . uterem.

85 Casus . aduersa.

Cantarus . genus nasis.

Cana . antiqua

Cataplasma . medicamentum

Catabatus . *romei.

90 Caementum . caesura lapidis.

Cautum . scriptum.

(15ᵇᵃ) Canti . ferrum circa rotas.

Calcar . *spora.

Canticiscent . taceant.

95 Cauterium . *merciseren.

Carpentum . uehiculum

Conticuit . tacuit. .

Catasta[5] . *geloed. .

Capillatur *faexnis.

100 Capsis . *cest.

Carcura . *craet.

Carcesia . summitas mali.

Caractis . *uueterþruh.

Calla[6] . semita . strata pecorum.

105 Categorias . acussationes.

Cariscus . *cuicbeam *uuice.

Capitium . *hood.

Cappa . capsula . cocula.

Camisa . *haam[7].

110 Carix . *seeg.

Canalibus . *paeterdruum[8].

Cappa . *scicging.

---

[1] h added above the line, between the first c and the a.

[2] MS. capacitatem, with point below m and s above it.

[3] on written on an erasure.

[4] MS. utnis, with ig added above the line.

[5] MS. eatsta, with a added above the line, between t and s.

[6] lla on an erasure.

[7] Second a written above the line.

[8] Second u added above the line, between u and m.

Caudix . cortix.

Carmelus . molis . cognitio.

115 Castanea . *cistenbeam.

Calta . *readeclafre *uel* genus . floris.

Capistrum . *caebestr[1].

Calcesta . *huiteclafre. .

Cananui . *ulae[2].

120 Cancer *haebrn.

Calciculium . *iecessurae.

Cardella . *þisteltuige.

Cacomicanus . *logđor[3].

Calomachus . *haet.

125 Cardus . *þistel.

Castorius *beber.

Calculum infirmitas *dicitur non* pot*est* migare . quasi lapis obturat . uirilia[4].

(15[bb]) Caenum . *pase.

Carectum *hreod.

130 Carpella . *sadulboga.

Caulas . domunculas.

Canistrum . uirgis . palmarum . texit

Capsellum . uas . rotundum . et longu*m*.

Carina . *bythne.

135 Canti *faelge.

Cassidele . *pung.

Cappa . *snod[5].

Carpasini . *græsgroeni.

Causa . irarum . origo

140 Calmetum . *mersc[6].

Caliga . *scoh.

Calx . calcis.

Carbo . *gloed.

Cato . prop*rium* nom*en*.

145 Calips . ferrum.

Catas . prophon *conprehensio* . *uel* pena

Carduelis . *linetuige.

Caradrion . *laurici[7].

Casnomia . musca uenenosa[8]

150 Cariscus . musca modica

Cantarus . *pibil.

Cariel . leno.

Cada . uas . uinaria.

Cases . retia minnta

155 Cabo . caballus.

Caper . *heber

Cadax . a coxa claudus.

Carinantes . inludentes.

Cata montem . caeli . aspectum.

160 Casse . inane . naenum.

Callos . *peorras . *uel* *ill.

Capax . continens.

Cacumen . summitas montis.

Caristia. dies festus . *uel* cognatos.

165 Caltulum . ubi mortui . feruntur

Cathalon . totum.

Captio detentio.

Caduceum . uirga mereuri.

(16[aa]) Caelibies . caelestis.

170 Caesarium . capillum.

Capite . census . taxatio possessionum . *uel* qui gerit corona*m* in capite.

Capaciter . moderate.

Caules . cancelli tribunales.

Caudices . radices arborum.

175 Cauponula . tabernacula

Cauponiam . taberna.

Causidicus . atuocatus[9]

Carula . *crauue.

Carecter . imago effigies.

180 Captio . dolus . insidiae.

---

[1] One letter (e?) erased after *r*.

[2] See Gust. Loewe, Prod*romus*, p. 416.

[3] MS. lođor, with *g* over first *o*.

[4] First *i* below *u*.

[5] MS. snod. ·/. Cappa, with ꝥ before snod, and ħ before Cappa; therefore, the signs which are used elsewhere to mark the omission, here indicate the transposition, of words.

[6] *s* added above the line, between *r* and *c*.

[7] MS. laurici, with *e* above second *i*.

[8] uenenos on an erasure.

[9] *d* above first *t*, but by a later hand.

Captura . locus . piscosus . et ubi .
  sedit capturarius¹. qui balne-
  aticum . exigit.
Carpentum . carrum.
Capido . spatium.
Camellum . funem . nauticum.
185 Caupo . caupuncula . tabernarius .
  in taberna. *id est* qui miscunt.
Cartilago . *grundsopa².
Calamizare . laeta cantare.
Cartem³ . sparsim.
Capria . *raha.
190 Calones . gabar militum.
Calestra⁴ . gen*us* . mitrae.
Carecta . densa loca spinarum.
Cascum . antiquum.
Cassusum . uetustum.
195 Caulę . ubi *sunt* atuocati.
Cauda . *steort.
Caldaria . *cetil.
Cater . *suearth.
Cartago . *braadponne.
200 (16ᵃᵇ) Caesios . narios . oculos.
Causatur . quaeritur
Caerealia . arma pistoria.
Caeraitae . bestiae . cornutae.
Cautus . doctus.
205 Capessit . tenet.
Capax . qui multum capit
Caulesus . inlisus.
Catalogus . enumeratio.
Candins . uestis regia.
210 Capillatis . capillis . porrectis.
Capitolinus . capitolio deseruiens.
Caducus . demoniacus.
Cataplus . aduentus nauiu*m*.
Cancri . cancelli.
215 Caelibem duo.

Capite absoluto.capitis³.periculo.
  liberatus⁶ . et obsolutus.
Capite.censum solum caput suum.
  deducit ad censum . honorem .
  uel ad diuitias.
Cateruarius⁷ qui in caterua po-
  puli *est.*
Cauponia . maeraria.
220 Causator . causus . qui d*icit.*
Caeles . caeliculae.
Caeruchi . liniae . in arbore nauis.
Caragios⁸ . *lyblaecan.
Casla . *heden.
225 Canda *boga.
Caracteres . similitudinis.
Campus . *brogdetende *uel* *clep-
  petende⁹.
Caraxatis . scriptis¹⁰.
Carbasus . *seglbosm.
230 Cautionem . *geprit.
Capitolium . summum . caput
Calles . niae . in siluis.
(16ᵇᵃ) Cęruleus . uiridis . *uel* glau-
  cus.
Cantes . saxa ingentia.
235 Capitas . amplitudo
Capulum . *helt.
Caumati *suole
Cassibus . calamitatibus.
Cassus . scelus malum.
240 Cauerniculis . *holum
Capistrinum . *geflit.
Cassidis . *helmes.
Casus *fer.
Casis . *ned.
245 Casso *idle.
Cassium . *helm.
Cardo *beor.

---

¹ *s* above, and an erasure after, second *u*.   ² The *d* added above the line.
³ cartem, with i above *e*.   ⁴ *s* added above the line.
⁵ ti added above the line.   ⁶ MS. liberratus, with point below first *r*.
⁷ MS. cateruarias, with point below the last *a* and *u* above it.
⁸ MS. caragius, with point below *u* and *o* above it.
⁹ MS. has distinctly *cleppetende*, not *deppetende*, as Mr Henry Sweet reads (*Oldest
English Texts*, 49), and explains (*ibid.* 584). For *cleppettan*, to palpitate, see Bosworth-
Toller, s. v. *cleppettan.*
¹⁰ First i under *r*.

Cabillatur . mandrat[1]
Caelatum . *agraben[2].
250 Catagrinas . *bleremina mees.
Caelatura . pictura.
Canthera . *trog.
Cadex radex.
Casses . cassedis.
255 Callus *paar
Caluiale . *cosobricases.
Caluarium . *caluuerclim.
Cardiolus . *uudusnite
Callis . *paat.
2ᵒ0 Capistro *caefli.
Calleo . *fraefeleo.
Cauliculus . *steola.
Carpebat . *sclat.
Cauernus[3] . *holu.
2ᶠ5 Cartamo *lybcorn[4].
Carcesia . *bunan.
Caseum . dictum . eo quod sero
     caret.

Cellis . apothecis.
Cepit . prendit occupauit
270 Censor . dignitas . iudicalis.
Celebritas . conuentus.
Cene . grece nonum.
Celer uelox.
(16ᵇᵇ) Cetra . scutum lorium quo
     utuntur affri . et hispani.
275 Cenadoxio[5] . uana gloria
Ceu quasi.
Cessere . *on picum.
Censura . decus . uel pulchritudo
Cerebrum . narium . altitudo.
280 Centrum . punctum . medietas.
Cercilus . *aesc.
Cerns . triticum.
Censores . *geroefan.
Censeo *doema
285 Censit . decernit deliberat

Cernit uidit . prospicit
Cespex . frutex.
Certat pugnat
Celebritas . solemnitas
290 Cesuram . *gegandende.
Cetra . scutum . breue.
Censat . aestimat.
Celox *ceol.
Censeo . decerneo . suadeo indico
295 Cereacas . recessus.
Cerealia . sacra . cereris.
Ceremonias . ritus . sacrificiorum.
Cereacas . tubicines.
Ceremoniae. relegiones. sacrorum
300 Cearon . excelsa.
Cerus . *elh.
Census . iustus.
Cerula *heapi
Cetretron . quisitiones . de morte[6].
305 Cererem . satis . segitem . messem.
Cerox . uel index testis.
Cercilus . nanioula.
Celes . qui dicunt celicolae
Cerasins *ciserbeam.
310 Ceruical . et capitale . unum sunt.
Cerefolium . *cunelle.
Celes . feloces.
Celebre cognitum.
(17ᵃᵃ) Cefalus . *heard hara.
315 Celidrus . serpens.
Celeber . frequens.
Cepa . *ynnilaec . cipe.
Cenaculum . refectorium.
Cert . quod . certo . fit . loco.
320 Cementum . *liim . lapidum
Census . aestimatio.
Cernuus . in caput ruenis.
Ceseos . uarios . oculos.
Cerucae . liniae in arbore nanis.
325 Cerastae . serpentes cornutae
Celebra . uoluptas.
Celebrat . frequentat

---

[1] For mandatur ?; see G. F. Hildebrand's *Glossarium Latinum*, p. 40, n. 5.
[2] One letter erased between *a* and *b*.
[3] MS. cauernus, with *a* over second *u*.
[4] MS. lybcor, with *n* above, and one letter erased after, *r*.
[5] MS. has *o* above *a*.
[6] MS. demerte, with point below second *e* and *o* above it.

Cethelis . cithara.
Census . diuitiae.
330 Ceueto . indico.
Censae . dicuntur quorum . patri-
monia . puplice . notata sunt et
ascripta.
Cementum . medacium cogitatum.
Cerulus . niger cum splendore.
Cellas . faborum . foramina.
335 Celebatus . uiduatus.
Censebat . aestimabat
Celebs . sine uxore uir.
Cenubium . congregatio.
Censura . seueritas . maior.
340 Censor . iudex qui minores . pepu-
li . secreta . requirit
Cente . *pilde¹ goos¹.
Ceruli nigri.
Cedes . homicidia.
Cedit . concessit
345 (17ᵃᵇ) Cecutiat . caligat.
Ceruei . funes nauium
Ceruleus . et calor est et canes
marini
Certatim . paulatim.
Censimus . decernimus.
350 Celatum . *abrectat
Cespites . *tyrb.
Cessit . *geeode
Cereacus . *hornblauuere.
Cetesior . longior.
355 Cepit . occupauit.
Censurunt² . iunxerunt
Cernua . *hald.
Cerefolium . *cerfelle.
Cetula . cartula.

360 Chroma . umores.
Chans . *duolma prima confusio
omnium . rerum.
Chorus . coeuorum . cantus . et saltatio.
Chiatos . xii . faciunt . sextarium
unum

Chorus . xxx . medios habet.
365 Chorea . saltatio . cum cantilena
Cherubin . scientie . multitudo.
Chaos . inmensae . tenebrae.
Chaumos . *suol.
Chalibem . ferrum.
370 Charybdis . forago³ in mare.
Chartamo . *lybcorn.
Chimedę sunt . quos apostolus
molles uocitauit.
Cherochelini . inmallones.
Chorela . uentris . solutio.
375 Chorus . *eostnorðpind.
Christallus⁴ . genus saxi candidi.
(17ᵇᵃ) Chili.archus . tribunus . uel
millenam⁵
Chelis . cithara.

Cistula . sporta.
380 Citra . ultra
Circiter . circa numerum.
Citropodes . *chroa . *croha.
Cinthia . luna.
Ciebo reuocabo.
385 Circum . undique.
Cittes . pellis . tenuis . inter grana.
Circuit . grauit
Circulus . girus.
Cinsores . indices . stimatorum.
390 Circiter . prope . ferme.
Cicuta . *hymlice.
Ciet . monet . uocet . concitet.
Cient . commouent.
Ciebo . reuocabo.
395 Oicbo concutio.
Circum . celliones . qui circuibunt
ciuitatem.
Cicuta . *podepistle.
Cirsum . carpentium.
Ciemus . clamamus.
400 Cista . corbes . grandes.
Cicur . placidum uel mansuetum.
Cicurare . mansuete . facere.
Ciburium . tumba.

¹ MS. joins the two words.
² e written over second u, but by a later hand.
³ v over f, by a later hand.
⁴ MS. Christallas, with point below, and u above, second a.
⁵ So in MS. for millenarius.

Cicad. *secggescere. *uel* *haman[1].

405 Ciconia. *storc.

Cicer *bean.

Cilo. homo longum caput habens.

Cisculus. *heard hean.

Cirris. crinibus[2].

410 Cicre. bellum. iniere.

Cinoglosa. *ribbe.

(17[bb]) Circum. scribere. decipere. *uel* circum. uenire.

Cicatrices. plagae. seisurae. et in uestimento. et in corpore.

Ciclops. gigans[3].

415 Citerius. *uel* ex ulterius.

Circinno. *gabulrond.

Circutus. girns.

Citro. huc ad nos ultra an*obis* ad alia*m*.

Circius. *pestnordþind.

420 Citatem. aeris. mobilitatem eris.

Circus. girns.

Cilindrus. semicolumneum.

Circum. scripta. deleta.

Ciuitat. einem. facit.

425 Circulator q*ui* farinam atpostat. per circulum.

Cibatum. commestum.

Citate. cursim[4].

Cis. *biheonan.

Cibaria. a cibo. dicuntur

430 Ciuita. ut frequentia.

Citus. festinus.

Cilex pirata.

Cimiterium. pontiani. *licburg. a nomine. poñ p̄r qui construx*it*

Circinni[5]. *pindeloccas

435 Crines. alñ. minores.

Circinatio. *oefsung.

Cinnamomum. *cymin[6] resina

Cicuanus. *higrae.

Citonium. *goodaeppel.

440 Clericus. hereditas. sors.

Clanis. polix.

(18[aa]) Cluamentia. stultitia.

Clibosum. *clibecti.

Cieps[7] fur.

445 Clibosa. inclibata.

Clanculat eelat abscondit

Clanculum. mare[8].

Clanculum. clam. occultum.

Clauia. *borda.

450 Claua *steng.

Clinus. lectulus.

Cumma. ascensio.

Cladibus. uindictio.

Cluat. nobilitat

455 Cluit. pollit.

Clangor uox tubae. sonitus.

Clasibus. agminibus.

Clibum. discensum. mollem.

Clibanus. fornax.

460 Clasma. pax *uel* turba.

Clemax. scema.

Clam. occul*to* subito.

Clacindex. cocta.

Clientes. suscepti

465 Clibum. ascensus. uiae singul*aris*

Clustella. *clustorloc.

Cladica. *pefl *uel* *opef.

Classica. souus tubae.

Cliens. amicus. minor

470 Climax. gradatio.

Clinici *faertyhted.

Classica. celeuma nauis.

Classic[9]. mare.

Cliutis. ascensus.

475 Clientella. obseruatio. domestica

Clandire. claudicare[10]

Clepsedra. per q*uo*d hore. colliguntur.

(18[ab]) Clammum. clariss*imum*

---

[1] Second *a* added below the line, between *m* and *n*.

[2] First *i* added above the line.   [3] First *g* on an erasure.

[4] One letter erased between *s* and *i*.

[5] So in MS. for cincinni. This and the next entry make one gloss, though written separately in the MS.

[6] Added above the line by corrector.   [7] So distinctly in MS. for cleps.

[8] The Erfurt MS. has mane.   [9] The *l* added above the line.

[10] *re* added over second *a*, and mark of reference ·/. after it; see below C 483.

Cliutis . ascensus.
480 Clauus . caligaris . *scohnegl.
Cluis . pollex.
Clasis . *flota
Claudire ¹. claudicare.
Climmata² . plagae.
485 Clauum . manubrium . guberna-
culi.
Claumentia . claua.
Clibosa . inclinata.
Clatrum . *pearuc.
Clabatum . *gebyrded.
490 Cloaca³ . fosa balnearis.
Clunis . coxae.
Clus *teltreo
Clasica . tuba.
Clima *half
495 Cloacas . concauus locus in urbi-
bus in quo omnis . inmunditia .
congregatur et homines . iterum
mundantur.
Causile . et clausibile unum *est*.
Clasica quae sonant in tubis . et
nauibus.
Clauicularius . *caeghiorde.

Conicita . arbitratur.
500 Commodius . facilius.
Conflictum . certamen.
Coalescit . concrescit.
Confulsus . crutus.
Coniecit . consimulat.
505 Cognata *con*iuncta.
Conicio . existimo.
Commisura . *flycticlað.
Conabulum . *cilda trog.
Conserimus . conprobamus.

510 (18ᵇᵃ) Commodat . praestat.
Concunctatus . condubitatus.
Conisma . picta . imago.
Colonus . *gebuur.
Colobium *hom.
515 Contactus . inquinatus.
Contribulius . *meig . *uel* sangui-
n*is*
Constellatio⁴ . notatio . sider*um*.
Contagio . inquinatio.
Coniuentio.consentio *uel*⁵ macula⁶.
520 Coecum . bistinctum . *piolocread.
Conperendinat . differt in aliu*m*
die*m*.
Cotizat . *tebleth.
Conplex . uno cremine alteri . at-
iunctus.
Contropazio⁶ . controuersio.
525 Conuexu⁷ . *hualf.
Conuexa . curbata.
Consternantem . indomitam.
Consternatus . uictus⁸ confusus.
Coaceruantes . congregantes.
530 Conquilium . *piloc . seel
Conopeum . rete muscarum.
Contemtum . *heuuendlice.
Conlato . *oembecht.
Commeatos . *sondę.
535 Contubernalis . *geþofta.
Coniectura . *resung.
Coniectura . ingenium.
Continuauit . coniunxit
Continuat . coniungitur
540 Condidit⁹ . *gesette ¹⁰
Contraxit . congregauit
Conserunt conpunxerunt.
(18ᵇᵇ)   Conuincens . *oberstae-
lende.

---

¹ MS. claudire, with *n* over *u*; *dire* is written over an erasure; cp. above C 476.
² i added below the *l*.
³ *o* added above the line.
⁴ MS. consctellatio, with point below second *c*.
⁵ These two words evidently belong to the preceding gloss.
⁶ One letter erased between *o* and *p*.
⁷ Last *u* on an erasure.
⁸ Added above the line.
⁹ First *i* added below the line.
¹⁰ Second *e* added below the line.

Conlatis . datis.

545 Codices *onheapas.

Congeries . congregatio.

Comedo . forax edax.

Concreta . commixta.

Conpletitur[1] . continet.

550 Consiti . constipati . condensi

Confutatus . conuictus.

Consequens . rectissimum.

Collectum . congestum.

Conplectitur constringitur

555 Conlocopletatus . ditatus.

Coercit . corrigit.

Consutum *gesioped.

Conludium . contagium.

Comminisci . recordari.

560 Corimbos . *bergan.

Conicit . conuocat

Concentus . multorum . cantus.

Contra fedus . contra pactum

Commercium *ceapstou   . *ge-strion.

565 Contumacia . granis . superbia.

Conmentus . est . cogitauit.

Commentatus est . mentitus est.

Conserit . interponit.

Contra fas . contra ius diuinum.

570 Contra . nefas contra scelus.

Coaucta . coniecta . uel adunata.

Coacti . prouocati.

Corben . *mand.

Coniciunt . iactant.

575 Constipatus . repletus.

Constipatio . conuentio . hominum.

Conpactis . *gegaedradon.

Consulimus . praeuidimus.

Conserere . conferre.

580 (19[aa]) Corbus . *canuel

Consulo . *frigno.

Corbem . fiscina coffinum.

Consulens . praeuidens.

Consulte . probate.

585 Conuicta . *oberstaeled.

Concidit . *to slog.

Conspicantur . intendunt.

Controuersia . contentis.

Conciderunt . ruerunt.

590 Conparantem . *gegaerpendne

Coaluissent . *suornadun.

Concedam . *lytesna.

Conferata . consociata.

Coniurati . *gemode.

595 Conpetis . terminis.

Conquirentem . causantem

Contumax . *anmood.

Conuellere . minuere.

Confusione . *gemengiunge.

600 Confunde . commisce.

Concesserim . *arecte.

Conlidit . elidit.

Conpar . *gehaeplice.

Conpentia[2] . solacia . lucra.

605 Constipuisse . *gesuedrade.

Conrasis . congregatis

Conspicor suspicor

Conuenio . *ic groetu.

Contis . *spreotum. ·

610 Contos   . *speoru.

Condicione . *raedenne.

Condicio . status . qualitas.

Conlatione . conparatione.

(19[ab]) Confertas . repletas.

615 Conpertus . inuentus.

Consobrinus . *gesuigran.

Consocierunt . coniunxerunt

Conciti . acciti.

Colera . umores.   ·

620 Conpediatim . angustiatim.

Corban . custodia . diuitiarum[3]·

Commaticum . articulatum.

Coclea . ascensus . quia circuit

Comiter . benigne.

625 Colligerunt . intellexerunt

Conglobat . coatunat

Comitiare . loqui.

Congessit collegit.

Conicem unum . sextarii ·IIII·

630 Cocleae . *lytle . sneglas.

Coloni . incolae.

Conpilat . spoliat.

---

[1] The e added above the line.

[2] MS. has d over t, but in a later hand.

[3] ti added above the line.

Confecit . interficit.
Coli deleres . uentris.
635 Coffinus . *mand.
Conmentabor commemorabo
Commentariensis . *geroefa.
Commenta . atinuenta.
Commenti . commentari
640 Cospis . *palstr.
Comat . froudet.
Columnas . uiteas . id *est* uitea-
rum . similitudines . scluptae¹.
erant.
Colludium . turpis . ludus.
Condita . conposita.
645 Concinnis . subtilis.
Concinnat . subtiliter.*conponit*
Commitia . honores.
Color . *aac.
Confectus . finitus.
650 (19ᵇᵃ) Concrederis . commiteris.
Corylus . *haesl.
Cornacula . *crauue.
Cornix . *crape.
Core . caluaria.
655 Conglutinata . *gelimed.
Corimbos . *leactrogas.
Conpellat . alloquitur
Colostrum . *beost.
Coniectus . in uinculis . misus.
660 Cocleas . *uuiolocas.
Corimbus . nauibus . *uel* cacumen.
Constipuit . defecit
Comminus . iuxta.
Conducuit² . conueniunt
665 Coupos . *faegen.
*Contentus . *geneorð.
Commentis . *seorpum.
Concinna . coniuncta
Conixi . conantes.
670 Cors . numerus . militum . *tuun.
Coagolescit . conglutinat

Corona . sacra . deorum . *sunt.*
Cornices . anes . lasciuae.
Confici . *gemengan.
675 Cognitor curiosus³ exqu*i*sitor . de-
lator.
Conpetentes . portiunculas . *id est*
*gelimplice daele.
Conpagum . iterum . nascendi
Conpagines *coniuncturae* . mem-
bro*rum.*
Conpaginauit . *coniuncxit.*
680 Cosam . diuinans.
Conpegisti . conpaginasti
Commenticius . liber.
Conclauis . locus³ *conclusus*³ cubi-
culum . intra cubicul*um.*
(19ᵇᵇ) Conclania⁴ . cubicula.
685 Coarcuatio . concameratio *uel* con-
iunctio arcuum.
Conpagem . *gegederung.
Commesatio . *conuiuio* . meretri-
cum
Conplodere . concutere.
Commessatur . turpiter bibatur
690 Coniecerentur conuocar*e*ntur⁵.
Coituras . *gegangendo.
Coit⁶ . ambulauit
Coit . conuenit
Coniectus . inpulsus.
695 Commanipularius . *gescota . *uel*
conscius . socius . collega
Collectum . conlatum . *uel* conges-
tum.
Collectari . nummulari trapizetæ
grece d*icuntur*
Commoda . emulamenta
Conubrium . matrimonium
700 Conubium . coniunctio
Colos . color.
Conoidit . cecidit
Contamini . interrogamini.

¹ *l* added above the line between *c* and *u.*
² *cu* added above the line, between *u* and *i.*
³ Added above the line by the corrector.
⁴ So in MS for conclauia.
⁵ *oc* added above the line.
⁶ MS. has an accent over *i.*

Consipet . saporem . habq̄[1].

705 Conpotrix conbibola . uel coebriosa.

Conhibenda . uetanda.

Conpliciis . consciis.

Conlingunt . porrigunt.

Coniuentibus . fauentibus

710 Continuatus . contestatus.

Compotem . similem.

Conscidere . ruere[2].

Collorate . feruentissime.

Coturnum . superbum

715 Corpulentas[3] pinguis.

Coniectura . arbitratio.

(20[aa]) Consobrinus . *sucor.

Conlinnuunt porrigunt

Consumat couplet

720 Consumatus . finitus.

Comis . bonis . conpositus.

Conflictationibus[4] . commisionibus

Conflixerunt . certati sunt.

Confligere . committere.

725 Confligit . conluctatur.

Conlubio . sordidatio[5] contagio.

Confictium[6] . coniurgium.

Coetanium . coeuum.

Confertur . collegitur

730 Coartata . coniuncta

Coheres . coniunctus.

Coarta est commota est

Conatus . uoluptas.

Commenta . astutia.

735 Corax . *hraefn.

Coria . quibus . porta est indutae[7].

Coalescunt . pascunt

Coniciebant . cogitabant

Commolita . molata.

740 Consuluit . ammonuit

Communitorium . munitionem.

Conplosi . iubilati.

Conpluta plumis . repleta.

Colaphus . pugnus.

745 Commisura[8] . *cimbing.

Cox . *huetestan[9].

Coxa . *thegh.

Conpetum . *tuun . *þrop.

Colicus . *eoburthrote.

750 (20[ab]) Conuena . aliunde . ueniens.

Cornicem . qui cum cornu . canit.

Colus *pulfmod.

Coluber serpens . qui habet in
cauda caput.

Concentum . qui hinc et inde canitur.

755 Compos . particeps.

Contiamum . domum stipendi.

Comis . subtilis.

Concis . *scellum.   .   .

Comicum . subtilem.

760 Comminiscitur commentum . uel
comentat

Continuatur . iudicat[5] conclamat

Conmulcat . conculcat

Conmulcauit . conlisit

Concedit ex utraque parte cadit

765 Conicis . consimilis.

Consentaneus . aptum . uel con-
sentiendo

Corrogauit . congregauit

Comis . ornatus . uel hilarus.

Coitio . genitura.

770 Conca . *mundleu.

Conficina . macellum.

Continuare . congeminare.

Conuentio . conspiratio.

Conuocat multos . in unum colligit.

775 Coagolum . *ceselyb.

Commolitio . *forgrindet

---

[1] So in MS. for habet.

[2] One letter erased between e and r.

[3] u added above a.

[4] l added above the line.

[5] Added above the line by the corrector.

[6] u written over the f.

[7] Cf. F 495.   [8] MS. has accent over the i.

[9] Second c added above the line.

Concisium . *scelle.
Confundit . *menget
Commentum . *aþoht.
780 Conderetur . *geparht.
Conpedium . *gescroepnis.
Coleandrum . *cellendre.
Colomata *haet colae.
(20ᵇᵃ) Conpetorem. suum amicum.
785 Confossus . uulneratus.
Confectus . aetate . senior.
Conditur . collocatur
Conexere . circumdare.
Confertissimum . plenissimum
790 Comebat . conponebat
Conierat . coniurat.
Conditus . sepultus
Condiarium . donum . stipendi
Comtus . ornatus.
795 Conpendio . brebiter[1]
Conclassare . atiungere . classem.
Cogitarium . donatio . imperatoris
Conlibum . crematum.
Concha *beme[2]
800 Conpetitur . amicus.
Corripuit . conpraehendit.
Comitatio . bonitas . innocentia
Comicus . qui comedia . scribit.
Conciliabulum . locus . in quo
multi[3]. homines. sui. iuris sunt.
805 Conibuli . cor cordes[4] . coniuncti.
Conforaneus . unius . fori.
Columen . culmen.
Conspirantur . intendunt.
Conualuit . *geuaerpte.
810 Consors . *orsorg.
Conprimat . uicit obumbrat.
Comitauere . *togelestunne.
Consciuerunt . coniuncxerunt.
Contracta . congregata.
815 Conclamatus commotus[2] *loma.
Concursus . turbatus.
(20ᵇᵇ) Comma . breuis . dictio
Commatice . breuiter
Coluisse . amasse.
820 Concessit . *geuuatu

Contiguus coniunctus[2] prope.
Conum . summa pars galeae.
Contusio . plagarum . atflictio.
Commendabat . *trymide.
825 Commentator . expositor.
Condebitores . *gescolan
Cognitor . curiosus.
Concussionibus . *raednisse.
Confoti . *afoedde.
830 Conticuerunt . tacuerunt.
Conuenientes . *seruuende.
Conlisio . *slaege.
Commonicarium . pastiarium.
Colera . colerantes . simulantes.
835 Consertas . conpositas
Commulsa . eradicata
Constabat . manifestum est.
Compos . magna . nimis . pussilla-
nimis
Colonum . armiger
840 Coturno . *podhae.
Contio . *gemoot . conuocatio . po-
puli.
Correptus . arreptus.
Conspicuus . altus . eminus.
Coturnus . est quodam genus . cal-
ciamenti quod poeta habent
845 Costa . *rib.
Contio . ecclesia.
Comentarium . flagrat conburet.
Contionarius . qui ad populum
loquitur.
Conlatum . datum uel simul con-
portatum.
850 (21ᵃᵃ) Comolus . plenitudo . uel
aceruus.
Concors . unius . consentionis cor
Commodus . utiles . incommodus
inutilis.
Conuellimur disiungimur
Contionatur . *madalade dccla-
mat. uel iudicat. uel contestatur
855 Contestare . adiurare . per caelum.
et terram et deum.
Commanipulares . conmilitones.

---

[1] u over second b, by a later hand.
[2] Added above the line by the corrector.
[3] Added above the line.   [4] So in MS. for concordes.

Consobrinus. filius. patruelis. *uel*
    *moderge[1].
Confutat. *oberstaelid.
Coupilat. *stilith.
860 Cornu. *ceste.
Conectit *teldat.
Concretum. *gerunnen.
Conca. *musolau. scel.
Comminus. prope.
865 Coccum. *pioloc.
Cocilus. *ampre.

Cronicorum. breuium. ut tem-
    poralium.
Cronica. temporum. series.
Creatrix. genetrix.
870 Crudiscente. inualescente.
Creuit uidit.
Crebrat *siftiŏ
Crebrum. *sibi.
Chroma. color.
875 Croma. humores.
Crucus *gelo.
Croccitus. clamor. corni.
Creagras. tridentes.
Crepacula. *cleadur. id *est* tabu-
    la. quae. a segetibus. territan-
    tur aues
880 Cragenter. graciles.
Cripta. spelunca pernia.
Cripta. ascussum[3].
Cronograffum. temporal*is* scrip-
    tura..
(21ᵃᵇ) Crineto se. scindat te an-
    gelus.

885 Cronicou. temporale
Crisolitus. auricolorem *et* stellas.
    habet.
Crepundia. *maenoe.
Cristonografon siriem. fiscus[3].
    fraus. regalis.
Crepundium. monile guttoris[4].
890 Crionason. breuis. dictio. in mag-
    na.
Cratem. flecta[5]. *uel* *hyrþil.
Crebruit. intonuit
Crebruit. spisauit
Cruenta. uexatio.
895 Cruentus. sanguilentus
Cronografias. breuis. scriptura[6].
Crustu ornatu.
Crepido. *rimo[7].
Crispans. concutiens.
900 Croceo. rubicundo.
Crus. *scia.
Crabro. *paefs. *uel* *hurnitu.
Crustula. similis. *haalstaan.
Creperus. anceps. *uel* dubius. in-
    ter lucem. et tenebras.
905 Crepere. in corpore. dubitare.
Cretus. creatus. natus.
Crepusculum. mane.
Creporem. sonus. catenae.
Crepidus. saxa. constructa[8].
910 Crebro. pugillo.
Crama. *flete.
Cronicula. quem accipiunt qui
    uicem. bello. seruant.
Crealia. arma pistoria.
Crapula. nausia post potum.
915 Crateras. uasa. ninaria.

---

[1] Cf. above C 616.

[2] This word appears as A. S. in Wülcker's *Vocabularies*, I. 16, 5. Hildebrand (*Gloss. Lat.*, p. 86) would read *arcuatum*.

[3] Cf. Gloss. F 158, and D 219.   [4] First t added above the line.

[5] Mr Henry Sweet (*Oldest English Texts*, pp. 55, 536) takes this to be A. S.; and likewise *wag-flecta* in this same Glossary: see G 174 graticium: wag-flecta. But *flecta* exists in Latin, from *flectere*, like *plecta* from *plectere;* see two or three examples in Du Cange, and in the *Anglo-Saxon and Old English Vocabularies*, by Thomas Wright (ed. R. P. Wülcker), I. 240 (No. 18), the Latin *flecta* is actually glossed by the A. S. *hyrdel.* Therefore, here and at G 174, the word *flecta* is treated as Latin.

[6] *i* added below the line.   [7] Second stroke of *r* and *i* on an erasure.

[8] *s* added above the line.

Cragentes . graciles.
(21ᵇᵃ) Crinitior . crine . prolixior
Cristatus . galeatus.
Crater calix.
920 Crates . *begas.
Cragacus . *styria.

Cuniculum . foramen . *uel* ca-
    nalis.
Cutit . concutit
Ondit . fabricat
925 Curia . domus . consilii
Culleum . uas . piee oblitum
Cuniculos . *smyglas.
Cupressus . genus . ligni.
Curiositas . *feorpit geornis.
930 Culina . coquina
Curiosus . ancxius.
Curules . stella . a curro quia equi .
    de curru . curules dicuntur ue-
    locissimi . nero . ad enrendum .
    stellares . dicuntur.
Cunctabundus . dubius. .
Cumulus . magnitudo.
935 Cupiae . diuitiae.
Curę . cogitationes.
Cura . sollicitudo.
Culcites . *bed.
Culmen . quia culmis . tegitur.
940 Cuspis . summa pars . hastae.
Cucumis . *popæg.
Culmus . *pyrð.
Curculio . *emil.
Cupa . *hyden.
945 Cuba . *tunne.
Cummi . *teoru.
Culix . *mygg . longas tibias . ha-
    bet.
Cuculus . *gaec.
Cumba . nanioula.
950 Cupia fandi . facultas . loquendi.
Cucuzata . *lepeuuince.
Curae . praepositurae.
(21ᵇᵇ) Culinia . *cocas.

Curae . statum . infantum.
955 Curuces . nanes.
Culleum . folle . bubulum.
Cuse . silentium.
Cubile . a cubando . dictus.
Curimbata nauicula . fluuiorum.
960 Culmen . stramen . piscarum.
Cunctantibus . tardantibus.
Curriculum . certum . tempus . cur-
    sum.
Cucuma . *fyrcruce.
Cucumerarium . hortus in quo
    cucumeris . crescit bona herba .
    ad manducandum . siue ad me-
    dicinam.
965 Cuspis . *palstr
Cunae . *cildclaðas.
Curtina . *pagryft.
Curabula¹ . initia . infantium.
Culter . *saex.
970 Cuneus . *paecg.
Cuppa . accipiendo . id est *beod-
    bollę.

Cyatus . calix.
Cumba . nauis.
Cyprinus . *forneted cli.
975 Cyrograffum . manus . scriptio.
Cynominna . septem . trio.
Cyprassus . uiridem . habet colo-
    rem . aureum . hoc est et stellas.
Cymiterium . locus . ubi requies-
    cunt corpora.
Cycladis . uestis . unde cingitur
    homo.
980 Cynomia . omne genus . muscarum.
Cymba . nauis.
982 Cynnomomum . arborem boni sa-
    poris cuius . corticem . ducunt
    permultos gentes.

(22ᵃᵃ) Dapsilis . profusus.
Dalila . paupercula.

---

¹ So in MS. for cunabula.

Damasculum . sanguinem[1] . bi-
bens[1] . osculum . sanguinis[2].
Dagon . idolum.
5 Dande . date.
Dauid . manufortis . uel desidera-
bilis.
Dactulus . digitus.
Danai . greci.
Dapsele . cupiose.
10 Dalmatica . tunica . latas . mani-
cas . habens.
Damus . fenerator.
Damma . bestia id est *eola.
Damma . caprioli similis . capra
agrestis.
Datuenum . uendit.
15 Daticius . latinum . non . est . sed
dediticius. si barbarus . tradat .
se romanis . dediticius dicitur.
Damde . dapis[3] cibus.
Dapes . cibi latiores.

Declamanda . ad laudem per-
tinet.
Defrutum . *coeriu.
20 Detulerat *brohte.
Despicatus . disruptus.
Delicatus . *prast.
Deportatus . quem . sua bona . in
exilium . non secuntur
Destituit . *obgibeht.
25 Deuotaturus . *pergendi.
Desis . *suner.
Defert negat.
Decussit . percussit . proiecit.
Desolutus . *onsaelid.
30 Destituunt . *to puorpon.
Destitutae . *to porpne.
Desudare . laborare.
(22ab) Decipula . *bisuicfalle
Deiurat . per dominum iurat.

35 Dedita . opera . ualde . data.
Detestatus . abhominatus.
Deuerticulum . de altera . uia . in
alteram flexio.
Delibutus . perunctus infusus.
Delibuit . unxit.
40 Derectum . rectius . ordinatum.
Despondet . ualde promittit
Deffitentur . negant
Densum . spissum.
Degladiandi . occidendi.
45 Delibrat . cogitauit
Decrepita . *dobgendi.
Delimatum . conplexum[4] . conclu-
sum.
Desidebat . *unsibbade.
Deuteros . innouitatem[5].
50 De dictemao . exitus[4] de exduc-
tione.
Defitiget . fatiget.
Defatiget . *suenceth.
Dedasculum . magistrorum.
Decaueis . dedomibus . in theatro.
55 Desertinis . parientinis.
Delumentum . *dhuehl.
Deponile . *pefta.
Dedichotomatibus . decoetanis.
Defixiezodo . de exitu . animae.
60 Deconfugione . statione . *hyðae.
Demum . postmodum . uel iterum.
Deliberatio . *ymbðriodung.
Degladiati . sunt . persecuti . sunt.
Delicatis . et querulis . *prastum .
end seobgendum.
65 (22ba) Defectura . *aspringendi.
Decidens . *gepitendi.
Decedit . ruit.
Desciuit recidit.
Debita pensio . *gedaebeni gea-
buli.
70 Deditio　traditio[6]　*handgand
spontane[7].

---

[1] Added above Damasculum by corrector.
[3] da on an erasure.
[4] Added above the line by corrector.
[5] This gloss is distinctly so divided in MS.
[6] Written above deditio by corrector.
[7] Written above handgand by corrector.

[2] Second i added below the line.

Detractauit . * forsooc.
Denia callus . * horþeg stig.
Detractasset . recussasset.
Defferuntur . *meldadun uel
   *proegdun.
75 Dehiscat . * tocinit.
Dehiscit . potescit . subsidit
Desicit . * tetridit
Detriturigine . *agnidine.
Defecatum . uinum . purificatum.
80 Dentalia . *sules . reost.
Deuinxit . *geband.
Decerni . *scriben.
Deglobere id est *flean.
Defotabat *forsnor
85 Desiduus . desidiosus.
Desonuit desentit.
Desiit cessauit.
Demere . tollere.
Desidans . elaborans.
90 Deuaricare . seperare
Dedecus . macula.
Defert nuntiat
Degener . ignobilis.
Degesta . disposita.
95 Deliquium . defectio.
Deiurare . iurare.
Derogat . detrait.
Deadema . nita . regalis . capitis.
Depeculatus . depraedatus.
100 Depositum . commendatum.
Delatus . proditus.
Dentes . a demendo.
(22^bb) Defraudat . fraudem . facit
Delatur . defertur.
105 Desitcscere . contemnere.
Dedecet non decit.
Deses . desides . qui aduersatur
Depraecatio . frequens . oratio.
Depraehendo . *anfindo.
110 Defert . accussat
Detestabilis . qui extra testimoni .
   boni est.
Defunxit . deportauit
Deciduum . quod cito . cadit.
Degesto . sereno . uel praeclaro.

115 Desciuit . *piðstylde . pedem . re-
   traxit
Desidescere . neglegenter agere.
Deduunt . tradunt.
Deuenerauit . ditauit . donauit.
Deamentro . quod per modum . fit
120 Dediscere . nescire.
Dedala . ingeniosa
Defert *proegde.
Desticare . consummare.
Deuaricare . separare.
125 Deplere . deducere.
Delectum . *cyri . uel electio.
Declibius . inclinatus.
Deflat . inludit.
Degluit . decoriauit
130 Deuenustat . deformat.
Defungitur . moritur.
Detrudunt . inpellunt
Depromat . prouerat
Delabitur . lubricat.
135 Desipiscit . sensum . amisit
Dispensat . gubernat
Defectum . aportatum.
(23^aa) Delitere . latere.
Depressus . humiliatus.
140 Deuexu . declibium . descensum.
Deplorat . deposcit.
Deferentes . desimiles et depor-
   tantes.
Detrectus . depuplicatus.
Detrectauit . contemsit.
145 Detrectet . ualde . detractat
Decretum . institutum . uel placi-
   tum.
Dementes . amentes.
Detestare . *onseacan.
Dedragmae . duae mensurae.
150 Dependere . persoluere . reddere
Depensurus . daturus.
Dependere . satis facere.
Desertus . dimisus.
Deseminat . dispargit.
155 Deuteronomium[1] . iteratio . legis
Desciscimus . recidimus.
Dehiscens . obsorbens.

---

[1] Two or three letters erased between the o and n.

Defusioris . largioris[1].
Degit . agit . uiuit.
160 Demensus . mensurauit.
Defluxit . discendit.
Dependeat . sustentatur
Deseruit separauit.
Deuterogamiae . secundę . nuptię.
165 Degetit . conscribit.
Defragore . deuulgare.
Decens . pulchritudo.
Deseuit . ab iracuntia lenitur
Detrudit excludit.
170 (23[ab]) Decurio . numerus . x. ho-
minum.
Delicius . puer in deliciis . amatus
a domino.
Difortium . deflexio . a de. uertendo
inde . inter uiros . et feminas .
defortia . dicuntur quando . de-
uertuntur.
Desueuit . in consuetudinem . exit.
Deseptus . diuisus.
175 Deferberat[2] disiungit[3]
Diriuitorium . locus . contuberni.
Detrimentum . *ponung.
Dextralia . brachialia.
Degenerauerat . *misthagch.
180 Deuotaturi . maledicturi.
Deuotio . obsequio.
Delituit . obliuit latuit.
Dentinum . diuturnum.
Desisse . *tiorade.
185 Deiectum . decollatum.
Degesto . *geraedit.
Decreta . *geđoht.
Denuntiauit , praedixit.
Denota *cystig.
190 Deriuat . detrahit . deducit.
Delibra . sacrifica.
Desiste . cessa.
Demit . tulit.

Dehescit patescit.
195 Decernit . statuit.
Delitescere . moram . facere.
Defisus . desperauit.
Delegerunt . elegerunt[4].
Deuitat . spernit.
200 Degrauidem . caelatura.
(23[ba]) Delubra . templa idolorum.
Degeneret non dissimulęt pa-
rentes.
Destenta . extenta.
Delibatis . prolatis.
205 Deuinctus ligatus.
Determinat . definit
Defenditur distenditur
Detractauere . recussauere.
Decretum placitum.

D iaconus . minister.
210 Disceptator . examinator[5] inqui-
sitor
Distuli . desimulaui.
Discutere . deserere.
Deuellunt discerpunt.
215 Digessit disputauit.
Dispectare . dispicere.
Diruit . deiecit.
Dicio . potestas[6]
Discos[7] . fraus.
220 Diluere . purgare.
Diadema . uita . regalis.
Discor . dissimilis.
Discrimen . separatio.
Dirimat separat.
225 Diminuit . confregit.
Diseptus . diuisus.
Discrimen . et periculum . signat .
et discrepationem.
Dicatio . consecratio.
Dicit . consecrat.

---

[1] MS. lang-.
[2] f on an erasure.
[3] Second i on an erasure.
[4] ge added above the line.
[5] Added above the line by corrector.
[6] Final s written above the a.
[7] See C 888 and F 158.

230 Dirutus . et erutus . poetę . dixe-
runt[1] propter metrum.
Difficulter[2] . tarde.
(23[bb]) Discidium . separatio
Difortium .*peggedal[3] repudium[4].
Dispendium . damnum.
235 Differt . dispergit.
Discrepat . non conuenit
Dilubra . statuae.
Diferuerat . interuenit . separat.
Dicione . imperio.
240 Disipat . deturbat
Diutinum . longinquum.
Disparile . dispar.
Diuulsum . separatum.
Disipit . disinit.
245 Dino . deo.
Distendunt . repleut.
Dilapidat proiecit.
Diafonia . dissonantia.
Diem . obiit . *asualt.
250 Dioctes . operis . inpulsor.
Dialecticus . ipse . qui disputat
Diploa . duplicatio.
Dialogus . liber . disputationis.
Diathece . testamentum.
255 Diametro . duplici . mensura.
Dictatorem . *aldur
Dictator princeps . uel praecep-
tor u . annis . tenet . potentiam.
Dilotis . *todaeldum
Dialectica . dualis . dictio.
260 Diriguere . pallescere.
Diocisa . gubernatio.
Diatrifas . conflictus.
Dies . munerum . punitio . reorum.
Delibutus . *gesmirpid.
265 (24aa) Dilatio . *aelding.
Ditor . *gefyrðro.
Discerpit . deforat
Dissidebat . discordabat

Diemat . demserit.
270 Dispendium . *pom.
Disceptant . *flitat.
Dissimulat . *midið.
Disparuit . *ungesene pearð[5].
Distraxit . uendidit
275 Distabucrunt . *asundun.
Dicatur . consecratur
Diditur . deuulgatur
Diuale . diuino.
Discretum . diuisum.
280 Disdonat . pro diuersa . donat.
Discolus . difficilis.
Dictator imperator
Discensor . *ungedyre.
Diribere . denumerare.
285 Denique . postremo.
Distinguitur . designatur
Disciuit uoluit.
Dicta parens . praecepto obediens.
Dissice . disperge.
290 Dilectum . *meniu[6] exercitum.
Difficile . *pearnpislice.
Dipsas . genus . serpentis est in-
tollerabilis . quando percusserit
hominem . siti moritur ipse
homo . unde . ipsa . serpens .
dipsas . id est sitio . dicitur .
habet longas . pedes . et semes .
grossitum . sicut . duae palmae .
ambiunt . (24ab) et de cauda
percutit quia uenenata . et curba est.
Dispalatum . diffugatum.
Digitalium . musculorum *fingir
doccana.
295 Dialexis . disputationis.
Diffitentur uegant
Dispuncta . dispensata.
Disceptauero . seiro[7].
Diffiteor nego.

[1] t written above the n.　　[2] One letter erased between i and c.
[3] Added above the line by corrector.
[4] The e is written on an erasure.
[5] MS. pea, with sign of contraction over a.
[6] Added above the line by corrector.
[7] Mr Henry Sweet (Oldest English Texts, pp. 57, 624) makes A. S. of this word, but
may it not be the complex future of Latin scio? See above 211, and below 341.

300 Diuruum. unius diei[1].
Discriminalia . capitis . orna-
    mentum.
Diuturnum. multi . temporis.
Disertans. perornans.
Dilargus. multum . donans.
305 Dinus . imperator qui post mor-
    tem . quasi deus factus est.
Dicreus. cretensis.
Dissinus . persona . parasitorum.
Didasculus . doctor
Deficitur negat
310 Disfecit . disrumpit.
Dicator . qui nerbis bene . ioca-
    tur.
Dispungit donat unde . et spu-
    matores . dicuntur qui militi-
    bus dona erogant
Discerniculum . ornamentum .
    capitis . uirginalis . ex auro.
Dicto . audiens . cito . audiens.
315 Dispecit. secernit.
Demolitur. exterminatur.
Differt dispergit.
Dicam * quedol.
Dicas . * quedole.
320 Digladiati . occisi.
Dinis opum . habundans . opum.
Dictitat frequenter dicere
Diique . denique
Dissedit . discordat.
325 (24ᵇᵃ) Dictatura . honor est supra
    consulatio.
Dissiduus . ignauus² disidiosus.
Difinis . *suiðe micel.
Dispensatio . *soir.
Dimisis . * asclaecadun.
330 Dicimenta * tacne.
Dispectus . * fraecuð
Disipiscat . delerat.
Dignitosa . * meodomlice.
Dicabo . donabo.
335 Disclusum . diuisum . uel patens.
Disoluerat . *ascaeltte.
Diuinos . * uuitgan.

Diriuitorium . locus . contuberni.
Distitutum . *ofgefen.
340 Distentus . *aðegen.
Disceptari . manifestari

Dolatum . * gesniden³.
Dodrans . *egur
Donec . quam . diu.
345 Dogma . a putando . dicta.
Dolatura . * braadlastęcus.
Dos . *pituma . uel *uuetma.
Domus . libros.
Dogmata . iteratio . doctrinae.
350 Domatibus . solaris.
Dolones . tela² arma . absconsa.
Domatis . * huses.
Dolens . indignans.
Docilis . ingeniosus.
355 Dolabra . ascia lapidaria.
Dolones . *hunsporan.
Dorcades . genus . quadripedum.
(24ᵇᵇ) Dogmatica . consolatiua.
Domatio . quae moenia . latini
    dicunt.
360 Documentum . exemplum.

Dromidus . *afyred . olbenda.
Dromidarius . *se eorodmon.
Drama . capititantium.
Dracontia . *gimro . dicitur⁴
365 Draconitas . gemma . ex cerebro .
    serpentes.
Dramatis . motatio . personarum .
    uel introductio.
Draconto . pede . homo caudam .
    habens . draconis.
Dracontia . herba . in modum .
    herbae . serpentis.

Dulcissapa . *caerin.
370 Dumtaxat . tantummodo.
Ducenarius . praeses

---

[1] *ei* on an erasure.   ² Added above the line by corrector.

³ *ni* on an erasure.

⁴ See Wülcker's *Vocabularies*, 385. 40 and 491. 16, where *gimrodor* is given.

Ductat ducit[1] frequenter
Dumus . *þyrne.
Dumis . spinis.
175: Duellium . bellum . dixerunt . qui
ex utraque parte geritur.
Dunut . dant . tribuant
Duit . det tribuit.
Duorum . rationis . est.
Duum . eufoniae.
380 Dum donec quamdiu.
Dumosa . loca . siluestria.
Dudum . paulo ante.

383 Dyde hac sententias ui . dī.

Ea et ω̈[2] . confessio.
Eatenus . * oððaet.

(25ᵃᵃ) Ebor . *elpendbaan.
Ebitauerit . offocauerit.
5 Ebilantur . mutilantur.
Ebibati . laici.
Ebitat . fatuit.
Ebenum . arbor . quod decrescit .
cesa in lapidem.
Ebrum . fluuius.
10 Ebredio . * hrisle.
Ebulum . * palhpyrt.

Echo . * pudumer.
Ecquem aliquem
Eclipsis . defectio . solis aut lumi-
nis[3]
15 Echinus . piscis . uel *scel.
Ecitum . periculum.
Ectasi . excessum . expello.
Ectasis . productio . syllabae.
Economia . dispensatio.

20 Ecquis . aliquis.
Ecquid . aliquid.
Eccui . alicui.
Ectasis . excessus . mentis.
Ecgferunt[4] laudando . extollunt.

25 Editiones . duplicationes.
Edera . * uudupinde.
Edituus . custus . templi.
Edidit . protulit.
Edat . proferat.
30 Ederentur proferentur
Edicit narrat . exponit
Edentem . manducantem.
Eder . *ifegn.
Edax commedens.
35 Edilitatem . * hám[5] scire.
Edissere . * asaecgan.
Edocit . benedocit.
Edito alto.
Editiori . altiore.
40 Editum . altum.
(25ᵃᵇ) Edicius . index . qui . una
pars . elegit
Editui . hostiarii
Edulia alimenta.
Edicit . foris . dicit unde . edicta .
dicuntur quasi fo ras dicta.
45 Edentat . dentes . excutit.
Edentatus . dentibus . abdicatio.
Edepul . ius iurandum.
Eduducit . nutrit.
Educat nntriat
50 Edurum . satis . durum.
Edulia . apta ad manducandum.

Efferat . exportat.
Effecit . perfecit.
Effigies . imago.
55 Effigiat . pulchre . format.

---

[1] Added above the line by corrector.
[2] So in MS.; cf. below E 463 and 505. The Erfurt MS. has: Eattos: confessio;
see Oehler, in Neue Jahrbücher für Philologie, 13ᵉʳ Supplementbd. (1847), p. 326 (No. 7).
[3] MS. alum, with stroke above a.
[4] MS. ecgferunt, with a above u.
[5] MS. has accent over a.

Effeminatus . exinanitus.
Efficacia . perfectio.
Effatus . locutus.
Effrenatus . abruptus[1] . inmode-
    ratus. ·
60 Effere . extollere.
Effeta . perfecta.
Efflabant . mortui . sunt.
Effeminati . molles.
Effeminat euirat.
65 Effosis . *ahlocadum.
Effeta . cuchata[2] *asuond[3] lan-
    guida.
Efferunt landant extollunt.
Effetum . ab ortu dicitur
Effeta mulier . frequenti partu .
    fatigata.
70 Effimeri . coditiana . res[4].
Effati . uaniloquium . sine effectu.
Efario . egyptum.
(25[ba]) Effetum[5] *ontudri.
Effontire . uenenose loqui.
75 Effeminatorium . nulla uiriliter.
Effodit . uane loquitur.
Effrem . fructificatio.
Effothbat . effod lineum.
Effundere . interficere.
80 Effera . ferox.
Effeta stulta.
Efficaces . expedientes omnia.
Effebus . in berbes.
Eftafolium . *sinfulle:
85 Eftafylon . *gelodpyrt.
Efflagitat . petit.
Effligit . alligit.
Efficaciter uelociter[6] *fromlice.
Efficax expeditus[1] . *from.
90 Effectum . *deid.
Effeui . adolescentes.

Egerit . degerit euomit
Egestio degestio.
Egre . *earfedlice.
95 Egerere . *ascrepan
Egestas . paupertas.
Eggones . sacerdotes . rustici.
Egesta . *ascrepen.
Egerat abstulit.
100 Egerimus . tollimus.
Egra . *slaeca.
Egone . ego ergo.
Egregius . summus . magnus.
Eglogae . cantationes . in theatris.

105 Eligans . speciosus.
(25[bb]) Eliscium greciae.
Eliminauerat[7] excluserat
Elicit . prouocat
Elogio . *geddi.
110 Eluitur purgatur
Eluderet * auuægde..
Elucubratum . euigilatum.
Elogium . testimonium.
Eluis . liquor quo . aliquid elue-
    tur
115 Elisi . rupulsi.
Electrum . *elotr
Eliceretur extorqueretur
Electrum . aurum . et argentum
    mixtum
Elix . sulcus . maior
120 Eleborus * þung[1] *poedeberge.
Elinguis . mutus.
Eli dei.
Elingenus . mutę.
Elicuit exclusit
125 Elogi . genus . uersuum[8].

---

[1] Added above the line by corrector.
[2] Written over effeta by corrector.
[3] Written over languida by corrector.
[4] MS. has accent over e.
[5] MS. effetrum, with point below r.
[6] Added above the line by corrector; one letter has been erased between o and c.
[7] MS. eliminanauerat, with points below first na.
[8] Third u added above the line.

Elactare. a lacte tollere.
Elogium . famam bonam.
Elicuerit promouerit
Elogium. testamentum . dicitur
130 Eloges. genus piscium.
Elubio. diluuium.
Elementa. caelum . et terra.
Elicit prouidit
Elioni. merui.
135 Elicere. praeuidere.
Elementarius. qui de elimentis .
tractat.
Elifaz dei contemtus.
Elogiis. nerbis.
Elogia *laac.
140 Eliquata. purgata.
Elegans. loquax¹ *smicre.
Eliminat. * aðytið.
Eligantur pulchre¹. urbane.
Elimat *gesuirbet
145 (26ᵃᵃ) Elegoos. castigatio.

Emarcuit². elanguet.
Emergere. exire.
Emisarii. ministri.
Empta. *geboht.
150 Emax emptor
Empticius. *ceapcneht
Emersit. exsurgit
Eminiscitur. recordatus. est.
Emulumentum³ *lean¹ *fultum
155 Emolomentum. lucrum¹. mercis .
laboris.
Emissarius. percussor.
Emiat nision . doctrinae.
Emula. imitatrix.
Emax. macer tennis.
160 Emblema. *fothr⁴.
Empheria . experientia multo-
rum

Emporium . locus . super mare .
ubi . negotiant homines.
Emulus . contrarius.
Eminus. prope.
165 Em. admiratio⁵.
Emunctoria. *candeltuist
Emisticius. medius . uersis.
Embolismus . superagumentum.
Emisperion. semis . circulus.
170 Emaones. *scinneras.
Eminulis . modice . eminenti-
bus.
Emax qui amat emere. aliquid
Emenso. *oberfoerde.
Emanat. erumpat¹ exiit.
175 Emicat. exilit. lucet.
Emerita. qui militare desinit
Emancipat. manum mittit
Ementum. excogitatio.
Ementitur ualde. mentitur⁶.
180 (26ᵇᵇ) Eminet. altum. est.
Emphraxem . ut pulmones . co-
angustare. cepere spiritus. non
sufficiant quasi concitus. emit-
tat.
Emacitas. emendabitas.
Emittogium. demedia. toga
Emisperium. aer.
185 Emergunt. exsurgant
Emblema . obscuritas.
Emulo. similem.
Emulo. sine ullo.
Emulatio. dissensio.
190 Emax. empto.
Emaces. emptores.

Eneruat *asuond.
Enum. *cetil
Enum quando.
195 Enigma⁷ obscura

¹ Added above the line by corrector.
² MS. emarcuit, with e above i.
³ MS. emulumentum, with o above first u.
⁴ The r added above the h.
⁵ Second a added above the line.
⁶ ti added above the line.
⁷ ma on an erasure.

Enodis . sine nodo.
Enitor conor
Eniclia . adultera
Encratitae . continentes.
200 Enisus . elocutus.
Enneacaide.ceterida . decennoue-
nalem[1].
Enormis . ingens.
Endeoas . syllabas . uersus XII.
syllabarum
Emphimerides . duplex . res.
205 Enigmata . similitudo.
Enumerat increpat.
Eneruum . emortuum.
Enixius . leuius[2] manifestius[3].
largius.
Enocilis . piscis . stagneus . qui
latine . anguila dicitur
210 Eneruis . sine uirtute.
Enixe . omnibus . uirtutibus ni-
tit.
(26[ba]) Enucleata . *geondsmead.
Encenia . initia . ut dedicationes[4].
Enixa . *beorende.
215 Enitendo . conando.
Enixa est genuit agnam id est
*ceolbor lomb.
Enixus . creatus.
Enitescit . spendescit.
Energia . tempus . pro tempore
220 En . fatiens.
Enodabile . quod solui . non pot-
est.
Enlencus . brene . uel capitulum.

Eortatice . solemnes.
Eons . oriens.
225 Eoo . oriente.
Eortasitasi . epistularum.
Eortasticai . solemnes.

Eoferant . laudando . extollunt[5].
Eois . orientalibus.

230 Ephiphania . splendor
Epistola[6] . misa.
Epome . memoria.
Ephod. uestis. linea . latas . mani-
cas . habens.
Epilogi . narratio.
235 Epistelia . capitella.
Eptasyllon . *gelodpyrt
Epitomem . memoria . uel bre-
uiarum[7].
Ephithalamium . carmen nu-
benter
Ephyria . experientia.
240 Ephitomos . breuiata.
Epithoma . adbreuiatio.
(26[bb]) Epigramma . titulum.
Epigramma . abreuiata scriptura
Epimeri . adbreuiatio . rerum.
245 Ephemeris . quam habent . mathe-
matici . unde ligant . dies . sin-
gulos
Ephebus adoliscens. qui non habet
barbam
Epipendite . scapulare.
Epitheton . superpositio.
Epilenticus . *poda
250 Epifati . laici.
Epitathium . carmen quod dicitur
sepulto . corpore.
Epicedion . carmen . quod dicitur
non adhuc . sepulto . corpore
Eptafolium . *sinfulle.
Episcopus . speculator
255 Epicurei . genus philosophorum.
Epistolaris . exponis.
Epulaticius . qui epulis . dat
operam.

---

[1] See below E 413.
[2] Added above the line by corrector.
[3] Written above largius by corrector.
[4] MS. didi- altered to dedi-.
[5] Final t added above n.
[6] ol added above the line.
[7] MS. breuiarum.

Epilogium . nouissima . pars . contra . uersiae.

Epimenia . *nest

260 Epidaurus . insula.

Epemeris . hiis breuiatio . rerum.

Ependiten . *cóp[1].

Epicoeni . promiscui . sexus . masculini et femini.

Epitoma[2].

265 Equidem . ego quidem.

Equora . maria.

Equiperat . aequat

Equidem . ille . quidem.

Eques . homo . equo . portatus.

270 Erepsissent inruissent

Erimio . *hindberge.

(27ᵃᵃ) Ergata . uicinis.

Erga . iuxta.

Ereon . sacerdotale.

275 Erumna . calamitas.

Ergastulum . locus . ubi . damnati .
aut[3] marmora . secant . aut aliquid . operentur.

Erebum . profundum . infernum.

Eruli . domini.

Erus . dominus.

280 Erotema . interrogatio.

Eruditus . quasi   a   rure . sublatus.

Er[4] uigilans . eregione[4] . retro.

Erenis . *haegtis[5] . furia.

Erata . musa.

285 Ergastulum . metallum.

Ergata . operata.

Eruncare . eruere . radicitus.

Erugat . planum . facit

Erenditen . *cop[6]

290 Erodi . animal.

Eructat . a corde . emittit.

Ersa . lignum.

Erpica . *egðe.

Erpicarius . *egðere.

295 Errans . gens . hereticus . diuisus.

Eridanus . padus . fluuius italiae.

Erugo . *rust.

Er . sol . ignis.

Ergasterium . monasterium.

300 Errabilis[7] . *huerbende.

Erigastulo . depraesi.

Erciscundae . diuidendae.

Ericius . *iil

Ermagoriae . superbiae.

305 Estus . fluctus[8] unda.

Esitabant . comedebant

Esculus . *boece.

(27ᵃᵇ) Esebon . cogitatio . merorum.

Esto . puto.

310 Esto . et si putauero.

Esitat . admiratur.

Essedum . uehiculum.

Estu . perturbatione.

Ethicia . proprietas.

315 Essox . *laex.

Ethica . moralis.

Ethicus . gentiles.

Ethimologia . proprietas.

Ethincon . proprium.

320 Eto deporicon . uiaticum[5] iterarium.

Estera . in obs.

Euangelizat . adnuntiat

Euersio . a   cadendo . a   disce-
dendo.

---

[1] MS. has accent over o; see also below E 289.

[2] o on an erasure.

[3] t written above u.

[4] Two glosses; but distinctly written as one in the MS.

[5] Added above the line by corrector.

[6] See above E 262.

[7] MS. errabilis, with e above second i.

[8] The c added above the line.

Euirat . uires . tollit.

325 Euangelicae . deo doraneos . con-
sensiones . euangeliorum.

Euocatus . eductus.

Euge . gaude . bene.

Euiscerata . *athed.

Euestigio¹ . *oulande² *on laste.

330 Eudolia . uictualia.

Euboicorum . gens³ . maiorum . to-
lentorum³

Euidens . *seotol.

Eugenes . nobiles.

Euellit . repulit.

335 Eurus . nomen uenti flat ab
oriente.

Eudoxia claritas.

Euiscerat . excomedit.

Eulogium . responsum . aliquod .
ubi . ratio . redditur

Euentus . incursus.

340 Euertit . expugnat

Eucharistias . gratiarum actiones.

(27ᵇᵃ) Euanggelices . parasceues .
euangelicae . praeparationes

Eugenia nobilitas.

Euehit . portat.

345 Euestigio . statim

Eudolia . bonum . seruitium.

Euterpe . nomen . musae.

Eufonia . consuetudo. .

Euitauerit . offocauerit

350 Euiratus . eneruis.

Eurynis . *palcyrge.

Euerrit . trahit.

Eumenides . furie . iii.

Eumenides . *haehtisse.

355 Euitatus . perterritus.

Euergit . reinclinat.

Euum . longeuitas . uel uita.

Euaggelices . apodixeos . euangelicae . ostensiones.

Exorcismum . sermo . correp-
tionis.

360 Exapla . sexies.

Exercita miserabit⁴ sollicita.

Exolantes . mandantes.

Explosi . extincti.

Expeditus . *abunden.

365 Exilem tenuem.

Exedra . sella   .

Exilis . gracilis.

Eximet *alieset

Exponerent . occiderent.

370 Exposito . iectato.

Extrinsecus . separatum.

Exegestus . *gebero.

Expendisse . *araefnde⁵.

Exundauit . *anueol

375 (27ᵇᵇ) Experimentum . *andpisnis.

Expergescens . euigilans.

Expertus . probatus.

Excidium . discidium.

Excidium . expugnatio.

380 Exornatus . ualde . ornatus.

Exheredet . alienat . uel abiecit.

Exertum . sollicitum.

Exstat . superat . eminet.

Explorat . abscultat.

385 Excudunt . fabricant.

Excudit . malleo quodcumque conponit.

Exercitiis . *bigangum.

Exortus . natus.

Exorti . *aðresti.

390 Exposito . *geborone.

Exaltauit . *stone.

Expedisset *ðropode.

Expedierant . *araeddun.

Exito perditio² . *endistaeb.

395 Exoleuerunt . *gesueðradun.

Exerta . aperta

Exerti . nudi.

Ex phalange . *of ðreote *offoeðan.

Exauctorauit . *geheende.

---

¹ s above e and both on an erasure.

² Added above the line by corrector.

³ The Erfurt MS. has: genus maiorum talentorum.

⁴ Added above the line by corrector, but wrongly for miserabiliter; see below No. 552.

⁵ MS. araefde, with n added above f.

400 Expilatam *aþryid. *arytrid.
Expeditio. *faerd.
Extaseos. celsa.
Extare. adhuc. esse.
Exaustis. defectis.
405 Exhaustas. euacuatas.
Eorcizo¹. ad iuro.
Exeras. consumta.
Excepta. sagitta.
Ex latere. regni. de adulterio. reginę
410 Excesserit. culpauerit
Exintera *ansceat.
(28ᵃᵃ) Exentesion expositio²quaessionum.
Exacaide. ceterida. sedecennalem³
Explodit. excludit *atyniǒ.
415 Exedra. locus. subselliorum uel locus. saltatorius.
Exagium. *and mitta.
Exossum. canticum. in teatris.
Epolitum. ornatum.
Extale. *snaedilþearm
420 Exedrę scabelli. ad cibos.
Exilia. *gestinccum⁴.
Exorcista. adiurans.
Exsequias. mortuis. officia.
Externus. extraneus.
425 Expeditis. *gearuum.
Extollat. honorat
Ex inprouiso. ex insperato⁵.
Explanat. exequat.
Extimplo. statim.
430 Excedo. egredior
Exstirpat. exterminat
Excors. sine corde.
Experimentum. experire
Experientia. cura. cum diligentia
435 Excubat. obseruat
Exulcerat exasperat
Examinat. accidit.

Extabescit. languescens². defluit.
Exta *iesen.
440 Exiguus. humilis.
Expedio. exsoluo⁶.
Exsolutus. disolutus.
Exolitus. minuatus
Exemit. producit.
445 Extendit defecata
Exciderant ammo⁷. de animo. recedebant.
Explosa. elisa.
(28ᵃᵇ) Exagerat. explorat.
Exanreant. consumant.
450 Explodens. extinctus.
Exenium. *laac.
Excitatur euocatur.
Exactor. *scultheta.
Exuberat. habundat.
455 Exorsus initiatus² locutus.
Exinanire. euacuare.
Exploderem ; excluderem
Explodita. exclusa.
Exestuat. fluctuat
460 Existere. recede.
Excolat. *siid.
Expiat. expurgat. abluit. mundat.
Exomologesin. confessio.
Epiabilis. inmundus.
465 Exta praecordia. *baecþearm.
Exallage. permotatio.
Exoliuerunt. eruperunt.
Expiebat. exegebat.
Exitus. intestinis. hostiarum.
470 Exaurauit. conpraehendit.
Examusim. *geornlice .² absolute. certe. uel exquisite.
Experrectus. euigilauit.
Expertia. aliena.
Exfretat. nauigat.
475 Exorbitans. *asuab.

---

¹ So in MS.
² Added above the line by corrector.
³ See above E 201.
⁴ One c added above the line.
⁵ The s and e added above the p.
⁶ l added above the line.
⁷ So in MS. for animo.

Extenus . extremus.
Exalaparetur . *suungen.
Exsumtuauit . pauperauit.
Exparia . partibus . uacuans.
480 Exparta . parte . uacua.
(28^ba) Extempus . extremus[1].
Expuncta . expleta.
Ex habet . extremus.
Extipices . *haelsent.
485 Exostra . unguenta.
Expilatores . alienę . hereditatis .
    subreptores.
Exodium . cantatio . in theatris .
    ludicra . et scurilis.
Expensa . *daeguuini.
Exaureant . consumant.
490 Examen . exemplum[2] expositio.
Exepta . sagita.
Exime . educ.
Excelare . cum uxore . esse.
Expulsa . excelsa.
495 Exutas . biberatas.
Exul . qui extra . solum suum
    uoluntate . peregrinatur.
Expiatum . exinanitum.
Exuberat . exundat . superfluit.
Exerta . lingua . *naecad[3] tunge.
500 Excesus . *egylt.
Extulit . erexit.
Excanduit . iniracundiam exili-
    uit.
Exigebant . *araefndun.
Expeditionibus . *ferdun.
505 Exomologesin . preces . uel con-
    fesionem.
Examen . *suearm[4].
Expraesit . explanauit.
Exaceruauit . adflixit.
Execrare . maledicere.
510 Exmum . periculum.

Ex interuallo . id est diuiso .
    tempore.
Exaudituat . excludit . ab abditis.
(28^bb) Expleuit . corruptus est.
Expromit . exerit.
515 Extorres . *praeccan.
Exsortem . alienum.
Excreat . proiecit.
Exactio . *geahules monung.
Exenodocium . susceptio . pere-
    grinorum.
520 Exesum . suptile . comsumtum.
Extimat . suspicatur.
Exameron . uii . dierum . conpu-
    tatio.
Expediam . *arecio.
Exubiae . nestes . mortuorum
525 Exugiae . spolia.
Excidium . euersio[2] emonnis . uel
    discessio[5].
Excubias . *peardseld.
Extinctis . suscitans.
Eximia . magnifica . excelsa.
530 Eximius . nobilis . sublimis.
Exerere . exercere.
Eximietas . sublimitas.
Exercere . producere.
Exesus . comestus[6].
535 Exemtum . explicitum[2] · exclusum.
Exemta . suciata.
Exciti . excitati . euocati.
Eoleuit . uetustate obscuratus est.
Exolutus . dissolutus.
540 Exolitus[7] superbis.
Exosus . odio habetus.
Expendere . *to aseodenne.
Exugia . *gescincio.
Excudit . tundendo . extorsit
545 Exules peregrini.
(29^aa) Exhalat . anhellam . emittit.

---

[1] MS. extrems, and u added above the line.
[2] Added above the line by the corrector.
[3] MS. naecd, with a added above the line between c and d.
[4] MS. suerm, and a added above the line between e and r.
[5] MS. dissio, and ces added above the line.
[6] MS. comesus, with t added above the line.
[7] MS. exolitis, but second i altered to u.

Exolescit . defecit.
Expilatam . *arydid.
Expers . scius . euigilans.
550 Expresserunt . *arehtun.
Exerceri . *pesandraegtre.
Exercitat . miserabiliter sollicitat
Exercitatae . *ðaregetyhtan.
Expeditio . *hergiuug.
555 Excubabant . uigilibant.
Exitium . mors . periculum.
Exstant . sunt.
Expeditio . praeparatio.
Exactum . *baedde.
560 Exundans . fluens.
Expeditus *snel' . uelox . fortis.
Exedra . exterior . sedes . ubi
sedet . plebs.
563 Edra dicitur . interior . sedis . ubi
papa . sedet . cum . communio-
nem . dat ad populum.

F auor . *herenis.
Pacula . fax . teda.
Facitia² . *glio.
Fascinatio . inuidia.
5 Pator . dictor.
Faustus . iocundus³.
Fabor . clamor . adlocutio.
Fatidicus . mathematicus . diui-
nus⁴.
Fabrae . ingeniose . docte.
10 Falc . *palhhabuc.
Fasces . libri¹ *goduueb.
Fauces . angustiae.
Fasces . dignitas.
Fagus . *boece.
15 Fabrum . perfectum.
Fastus . superbia.
Factitare⁵ . facere.

Fari . loqui.
(29ᵃᵇ) Fastidium . odium¹ *cym-
nis.
20 Fastis . libri sunt in quibus sunt .
nomina . consulum.
Fatescunt . aperiunt.
Fasianus . *por hona.
Fascias . *peðel·
Faria . eloquia.
25 Famfaluca . *faam¹ *leasung.
Fasciarum . *suaeðila.
Fas erat . imperat.
Fastigium . altitudo.
Palcatis . curribus armatis.
30 Fagolidori . manducantes.
Farciretur . ligaretur.
Falcis . *pudubil . *siðe . *riftras.
Facultas . possibilitas.
Fanogoria . defano.
35 Facetus . elegans.
Facuntia . eloquentia.
Famfaluca . *papul.
Fanatici . futura . precinentes.
Facitat . frequenter . facit.
40 Familicus . indigus.
Fatur . loquitur.
Faueat . adsentiat.
Faustum . faestum.
Falsi . loquax . mendax . fictum.
45 Fatescunt . dissipant.
Fatescit . resoluitur.
Factiosus . fallax . deceptor.
Falcastrum . *pudubil.
Faonius . *pest suð pind.
50 Factio . coniuratio.
Falcones⁶.
Pactiosus . sepe . faciens.
Faxo . facio . faxat.
Facetias . iocus.
55 Festinatio⁷ . *malscrung.

---

¹ Added above the line by corrector.
² MS. facitia, with e above the first i.
³ MS. iocunds, with u added above the line between d and s.
⁴ MS. diunus, and i added above the first u.
⁵ MS. fatitare, with c added above the line.
⁶ The interpretation is wanting here; see Epinal Gloss. 10. A. 1; Oehler, in Neue Jahrbücher für Philologie, 13ᵉʳ Supplementbd. (1847), p. 331, No. 14, p. 332, No. 7; and G. F. Hildebrand's Glossarium Latinum, p. 138.
⁷ MS. festinatio, with a above e.

Facinus . scelus.
Farcet . implet.
Fariolus . uates.
(29^{ba}) Fastus . contemtus.
60 Fauisor fautor.
Falangarius . ut gladius.
Facetior . gratiosior . hilarior.
Facetus . affabilis.
Fasus . confessus.
65 Facetiae . suauitas . uerborum.
Falarica . theca . gladii.
Falarica . *ægtęro.
Fasus . confessus.
Falaria . pars . macedoniae.
70 Fasus . colcorum . fluuius.
Fas . licentia.
Fasus . locutus.
Fasellum . genus . nauis . holeris.
Panum . templum.
75 Farcit . densat.
Faniticus . qui templum . diu . de-
serit.
Famidicus . qui . certa . dicit.
Fanaticus . qui¹ intemplo . ar-
guitur¹ templi minister.
Falcarius . falcem . ferens.
80 Facendat . resoluit.
Panda . dicenda.
Patitur . qui consentit.
Fatetum . faragem².
Fascinus . aspectus . onerosus.
85 Fascimen³ . ipsa species.
Farra . triticum.
Far . genus . frumenti.
Falere . ornamenta⁴ . equorum .
uel militum . arma.
Fantasia . multitudo.
90 Fastigasti . altis.
Fa lanx⁵ . *foeða.
Faustum . bene . auguriae.
Farrugo . genus . frugi.

Fauere . adiurare.
95 Farrice . fulcire.
Factione . facti . unculus.
Fautores . adsensores.
Facessit . duo . sunt . id est facere .
cessat . et frequenter . facit.
Farius . *faag.
100 (29^{bb}) Facessit . *sueðrað.
Farcum . inpletum.
Farsa . *acrummen.
Familiaris . amictus.
Fauo . *bean.
105 Familiaritas . amicitia.
Familiaris . amicus quasi . unius .
familię.
Fasces . *cynedomas.
Fastu . *uulencu.
Fabari . afauis.
110 Fabrile . *smiðlice.
Farelas . *hryste.
Facessit . desinat.
Falerata . *gehyrsti
Farus . cenaculum . altum . iuxta
mare utilis nauigantibus . per
quot . diriguntur . errantes .
naues.

115 F eruginius . *greig.
Pessat . desonat.
Ferox . *roeðe . ferae similis.
Ferculum . *disc . uasculum.
Fere . admodum.
120 Ferinum . *hold.
Feriae . cessationes . ab opere.
Fenicium . cocumum.
Ferme . plus minus.
Feretrum . lectum . mortuorum .
quia fert . et non refert.
125 Feriatus . *gerested.
Feriatus . sanctus requies.

---

¹ qui—arguitvr added above the line by corrector.
² The Erfurt MS. has: Fate . foragem; and Fatetum . faregem, with a above and i
below the second e of the latter word; see Neue Jahrbücher für Philologie, 13^{or} Supplementbd. (1847), pp. 332 and 331.
³ MS. fascimen, with r added above the line between the s and c.
⁴ MS. ornamenenta, with first en marked for erasure.
⁵ One letter erased between a and l.

Fefellit . fraude[1] decepit.
Fenns . *spearua[2].
Foenus *borg.
130 Poetou . solis . et Climenæ . filius .
Festus . felix.
Feruidus . iracundus.
Fenns . usura . debitum.
Foederatus . *getriopad.
135 Faecce . *maere.
Fespa . *paefs.
(30ᵃᵃ) Fefellit . *uuegið.
Ferula . *aescðrote
Ferrugo . purpura . nigra.
140 Femina . femora.
Fellitat . suggit[3].
Feretrius . fertilis.
Feculentus . feceplenus.
Feralia . tristitia[4] . lu gubria[5].
145 Ferali . mortifero
Femella . diminutiuum . femina.
Fecundus . copiosus . fructuosus.
Fellus . *catte.
Felicitas . fortuna.
150 Fenum . *graes.
Fero . dico.
Fetialis . pacis . sacer.
Ferrugine . *iseru . grei.
Ferruginem . obscuritatem ferri .
   id est *omei[6].
155 Finix . anis . semetipsum . reuo-
   cat . de fauillis . congregatio.

Filoxsenia . philosophi.
Fiber . *bebr.
Fiscos . fraus.
Filoxenia . hospitalitas.

160 Filologos . rationes . uel nerbi
   amatores.
Fisco . puplico.
Fiscilla . *taenil.
Fida . *stearn.
Fibra . *þearm.
165 Filix . *fearn[7].
Fiscillus . . *stic tenel.
Fisica . naturalis.
Fiscium . rerum . puplicarum[8].
Fibrae . *libr . laeppan.
170 Fibula . *hringe . *sigl.
Fiscillis . *sprinclum.
Filum . *ðred.
Finicia . *beosu.
Pigmenta . plasmatio . hominum.
175 (30ᵃᵇ) Fibras . uenas.
Ficetula . *sugga.
Fioli . similitudo . calicis.
Fibrans . *risende.
Firator . ianus.
180 Fidicen qui cum cithara . canit .
   a fidibus . dictum.
Fidiculae . genera . tormentorum
Figura . aconfirmatione.
Fisco puplico . domini . caesaris
Fidiculae . cordae . citharae.
185 Filii . iemini . filius dexterae.
Finiculus . *finulae.
Fistum iocundum
Fictum . fucatum . coloratum.
Filtra . maleficia.
190 Filomella . luscina.
Fiscella . ubi forma . casei . expi-
   muntur[9].
Fitigalis . corona . sacerdotalis.
Fisus . praesens.

---

[1] MS. frade, and u added above the line.

[2] MS. sperua, and a added above the line.

[3] Mr Henry Sweet (*Oldest English Texts*, pp. 63, 637) makes A. S. of this word. But it is the Lat. *sugere*, as is plain from the fact that the gloss *fellitare, sugit* occurs in the Glossary known under the name of Isidore.   See also Loewe, *Prodromus*, p. 106.

[4] MS. trititia, and s added above the line.

[5] One letter erased between a and g.

[6] See Hildebrand's *Glossar. Latin.* p. 142, and *ōm*, in Bosworth-Toller's *A. S. Dictionary*.

[7] MS. tean, with r added above the line.   [8] MS. puplicarum, with u above i.

[9] MS. expimntur and u added above the line, for exprimuntur.

Fidus . amicus.
195 Fidiculae . catenae.
Figulina . non figlina
Fidibus . filis . citharae.
Fidicula . citharedus.
Fiducearius . possessor.
200 Finitimos . proximos.
Fiscalis . reda . gebellicum . *prægn-
    fearu[1].
Fimum . *goor.
Fictis . *facnum.
Fiscellum . diminutiue.
205 Fiscinum . cophinum.
Fistulis . *þeotum.
Fiscinum . corbis.
Figite . *suiðigað.
Filacteria . pictaci . scripta.
210 Filiaster . *steopsunu.
Filargiria . auaritia.

(30[ba]) Flustra . unda.
Flutas . fluens.
Flauum . fuluum . *read.
215 Flaccidum . contractum.
Flegmata . *horh.
Flacentia . contracta.
Flabanus . *suan.
Flabum . *geolu.
220 Flagratione . petitione.
Flaminibus . sacerdotibus.
Flagris . *suiopum.
Flarantius . copiosius.
Fluxit[2] . faciat.
225 Fluit . soluitur.
Flagrantes . festinantes . ardentes.
Fluxum . dubium.
Flamma . *blęd.
Flagitata . postulata.
230 Fluxerunt . ceciderunt.

Flabra . flatus . uentorum.
Flexuosus . inconstans.
Flagitium . factum . malum.
Fluctuans . aestuans.
235 Floccus . *loca.
Fluemina . sanguis . in nernis .
    defusa.
Flammiea . uirginitas.
Fluctuat . anxiatur.
Flammicus locus . in urbe.
240 Flummonium . honor . quae datur .
    fluminibus.
Flat . spirat.
Flumen di . alis . sacerdos . ionis.
Floralis[3] . a floribus.
Florea . tempora . florum.
245 Flammigeua . de flammis . natus
Flagius . taureus.
Flagris[4] . alaphis.
Flauellum . muscarium.
(30[bb]) Flabus . rubins.
250 Fluctuat . dubitat.
Floris . hilaris.
Flauescit . *glitinat . albescit.
Flabris . uentis[5] . tempestas.
Flagrans[6] . *stincendi.
255 Flebotoma . *blodsaex.

Fortuna . *pyrd.
Fouet . diligit.
Fortuitum . subitus . casus.
Forsan . forsitan.
260 Fornices . saxa . constructa[7].
Fotus . recreatus.
Fomes . incendium.
Forfices . *scerero.
Fouet . *feormat . *broedeth.
265 Fortuitum . fortunum.
Foedus . pactum . iuratio.

---

[1] MS. has the g above the x.
[2] MS. fuxit, with l added above the line, but probably faxit was meant.
[3] MS. floralis and e written above i.
[4] MS. flaris, with g added above the line.
[5] MS. uentris, but r marked for erasure.
[6] MS. flarans, and g added above the line.
[7] MS. constucta, with r added above the line.

Fouet. inuat. nutrit.

Forum . appi . quod condidit. appius . senator.

Fogo . manduco.

270 Follescit . tumescit.

Foederatas. *getreuuade.

Formas. nomen loci.

Fornicem. *hogan.

Fordas. suspregnans.

275 Forcifer. permalus.

Foliatum. curbutum.

Formido. *anoða.

Focilat. refecit.

Forfex. *isern. sceruru.

280 Focularibus . ignibus.

Foret. fuisset.

Porsitan . utique.

Fore. esse.

Fomenta. medicina.

285 Fors. *pyrd.

Forceps. *tong.

Folligantes. uestis. grossior.

(31ªᴬ) Fortunatus. felix.

Fornacula. *cyline. *heorðe.

290 Foederatus. placatus.

Foedere. certo. certa. lege.

Fomis. origo.

Foras. *bolcan.

Foculentur. nutrientur.

295 Fomes. astula. minuta.

Forma. copula . medicamenti . uenditor.

Forbos. anastasis.

Fosforus. stella. matutina

Forinsis . aforo.

300 Fortex. *edpelle.

Foricalatrina. secessus. latrinas.

Forire uentrem. purgam.

Forum . snarum. ubi sues . uendebantur.

Pornis .*bogo. supercolumnis.

305 Follis. *blaes. baelg.

Fornaculum. *here.

Formatious. *cese. aforma.

Fretus. instructus.

Frigat . ardet.

310 Fretus . peritus.

Frasi . sensu.

Priuolus . mendax . fictus.

Friget . refrigerat.

Fronulus . *linetuigle.

315 Frugalitatem . temperantiam.

Frequentia . multitudo.

Frugalis . parcus.

Fratuelis . *geaduling.

Fratuelis . *suhterga.

320 Fratuelis . *broðorsunu.

Fribolum fragile[1].

(31ªᵇ) Pribula . uasa . uictilia . atque inutilia.

Frasin . eloquentia.

Frugus . *uncystig . *heamul.

325 Frixum . *afigaen.

Fraga . *obet.

Fraxinus . *aesc.

Frenat . contemnit.

Flagrat . odorem . dat.

330 Freniticus . insanus . ex dolore . capitis.

Fringella . *finc.

Frendet. dentibus stridet.

Frugalis . largus.

Frendat[2]. conpescit.

335 Frasis . interpraetatio.

Fretum . mare. angustum.

Frustatur. inlusor. deceptor.

Frusta . incisura. de qualibet. re.

Frutectum . arborum . contextum.

340 Fribolum . nullum . sensum.

Frendat . conpescit.

Frutectum . *lose . locus . ubi . ponunt[3].

Frixi ciceris. fanac . siccatę . in sole.

Framea. *æt gaeru.

345 Fons *hleor.

Friabat . fregit.

---

[1] The il are written on an erasure.

[2] The at are added above the line.

[3] MS. ponnt, and u added above the line.

Fretus . *bald.
Fragor . *suoeg . *cirm,
Frunis cantur . fruuntur.
350 Frumenta . omnia . quae amit-
tunt . ex se . aristes.
Frumentum . afrumine.
Frutice . ramus.
Fructurus . fruiturus.
Frugi . modestia.
355 Frigore . timore
Fraudulenter . *faecenlice.
Fratria . uxor . fratris.
(31ᵇᵃ) Frontuosus¹ . *bald.
Framea . quod contos . nocant.
360 Friuola . ignominiosa . res . uel
nullius . momenti.
Frixoria . ardor . incendium.
Fractior . deficilior.
Frignla . uasa . uictilia.
Frustratus . elusit . fefellit.
365 Frutina . *fultemend.
Frunitę² . ineffrenatę.

F ugitiuus . interdum.
Funeratus . sepultus.
Furcit . densat.
370 Fuscinula³ . *apel.
Furcimen . *paergrood.
Furca . genus ligni . bicipitis.
Furcifer . cruci dignus.
Furbum . *bruun.
375 Pundi⁴ . *grundus.
Fundus . ager . paret.
Funalia . *condel.
Fusum . *spinel.
Fucus . faex . *taelg.
380 Functus . liberatus.
Fusarius . *pananbeam.
Funix . *gonot uel *doppa . enid.
Furuncus . *mearð
Fungus . *snom.

385 Funda . *liðre
Furfures . *sifiðan.
Funestauere . *smiton.
Funestissima . *ðadeadlicustan.
Fulcra . ornamenta . tectorum.
390 Fundat . aedificat.
Pudit . peperit.
Fultus . adiutus.
Functio . possessio.
(31ᵇᵇ) Funebre . luctuosum.
395 Funestus . funere . pollutus.
Purtiuę fortuna.
Fulice . genus auis . marinae.
Fultum . substratum.
Fungor . perago . exsequor.
400 Fulcimenta . subpositoria.
Functio . exsolutio . tributorum.
Functus . gerens . agens.
Futile . leues . inanes⁵.
Futile . nanum . mendax.
405 Funestare . triste . lugulre⁶·
Fudit . prostrauit.
Fusa . protraeta.
Fuas . facias.
Fulgetum . fulgor.
410 Fugitifarius . atsidue . fugiens.
Fundus . possessiones . praedia.
Funiculum . territorium
Fustatus . fustibus . cesus.
Fustarius⁷ . qui cedit.
415 Functoria . transitoria.
Fultare . pulcharre.
Fuma . terra.
Futat . arguit.
Funalia . cerei . *paexcondel.
420 Fuciuus . flumen . italiae.
Fulgatores . rustici.
Funda . retia . linea.
Funebraticius . locus.
Funus . imaginarium . tumulus .
sine cadauera.
425 Fucata . depicta

¹ The r added above the line.
² The i added above the line.
³ MS. fiscinula, with dot under first i, and u above it.
⁴ See Wülcker's Vocabularies, ɪ. 401 (No. 25).
⁵ MS. inanis, but second i altered into e.
⁶ Distinctly so in MS. for lugubre.
⁷ MS. fustaribus, but the b is marked for erasure.

Funalia . lucernarum . stuppę.
Fulgine . *sooth.
Funus . mons.
Puribundus . ualde[1] iratus[1].
430 (32ᵃᵃ) Fusum . solidatum.
Furentibus . austris . seuientibus
    uentis
Fungitur . paret . deseruit.
Funus . mons.
Furia . *baehtis.
435 Fuluum . rubeum
Planum . pallidum . glaucum.
Funera . Iuctuosa.
Funesta . scelesta.
Fundo . ima pars . nanis.
440 Fusus . prostratus . occisus.

Gaeometrica . terrae . mensu-
    ratio.
Ganniret . cum ira quasi ridet.
Gargarizet . *gagul suille.
Garrit . *gionat.
5 Ganea . taberna[2].
Gannatura . *gliu.
Galla . *galluc[3].
Ganeo . tabernarius.
Gabulum . patibulum.
10 Garro . garrulus.
Galeras . pilleas . mitras.
Galaad . aceruus . testis.
Garrit . blanditur.
Garula . *crauue[4].
15 Garbas . *sceabas.
Gaza . diuitiae.
Gabarnas . areas.
Galmaria . *caluuer.
Galea . cassis.

20 Galmum . *moling.
Galmulum . *molegnstycci.
Galmilla . *liim caluuer.
Geneo[5] . gulosus.
Gane . sordidus[6]
25 Garret[7] . iocatur.
Gamus . nuptię
Garilum . pelleum . pastoralem .
    quod unco . factum est.
(32ᵃᵇ) Gastrimargia . gula.
Gabea . *meau[8].
30 Gauli . genus naui.
Garrulitas . lętitia.
Garus . liquamen.
Gabalacrum . *calper.
Garrulus . blandus . laetus.

35 Genealogia . generatio.
Gestamen . quicquid . portatur.
Gesa . hastae . gallorum.
Genium . quasi . uim . habeat .
    omnium . rerum . gignendarum.
Geometra . qui docet . mensuras .
    terrę
40 Geometricus . ut pes.
Gestus . *gebero.
Generosus . *aeðile.
Gestatio . ipsa . res.
Gestatus . portatus.
45 Gestum . habitum.
Gerula . quae . infantes . portat.
Gemmasium . ubi iuuenis . exer-
    ceretur[9].
Gesum . asta . uel iaculum.
Germen . initium . floris.
50 Genialis[10] . lecti . qui sternuntur
    puellis . nubentibus.

---

[1] MS. joins these two words.
[2] MS. teberna, with dot under the first e, and a above it.
[3] MS. guc, and all added above the line.
[4] MS. crane, and u added above the line.
[5] MS. geneo, and a added above the first e by the corrector.
[6] MS. sordids, and u added above the line.
[7] MS. garret, and i added above the e.
[8] MS. meu, and a added above the line.
[9] MS. exercertur, and e added above the line between r and t.
[10] MS. genialis, and e above first i.

Geth . torcular . *praesura*.
Genista . *brom.
Gente . *pildegoos.
Gestus . motus . corporis.
55 Genisculus . muscellas.
Genthliatici . gentiles.
Gelidum . frigidum.
Geserat . egerat.
Genitalis . *deus* qui omnia . fa-
cit.
60 Genitor . et generator i*dem est*
Genitiuus . ut colores . omnes di-
cuntur et genitiua.
Genuino . *tusc . naturale.
Genas . *heagaspen.
(32^ba) Genusia[1] senatus.
65 Gestit . cupit.
Gestitis . gauisi . estis.
Genu . agenua.
Gente . *pildegoos.
Gelum . *forst.
70 Gesiae . diuitiae.
Gemitus . *quasi* geminatus . luc-
tus[2].
Genesis . constellatio.
Gerulus . suasor . negotii.
Gemnasia . termae . d*icuntur*[3].
75 Gennomae . creatura.
Genuinum . intimum.
Geniminae . creaturae.
Geseire . gaudere.
Genesis . fatu*m* . decretu*m*.
80 Genialis . ho*m*o . gratus . homo.
Generositas . nobilitas.
Genimina . generatio.
Gere . age.
Geritur . agitur.
85 Gestat . portat.
Gener . *ada*m*.
Geumatrix . *geao.
Giluus . *geolu.
Git . olus.
90 Gigans . terrigena.
Gillus . *grei.
Gipsus . *spaeren.

Gippus . *hofr.
Giluus . *falu.
15 Gignitur . nascitur.
Gibra . mare.
Gigneceum . grecum . *est*.
Gigantomacie . gigantum . pugna.
Gilhus . *gyrno.
100 Gingria . *spon.

Glandes . ab eo . quod *est*
glans . quae[4] sunt . unces . rus-
tici.
Glutinum . coniunctio.
Gleba . cespes dura.
Glis . *egle.
105 Globus . uolumen . circulus . luna.
et rota.
Globus . *leoma.
Globat . aceruat . rotundat.
(32^bb) Glaucoma . nebula.
Glaber . caluus.
110 Globus . pila . rotunditas.
Glarea . *cisil . stan.
Glumula . *scala.
Gladiolum . *saecg.
Glitilia . *clife.
115 Glomer . *olonne.
Glus . *frecnis.
Glaucum . *heauui . *grei.
Glandula . *cirnel.
Glebo . *unpis.
120 Gladiatores . *cempan.
Glosema . i*nter*pretatio . sermo-
nu*m*.
Glebra . arator.
Glescit . crescit.
Gliscit . ascendit.
125 Glauco . pea.
Globosus . exsolido . rotundus.
Glomerat . *conuoluit*.
Glosa . lingua.
Glos . quaedam . necessitudo.
130 Gladonamur . atiungimur.
Glomoramur . atiungimur.

---

[1] Distinctly so written in the MS.
[2] The *s* added above the line.
[3] MS. dn̄t, on an erasure.
[4] The *a* is subpuncted.

Globus. collectio. multorum.
Gluten. *teoru.
Glosa. lingua.

135 Gnomen. orolei. genus.
Gnatus filius.
Gnarus. peritus. doctus.
Gnauus. fortis. agilis.
Gnossea. nomen. ciuitatis.
140 Gomer. consummata. perfecta.
Goridus. rigidus.

Gripem. *gig.
Grillus. *hama.
Grammatica. litteralis.
145 Grandisnatu. parens. senex.
Gratuitum. gratis. habitum.
Gratificatur. gratiam. prestat.
(33ᵃᵃ) Gregarium. ducem mili-
tum.
Cremen. *faethm.
150 Grex. multitudo.
Gramen. *quice.
Gramina. herba.
Grassator. *forhergend¹.
Grallus. *brooc.
155 Gracilis. *smel.
Gressus. ambulatio.
Gregariorum. *unaeðilsa.
Gregatim. *pearnmelum.
Gregalis. mediocris.
160 Greditur. ambulat.
Gros. orbis.
Grus. gruis. *cornoch.
Gramina. arida.
Granis. *cornuc.
165 Gratis. sinecausa.
Cremins. sinus.
Gratator. gratulator.
Gratat. gratulat.
Graffium. *gref.

170 Grates². cellae. apium.
Gressit. incessit.
Grassare. feire.
Grunnire. *grunnettan.
Graticium. *pag³ flecta³.
175 Gralorum. grecorum.

Gurgustium. taberna. humi-
lis⁴.
Gurgustium. domus. pauperum.
Gurges. altus. locus. fluminis.
Gumnaside. lauacrum. balneum.
180 Gurgulio. *ðrotbolla.
Gurgustium *ceosol.
Gurgustiore. *cetan.
Gurgustium. domus. piscatoria.
Gurgulio. *emil.
185 Gunna. *heden.
Guttit. paulatim. pluit.
(33ᵃᵇ) Gurgustia. tabernarum.
Ioca. tenebrosa. ubi conuicia.
turpia. fiunt⁵.

Gymnasis. balneis.
Gymnos⁶ nudos.
190 Gymnasia. edificia. balnearum.
Gallus. color. ferrugineus.
Gymnicus. agon locus. ubi. leguntur. diuersae. artes.
193 Gymnasia. exercitia. palestre.

Harundo. calamus.
Haec. egloga. et haec eglogae.
cantationes. in carminibus
sunt.
Haut. procul. non longe.
Haut. sanus. nonsanus.
5 Haec fomes. nutrimentum. ignis.
auouendo.
Habia. apta.

¹ The d added above the line.
² MS. gratis, but the i struck through and e written above it.
³ The MS. joins these two words, and Mr Henry Sweet (*Oldest English Texts*, pp. 67, 536) makes one A. S. word of them. But *flecta* is more probably to be taken as Latin, meaning the same as *wag*, i.e. a partition, hurdle; see above, note 4 on p. 38.
⁴ First i written below the line.
⁵ The u added above the line.   ⁶ The s written above the o.

Haec . nemus . quasi . culta . silua.
Hastilia . telorum . *scaeptloan.
Haeiolat . plorat . lamentatur.
10 Hausissent . euacuisseut.
Habiloes . aptos.
Haue salutatio.
Hareolus . diuinus . ab aris.
Habitudines . *geberu.
15 Hareolus . iucundus.
Halibs . ferrum.
Habitum . uestum.
Harinulces . repertores . aquarum.
Harubdis . uorago . profundit.
20 Harundo . canna . *hreod
Habitudo . fortitudo.
Harenae . pauimentum . theatri.
Hause . sinecircuitu.
Hausae . diuitiae.
25 (33ᵇᵃ) Habyssum . genus . lanę.
Hamatum . unois¹ . circumdatum.
Halat . bolet . oscitatur.
Halantes . redolentes.
Haec . lampas . facula.
30 Hausta . epotata.
Haustum . *drync.
Haurio . uideo.
Haut . dificulter . non dificile.
Haut . secus . non aliter.
35 Haustum . sic loquitur.
Hauserit . percusserit.
Habenis . *gepaldleðrum
Habile . *lioðupac.
Haurit . implet . uidet.
40 Harena . sablo.
Haruspex . qui cantus . auium .
intellegit.

Herus . uir . fortis.
Hesperias . occiduae . partes
Heries . morio.
45 Hereum . inferi.

Hercule . fere.
Heluo . uorax.
Herumna . labor.
Habet . tremet.
50 Habitat . defecit.
Hens . *geheresthu.
Hebenum . genus . ligni.
Hermafrodus . castratus.
Herculus . fortis.
55 Hebescebat . stultus . factus
Hebitatus . *astyntid.
Hebesceret . *asuand.
Hebitabit . *asclacade.
Hera . terra.
60 Hebetos² . uacuos.
Helluo . luxoriosus.
(33ᵇᵇ) Herrę . saxa.
Herbum . bolus.
Herma . froditus . qui natura . con-
positus est . ut uir . sit . et
femina id est monstrum.
65 Hermon . anathema.
Heliacus . solis . occasus.
Heribefonticon . deuita . theo-
rica.
Heronalacah . brute . diuersa-
rum.
Heresis . praua . secta.
70 Hereditas . ab hero.
Hereon . infere.
Helluo . gulosus.
Heia . *pelga³
Hemorres . genus . serpentis.
75 Herugo . sanguis . suga.
Helson . mons . musarum.
Helice . nomen . stellae.
Heuotropeum . nomen . gemmae.
Helus . palidus . nausia.
80 Heredium . praedium.
Herculaneus . eunuchus.
Herma . castratio.
Herodius . *palch habuc.
Hebitiores . rusticioris.

---

¹ The ci are written on an erasure.
² MS. habtos, of which a is written on an erasure, and marked for erasure, with
e written above it, and a second e added above the line between b and t.
³ ga added above the line.

85 Hersutum . drustum¹.
Helleborus . *poidiberge.
Herinis . *palcrigge.
Herma . froditus . androgi.
Hebetat . *styntid.

Hispida . senticosa.
90 Hispidus . hirsutus.
Hipocrisin . simulatio.
(34ᴬᴬ) Hibernus . ut mensis.
Hiberna . uttempora . et castra
militum . ubi . hiemant.
95 Histriones . saltatores . uel scenici
Hiulca . *cinendi.
Hic stipes . ligna.
Hiameo . margareta . praetiosa.
Hiscitur . diuiditur.
100 Hiatos . pate factio.
Hibiscum . *biscopuuyrt.
Hiscit . incidit.
Hirsi . hirsuti.
Hiadas . atauri . similitudine.
105 Hiulcas . leonis . faneis².
Hirundo . *sualuue.
Hictrames . iter.
Histrix . *iil.
• Himosus . odio . habitus.
110 Hiscire . loqui . desinere.
Hic frutex . uirgultum arbor .
minor.
Hiantes . ampliantes.
Himeneos . nuptiae.
Helidres . serpentes . aquatici.
115 Hincire . hinc niro.
Hisseire . loqui.
Hiemen . nuptię.
Hirribile . infinitum
Historicus . panto . minus . his-
torias . scribit.
120 Hieronia . scema . cauillatio.
Hirobi . ungulas . non diuidenis.
Hiantes . ós aperientes.
Hirtus . sitosus.

Hister . fluuius.
125 Hiulcum . patens . apertum.
Hinnitus . *hnaeggiung.
Hicine . putas . iste . est.
(34ᵃᵇ) Hostis . picis . aruspices.
Hilicus . arbor . est . folia . modica.
fructus . sicut . glandi . modici.
130 Hyna . *naectgenge.

Horomatis . auditis.
Hoc planetum . aplano.
Hosce . osis.
Holor . *suan.
135 Hoseine . hos uero.
Hora . *sueg.
Horno . *þysgere.
Holocaustum . quod totum . cre-
matur.
Holio . glapha . tota . scriptura.
140 Hostia . de quibus . sacerdotes .
partem . habent.
Hoctatus . *gelaechtrad.
Horno . *þysgere.
Hostia . quod deum . placat.
Hostire . equare.
145 Hostimentum . lapis . quo . pon-
dus . equatur.
Holido . *fule.
Honeraria . *blaest scip.
Hostiae . pacificae . de quibus
plebs . manducat.
Homuncio et homulis . unum .
sunt.
150 Horus . laus . gloriae . dictus.
Holitor . hortulanus.
Hoc . sagma . sagmari . nero . bur-
dones . ipsi . dicuntur . qui por-
taut.

Hrema . color.
Huscide . *tolice.
155 Huncciue . hunc uero.

---

¹ This word is entered as A. S. in Wülcker's *Anglo-Saxon...Vocabularies*, 25. 25.
But see Gust. Loewe, *Prodromus*, p. 398, and Forcellini's *Lexicon*, ed. De-Vit, Vol. VI.
581, in voce *Drusus*.

² MS. faucis, and *e* added above the *i*.

Humatus sepultus.
Humatum . nncis . circum . datum.
(34^{bn}) Huiuscemodi . talibus.
Humase . *bimyldan.
160 Humum . terram.
Huncine . usque . nunc.

Hyadas . *raedgasram.
Hyalinum . uitreum . uiridi . coloris.
Hymeneos . *hemedo.
165 Hymnus . laus . carminum.
166 Hynę nocturnum . monstrum .
similis . cani.

Iasitrosin . siriam.
Iam dudum . pridem.
Iaspis . nomen gemmae.
Iacea . iactare.
5 Iapix . felox.
Iacturas . damnis.
Iacit . mittit¹.
Iaculum . telum.
Iaspix . uentus.
10 Iaram . diaconus.
Iactus . iactatus . casus.

Ibices . *firgengaet.
Iconisma . imago.
Icist . hic.
15 Ictus . percussuit.

Idinomen . heretici.
Idem . hoc.
Id metuens . hoc timens.
Idioma . propietas . linguae.
20 Idicon . proprium.
Idiota . ignarus.

Idem . ipse . iste.
Iditun . transilitor.
Idumea² . terrena.
25 Idoneus . *oxstaelde.
Iden tidem³ . iterum . atque . ite-
rum.

(34^{bb}) Igni sacrum . *oman
Igitur . itaque.
Ignita . ignea.
30 Ignouit . ueniam dedit.
Ignauus . piger . tardus.
Ignosce . parce.
Ignarus . inscius⁴.
Igrius . orbis . circulus.
35 Ignarium . *aalgeperc.
Ignauus . inefficax.
Ignobilis . sine dignitate⁵.
Ignitior . ardentior.
Iir . semis . palma.

40 Ieortasticai . perite.
Iecit . expulit.
Iezrahel . nomen dei.
Ierion . sacerdotale.

Ilia.* midhridir.* nioðan peard .
hype.
45 Ilium . uiscera.
Ilicet . scilicet.
Ilia . troia.
Ilibus . uisceribus.
Ilicet . quasi relicet.
50 Illic . *þanan.
Iliacis . campis . troianis . campis
Illinc . inde . deinceps . ex inde.
Iliacus . troianus.
Imus . altus . notissimus . nonis-
simum.
55 Immunis . mundus.

¹ The first *i* is written above the line.
² MS. idumia, but the second *i* altered to *c*.
³ There is an erasure between the *n* and *t*.
⁴ The *u* added above the line.
⁵ *ni* added above the line.

Iminant¹. facient.
Imbricibus. *þaectigilum.

Insolescere². crescere.
Inermis. distitutus.
60 Initia. egestas.
Ingerit. inferit.
Inpulor. ortator.
Internuntius. interpraes. medius.
(35ᵃᵃ) Inpluraberis. inuocaberis.
65 Incursatione. in impetu.
Inpertit. inpendit.
Inlicis. indiciis.
Interclusit. inpediuit.
Incursantibus. festinantibus.
70 Incentores. stimulatores.
Incentiua. stimulatrix.
Inormes. ingentes.
Inspuri. incerti.
Inergumenos. *podan.
75 Incestus. coitus. sanguinis.
In canalibus. in angustiis. locis.
Indruticans. *praestende³.
Inians. *gredig.
Inpetigo. *teter.
80 Inextricabilis. *untosliten.
Inceniae. nouę. aedificationes.
tabernaculorum.
Insimulat. accussat.
Infastior. infelicior.
Insolentia. inquietudo.
85 In⁴ eculeis. inferreis. ligno.
Infixis. et curbis. interra positis.
In metallo. in carcere.
Inluuies. secundarum. *hama.
in quo fit. paruulus.
Incommodum. *unbryce.
90 Intercalares. dies. interpositio.
Indigeries. per habundantiam.
frugum. indigesta. inlicebra.
Insolens. superbus.
Inminere. instare.
Inibitum. prohibitum.
95 Infusceretur. priuaretur.

(35ᵃᵇ) Inprouisu. *feringa.
Infestatio. *unlioþupacnis.
Infula. *uueorðmynd.
Inremotis. insecretis.
100 Infestissimo. nocentissimo.
Inminente. *aet peosendre.
Increpescit. flamma. concrescit.
Intestinum. intimum. uel domes-
ticum⁵.
Inexpertum. probatum
105 Incursat. infestat.
Infestus. *gemenged.
Insidias. furta belli.
Indegina. indegenitus.
Insegniter. innobiliter.
110 Ingesta. *ondoen.
Inola. *eolene.
Insolescentibus. superbientibus.
Intestinum. *þearm.
Infestauit. uastauit.
115 Interamen. *innifli.
Increpuit. insonuit.
Infula. nitta. quaedam. digni-
tatis. quo. utuntur. manichei.
Indeginus. qui in eodem loco
ubi nascitur. habitauit.
Instites. *sueðelas.
120 Index. testis.
Insectari. insequi.
Infima. *niol.
Intexunt. *pundun.
Inlex. *tyctendi.
125 Indicit. coniungit.
Interim. *þrage.
Increpitans. *hleoþrendi.
Interdiu. tempus. interdiem. et.
noctem.
Infestus. *flach.
130 Indit. inserit.
(35ᵇᵃ) Interceptum. *arasad.
Interceptio. *raepsung.
Indeptus. adsecutus.
Infandum. *mánful.
135 Inlecebris. *tychtingum.
Ingratus. *lad.

---

¹ in on an erasure.   ² es on an erasure.
³ MS. adds an i above the line, between d and e.
⁴ No. 85 and 86 make one gloss, but they are written separately in the MS.
⁵ The ti added above the line.

Incuda *onfilti.
Incola cultor . in terra aliena
Inritatus . *gegremid.
140 Inhiebant . prohibebant.
Incitamenta . *tyhtinne.
In merotbece . in domo . ungen-
torum.
In prostibulo . in domo . forni-
caria.
Insultans . ridendo¹ . contradi-
cens.
145 Intrinis . in tribus . uis.
Interasile . interana . glyffa.
Intula . *uualhpyrt.
Inprobus . *gemah.
Ingruerit . *onhrioseð.
150 Inruens . *þerende².
Intractabilis³ . *unlioþupac.
Inmunes . *orceas.
Indidit . inposuit.
In coniectura . in indicio.
155 Ineptias . res uanas.
Increbruit . diffamatus.
Infactus⁴ . non factus⁴.
Ineubat . insedit.
Interiora . penetralia.
160 Interdicit . interminat.
Inultus . non uindicatus.
Inlectus . fallaciis . circum uentus
Inditum . institutum.
Intempestiuum . non oportunum
tempus.
165 Inluuies . squalor . sordis.
(35ᵇᵇ) Intemperantia . lenitas . au-
dacia.
Inprocinctu⁵ *inðegnunge.
Insuper . ualde . super.
Iniit . incoat.
170 Iners . piger.
Industrius . studiosius.

Incestare . maculare.
Intercepit . *refsde.
Intercepit . *fornoom
175 Insignis . clarus.
Ineluctabile . contra quod nemo
luctare . potest.
Inrogat . inferit.
Intercessum interdictum
Intemperies . aurarum . mutatio.
180 Iniurium . iniuriosum.
Inspicare . faces . diuidere.
Indemnis . sinedamno.
Indagat⁶ . inuestigat.
Incaluit . ualdeferuit.
185 Interlitus . interlinitus.
Interceptum . est . *raefsit . pacs.
Insimulatione . *feringe.
Inpendebatur . *geben paes.
Infitiandi . negandi.
190 Interpellare . *raefsit.
Industria . *geornis.
Intempesta . nocte . media nocte.
Intempestiua . intemperata opor-
tuna.
Inpendebat . *salde.
195 In dies crudesceret . *aforht⁷.
Intransmigrationem . * infoer-
nisse.
Iners *esuind . *asoleen.
In quis . in⁸ quibus.
Iuteruentu . *þingunge.
200 Inpuberes . inberbes.
Inlectus . *getyhtid.
Inpubes . puer . inberbes.
(36ᵃᵃ) Intercessisse . interire.
Interlitam . *bismiride.
205 Inpactae . *onligenre.
Indigestae . *unobercumenre.
Innitentes . *piðerhlingende
Indolem . iuuentutem.

---

¹ MS. ridendendo, with second *den* marked for erasure.
² Distinctly so written in the MS.
³ *li* added above the line.
⁴ The *c* added above the line.
⁵ Second *c* added above the line.
⁶ The first *a*·added above the line.
⁷ The *h* on an erasure.
⁸ *n* added above the line.

Insolesceret . *oberuuenide.
210 Inpulsore . *baedendre[1].
Infractus . *ungeuuemmid.
Inopimum . *unasaedde.
Inditas . *dagesettan.
Infici . *gemengde.
215 Inuiolatum . inpraesumptum.
Index . *tacnendi . *torctendi.
Inposterem . *bisuuicend.
Iuterprimores . *bitun aeldrum.
Intercapido . *first . maerc.
220 Inopinato . insperato.
Insolens . *foruuened.
Infando . nefando.
Incuria . *inmaeðle.
In culleum . in follem . bobuli-
   num . et . aliter . machina . con-
   texta . et . bitumine lita.
225 Incuba . *maere.
Iueditissima . altissima.
Inabstrusa . insecreta.
In mimo . *in gliope.
Inuisus . *lath.
230 Increpitans . insonans.
Inuident . scident.
Inluuies[2] . sordes.
Institutor . negotiator.
In estino . cenaculi . *yppe . ubi
   per . estatem . frigus . captant.
235 Inuolucus . *uulluc.
(36ᵃᵇ) Inuoluco . *uudubinde
Infaustus . inperitus.
Ingruentia . inminentia.
Iusilitus . nobilis . clarus.
240 Intercalat . intermittit.
Interpola . reprobata.
Ingruerit . inpetu.
Inculcat . insinuat.
Inquilini . coloni.
245 Inquilinis . *genaeot.
In occasum . in finem.
Inquiens . inpatiens.

Inlidit . inpinguit.
Inlecebrum[3] . indesertum
250 Incubet . manet.
Inpendere . soluere.
In capissendo . in accipiendo.
Instinctu . inaccessu.
Inuisere . uisitare.
255 In abductionem . in oppressionem.
Intentio . tenor . status.
Insolentione . intemperantia[4].
Inpensum . inpertitum.
Intentant . minantur.
260 Indolis . *hyhtful uel *ðiendi.
Interpolat . diuidit.
Inpetuunt . pugnant.
Infrunitas[5] . indigestas.
Internodia . artus.
265 Inferiae . sacra . mortuorum.
Intibus . genus . holeris.
Inedia . famis.
Infridat . *kaeli ð.
Iniuum iniuriam.
270 Inedia . stupore[6] . dentium[6].
Intestabilis . sine fide . testium.
(36ᵇᵃ) Indolis . spés[7] uirtutis bonae
Incestum . crimen impie commis-
   sum cum sorore aut filia uel
   cognata.
Inponit . intentat
275 Inuectus . ambulat ·
Inbreuia . inaccessabilia.
Incumbere . superruere.
Inficise . inflase.
Incute inmitte.
280 Inmoderatus . inpatiens.
Inlustrat . glorificat.
Inflase . minor se.
Inprobat . obicit.
Infitior . nego.
285 Intemperantia . lenitas . audacia.
Induperator . imperator.
Intercalcat . intermittit.

---

[1] The second d added above the line.
[2] Second u added above the line.
[3] l added above the line.
[4] The first n added above the line.
[5] MS. infrunitus, but second u subpuncted and a added above it.
[6] So in MS. for stupor edentium.
[7] MS. has accent over the e.

Interpolauit . interrupit.
Inconsuetare . insolenter inuadere.
290 Inposterio . postea.
Intermina . interiecta.
Inalator . inspirator.
Inpertit . luni[1] . uel multis.
Inuectussum . inueni.
295 Incessum . ingressum.
Indere . inserere.
Inquitis . dicitis.
Inpantensium . potestate . elatus.
Inruit . *raesde.
300 Inripere . serpere.
Inergumenis . demonibus.
Incilat . uitare . exprobrat.
Inbit . miluus . cum uocem . emit-
tit.
Inflictu . inpactu.
305 Inferiae . placatio . inferorum.
Infimus . interius.
(36[bb]) Infidens . infisor.
Inplurat . inuocat.
Incunabulum . insignis . infantię.
310 Intempestum . intemperatum.
Inlibare . infundere.
Incursati . turbati.
Inrequiuit . prouocauit.
Innitimur . inplicamur.
315 Inolescit . iungit.
Indens . inserens.
Inpendit . super . eminet.
Insuescit . extra . consueuit[2].
Innectitis . inuolutis.
320 Inferiae . quae mortuis . mittuntur.
Inolescere . crescere.
Innixus . incumbens.
Indipiscitur . adipiscitur.
Inadfectione . inuoluntate
325 Infesus . infestus.
Inscitia . rusticitas.
Insitum . inseminatum.
Indigetes[3] . dii patres . romano-
rum.

Inous . incibus.
330 Incuria . neglegentia.
Inter rex . designatus . rex.
Inauspicatus . sine questione .
auspicale.
Infitia . mendacium.
Inmunit . ualde munit.
335 In latumis . in carceribus.
Intomus . interius.
Infestissimo . nocentissimo.
Inat . aperit.
Inconsissis . firmis.
340 Interpolata . reprobata.
Inlauare . infruere.
Inorma . plus . aforma.
(37[aa]) Inuestis . sine barba.
Indidem exindedat.
345 Intercusus . hydropicus.
Iuterons . hydrops.
Instrumentum . nouum et netus .
testa mentum.
Inueterare . callide . malitiose.
Indere . scribere . taxare.
350 Inobliuit . innotuit.
Intresio . insinuo.
Inpingit . *smat . *gemaercode.
Incaulas . incancellatas.
Indicibilis . inenarrabilis.
355 Inuolem . originem.
Ingenua . libera.
Inserta . inseminata.
Indubiae . indumenta.
Indoluit . multum doluit.
360 Insauciabilis . qui uulnerare . non
potest
Inpopulabile . inlesum.
Inlibat . non cediat[4].
Incentor . *tyhtend[5].
Infessisti . intulisti.
365 Inferaces . infructiueras.
Interuallum . inter murum et fos-
satum.
Incantata . *gegaelen.

---

[1] So in MS. for uel uni.
[2] Insuescit, extra consuetudine effacit, *Glossar. Lat.*, ed. G. F. Hildebrand, p. 181.
[3] MS. indigetis, but the last *i* altered into *e.*
[4] See *Glossarium Latinum*, ed. G. F. Hildebrand, p. 177.
[5] The *d* is written above the *n*.

Incantatores . *galdriggan.
Infestationes . *tionan.
370 Indecorum . foedum . inhones-
tum.
Intestinum . domesticum . uel ci-
nile . bellum.
Inundat . plenum est.
Intercapidine . *ginnisse.
Instar . magnitudo . similis
375 Inpetendum . persequendum.
Inundatio . *gyte.
Inque . etiam.
(37^{ab}) Incurrus . *ongong.
Incusa . require.
380 Instrumentum . quod instruat.
Inflexuosus . quod penitus[1] . non
flectitur.
Infitetur . non fatetur.
Intemperius . inmederatio[2] . sine
tempora mento[3].
Inlecebra . ab inliciendo . ac sedu-
cendo.
385 Ingluuies . gula.
Indicium . documentum.
Incentiuum . inritamentum.
Innuba . quae nulli . nubit.
Incompti . inconpositi.
390 Inops . pauper . sine ope.
Inconditus . inconpositus.
Inexorabilis . qui nullis . preci-
bus flectitur.
Infandum . non loquendum.
Introrssum[4] . introuersum.
395 Infanticulus . latinum est.
Insontem . innocentem.
Internuntia . mediatrix.
Inpendium . erogatio.
Inepte . inutile.
400 Infestus . molestus.
Inbuit . *onreod.
Infitiae . negationes.
Inpetrat . accipit.
Indultum . donatum.
405 Indutiae . interuallum.
Industias . spatia.

Indutium . spatium
Infastum . *sliden.
Inruptio . *ongong.
410 Innixus . *strimendi.
Incanduit . *auueoll.
Ineptus . *gemędid
Intrinicio . *forsliet.
Insirtim . *insondgepearp.
415 Inprouisus . ante non nisus.
Inuitor . *onhlingo[5].
Inficio . *blondu.
(37^{bn}) In propatulo . in pu-
plico.
Ineptia . stultitia.
420 Infula . *uyrðo.
Inmoratur *punat.
Infectum . *geblonden.
Inperimente . inponente.
Inlustare . saliendo . inludere.
425 Infulae . uittae . sacerdotum.
Inexpiabile . quod non pot . est .
expiare.
Indomitus . *pilde.
Inulte . indefensus.
Inpensum inmensum.
430 Iniit consilium . coepit . cousi-
lium.
Inbecillis . linguidus.
Inpensus . inportunus.
Indefferens . paratus . sine . dila-
tione.
Insignit . decorat.
435 Infamis . sine honore.
Inclitum . sanctum . praeclarum.
Intercapido . interiectio . tem-
poris.
Inertis . inutilis.
Inderet . insereret.
440 In remotis . in secretis.
Iniere . retinere . conpescere.
Instincta . *onsuapen.
Inperitat . iudicat . uel frequen-
ter . imperat.
Inormia . maxima.
445 Incursantes . incurrentes.

---

[1] The ni are added above the line.
[2] Distinctly so written in the MS.
[3] Distinctly so written and divided in the MS.
[4] The second r added above the line.
[5] u added above the line between g and o.

In orbitate . in amisione . caco-
rum.
Inlectus . prouocatus.
Incessit . incurrit.
Inepti . adquisiti.
450 Inenodabile . quae soini . non pot-
est.
Integerrimus . de integritate.
Incessere . inpugnare.
Incentiua . cupiditas.
(37bb) In uestibulo . in ingressu.
455 Inhibentibus . prohibentibus.
Intrans.meabili . *unoferfoere.
Inergiae . uanitates.
In edito . in alto.
Inclamitans[1] . sepe[2] clamo[2].
460 Inbellem . *orpige.
Internicium . bellum . dicitur . quo
nullus . remanet . *utcualm.
Incidere . inpetere.
Infit . inquid.
Inulus . *hindcaelf.
465 Incatamo . *inbęce.
Initiatum . *gestoepid.
In pauone . in faretro[3] . eius . pro-
pio.
In uaticano . proprium nomen
loci.
Intimandum . *to cyðenne.

470 Ioluerunt . manserunt.
Ioatham . domini . consummatio.
Iordanis . discessio . eorum.
Iob . dolens.
Iota . *sochtha.
475 Ioram . diaconus.
Iolia . specula.
Iocista . qui nerbis . iocatur.
Ioram . os . aperiente.
Iouem . *þuner.

480 Iperbolicus . superbus.
Iperbolicus[4] nimius.
Iris . arcus.
Ironia[5] . mendax . iocus.
Ira . repentina[5].
485 Iris . arcus . caelestis.
Ir . mediatas . palmię
Irridabant . *tyhton.
Iracundia . diuturna.
Irritum . *forbogd . inanem.

490 Isic . *laex.
Isca . *tyndrin.
Iscit . hic.
Istic . *uueðer.
Istino . de isto . loco.
495 Isignit . ornat.
Istuc . *hider.

Itore . montane.
Itane . ita uiro.
Itenerarium . iter.
500 Itane . putas . sic.

(38aa) Iugum . seruitus . capti-
vitas.
Inga . summae . latorum . mon-
tium . portę.
Iubilum . nubilat.
Iure . inste.
505 Iuuencus . taurus.
Iuuat . dilectat.
Iuris . consultus . iuris . peritus.
Iuniperum . similis . taxo.
Iuglantes . quasi . iones . glandes.
510 Iungetum . *riscðyfel.
Iuuauit . dilectauit.

---

[1] Second n added above the line.
[2] MS. joins the two words.
[3] MS. feretro, but first e subpuncted, and a written above it.
[4] The u is added above the line.
[5] The glosses 483 and 484 are added at the foot of the page, with the usual ð (by the side of gloss 485) and ħ (by the side of the glosses to be inserted), as marks of reference.

Iurisperiti . *redboran.
Iusiurandum . iuratio.
Iugulat . mactat . occidit.
515 Ingis . montibus.
Iurgat . litigat.
Iugia . continua.
Iurgium . rixa.
Iugarat . coniunxerat.
520 Iubilum . sibilum . landis.
Iubar . *earendel.
Iugum . *cnol.
Iunctura . *foeging.
Iugabouum . ·u·x . bones.
525 Iumperum[1] . genus . ligni.
Iuuentus . *midferb.
Iuuentus . multitudo . iuuenum.
Iuuenalia . et iuuenilia . unum est.
Iuuentus . ipsa . aetas.
530 Iuncus . *risc.
531 Iubar . *leoma.

Lacenosa[1] . uulnerata.
Lanioses . qui berbices . incidunt.
Lanugo . prima . capilla . tio . bar-
   bae . quasi . asimilitudine . lanae.
Labrum . *segn.
5 Lar . domus . honesta.
Lautumiae . carceres.
(38[ab]) Laquearia . tabulae . sub
   trabibus.
Laturus . daturus.
Laterculus . codex . membra . na-
   ticius . illio . sunt . nomina .
   promotorum.
10 Lautum . mundum.
Larbula . *egisgrima.
Lasciuae . feruidae.
Lances . uasa . quibus sacrificatur.
Lamsta[1] . magister . gladiatorum.
15 Lacerna . *haecile . uel *loða.
Laxhe[2] . *holor.
Lanio . qui lacerat.
Lanistae . gladiatores.
Lacessit . *gremið.
20 Latericia . ex latere . facta.

Laogoena . *orog.
Laniuas . laniat.
Lanterna . uas . lucernae.
Lauticiae . munditiae.
25 Lautumiae . nerbera.
Latomi . lapidum . cessores.
Laquearia . fenes . lucernae . id
   catenae . aureae.
Lacunaria . aurata . camera.
Lamia . dea . siluae . dicitur ha-
   bens . pedes . similes . caballi .
   caput manus . et totum . corpus .
   pulchrum . simili . mulieris.
30 Latrina . *genge . *groepe . atque
   ductus . cloacas.
Laudae . *laurice.
Lacessitus . *gegremid.
Lexina . *laeg.
Lacesso . *suto.
35 Laquear . *first . hrof.
Lanx . *heolor.
Lanucar . *flode.
Labos . labor.
(38[ba]) Lactuca . *þuðistel.
40 Lacunar . *hebenhus.
Laguncula . uasa . fictilia.
Lancis . mensuratio.
Lapanas . taberna.
Lapatium . *lelodrae.
45 Lacerta . *aðexe.
Laser . holus.
Las domus.
Laris . ignis.
Latus . minor.   ·
50 Larus . *meau.
Labrusca . arida . uba.
Lacerti . murices . in brachis.
Lampades . faces.
Lappa . *clibe.
55 Latus . nauis.
Latex . *burne.
Lacinosum . panhosum.
Lancinat . hellicat.
Laris . terra . profunda.
60 Lares . dii . domesticii.
Larem . ignem.

---

[1] Distinctly so written in MS.

[2] Seems a corruption for lanx. The Epinal Glossary has : laxhe, olor ; the Erfurt
Glossary : laxe, clor. See below L 36 ; Leo, Angelsächs. Glossar, col. 424 (54, 55) ;
Bosworth-Toller's Dictionary, voce heolra.

Labes . macula.
Lanternum . fannm.
Lanugine . lana . supra . poma.
65 Lauerna . ferramenta . latronum.
Lata . data.
Lasciuia . uoluntas . carnis.
Lauescit . fortunam . perdidit.
Larba . umbra . exerrans.
70 Lauerna . dea . furum.
Lacertum . brachium.
Lapicedina . locus . ubi . ceditu .
    lapis.
Laticis . liquoris.
Latibulum . defensaculum.
75 Lanistarum . carnificum.
Latur . *ðatur[1].
Latescere . latere.
Labitur . lubricat[2].
(38bb) Latericia . ex lutere[3] . facta.
80 Laena . *rift.
Labat . *peagat.
Latebra . locus . occulta.
Labo . titubo . nuto.
Lana . *uul.
85 Latrina . secessum.
Lantissime . babunde.
Laquearia . *firste.
Latex . aqua . quae Iatet . in uenis.
Laciniosum . laceratum.
90 Latratus . *bercae[4].
Laudariulus . *frecmase.
Lautuminia . custodia.
Ladascapiae . briensis . id est
    *hondpyrm.
Latona . apollonis . et dianæ
    mater   .
95 Lanterna . *lebt faet.
Lacessere . *gremman.
Lactescit . exasperat . prouocat
    uel frequenter lacerat . detra-
    hit[5] . maledicit.

Lenones . uenenosi . suasores.
Lepidus . urbanus.
100 Lepor . *pooð.
Lebes . *huer.
Lebetas . ollas.
Lenones . conciliatores . meretri-
    cum.
Lerna . palus.
105 Lena . sagum.
Lesus . offensus.
Lenta . tarda.
Lenocinantes . conciliantes.
Leuem . formonsum.
110 Lenta . *toh.
Lepus . iucundus . pulcher.
Lecebra . seductio . occulta.
Leuum . contrarium.
Lexis . pausatio.
115 Leuiathan . serpens.
Lex pansans.
Lenocinium . *tyhten.
(39aa) Legit . collegit . *lisit.
Legerat . coniunxerat.
120 Letamen . uirus.
Lembum . *listan.
Legula . *gyrdils . hringe.
Lembus . breuis . nanioula.
Lenticulum . dicitur . uasculum .
    aereum . olei . modicum . quad-
    rangulum . in latere . apertum .
    aliniendo . dictum.
125 Lenam . pallam.
Lepidum . uoluntarium.
Lendina . *hnitu[6].
Lentis . legumen.
Lembum . purporeum . uestimen-
    tum . in imo . abet . clabatum.
130 Leuir . *taour.
Legio . ui . milia.
Leuigatis . natantibus[7].

---

[1] This word is distinctly so written in the MS.   But is it A.S.?
[2] After this gloss, a hand of the end of 9th or beginning of 10th cent. has written at the foot of the column : Lithos. Lapis.
[3] Distinctly so written in the MS.
[4] MS. baercae, but first a subpuncted.
[5] The h has been added above the line.
[6] MS. hutu, and ni added above the line, probably for hnitu, not hniutu.
[7] Some letter has been erased between t and n, and the second a is added above the line.

Lectidiclatum . *geþuorneflete.

Lens lentis . gen*us* . leguminis.

135 Lepus . lepo*ris* . *hara.

Lesia . paradis*us*.

Leotus . ab electis . et mollibus . herbis.

Lentu*m* uimen . *tohgęrd.

Lenotoga . duplex . uestis . regia.

140 Lemurium[1] . dies . festus . latitiae.

Leno . qui puellas . couparat . in prostibulo.

Lenis . inberbis.

Lenocinium . habitatio . meritri*cum*.

Legat . testamento . donat.

145 Legat . mittit.

Lego . congrego.

Lenticula . *piose.

Lexos[2] . dictiones.

Leptis . filia . fra*t*ris.

150 Lesta . *borda.

Lectica . qua . consules . portant*ur*.

Lermentum . species . quaelenit . ut lima.

Lemociniat . conciliat.

Lem*b*us . nauis . pirations.

155 Lenirent . *afroebirdun.

(39[ab]) Linionis . filis.

Libae . africanus.

Linebat . non liniebat . dicendum . quia . lino . liniuit.

Limbum . girum . circuitum.

160 Limpha . aqua.

Ligones . *meott*u*cas[3].

Libare . degustare . tenere.

Libramentu*m* . libratio.

Liburnices . *gerec.

165 Libor . *uuam.

Lixiones . aquarum . portitores.

Lictores . ministri . consulum.

Litotes . duo . negatiua . unu*m* adfirmant.

Ligustru*m* . *hunig . suge.

170 Liuida . toxica . *ða ponnan . aetrinan.

Liquentes . *hlutre.

Lien . *milte.

Liberalitas . humanitas[4].

Liminium . diuinum . seruitiu*m*.

175 Lidoria . uituperatio.

Litura . aliniendo.

Libertabus . *frioletan.

Liciatorium . *hebelgerd.

Liticen . qui cum . lituo canit.

180 Limax . *snegl.

Licet*ur* de p*r*etio . *con*tenditur.

Liq*u*idum . splendidu*m*[5].

Lituus . tuba.

Libor . inuitia.

185 Liberalis . largus.

Libe*r*dialeptis . libe*r* . disputationis.

Liquoris . res . liquidæ.

Librat . examinat . trutinatum.

Libor . macula . corporis.

190 Litare . sacrificare.

Linquid . peccauit.

Libat . fundit.

Liquitur . labitur.

Lidiae . et . ruria tuscia.

195 (39[ba]) Liniamentum . species . quaelinit . ut fila

Linimenta . figurae.

Limus . humus.

Limphaticus . *poedendi.

Licentem . lititer.

200 Lituus . *cryc.

Limis . finis . terminus.

Liberales . litteras . qui liberi tantum . legunt.

Liquitur . fluit.

Liber[6] a[6] . cartice . d*icitur* . q*u*ia ueteres in cortice . scripserunt.

---

[1] MS. lemuriam, but the *a* marked for erasure, and *u* written above it.

[2] A later hand has added i above the line, between the *x* and *o*.

[3] MS. meottcas, with stroke over second *t*, which is usually a contraction for *ur*.

[4] MS. hmanitas, with *u* added above the line.

[5] MS. spendidum, and *l* added above the line.

[6] MS. joins the two words.

205 Libertini . filii . seruorum . libera-
　　　torum.
　　Libauit . sacrificauit.
　　Libauit . consumsit.
　　Litescere . latere.
　　Liticines[1] . cornicines.
210 Licidus . *huæt.
　　Lixa . seruus.
　　Liis . litis . alite.
　　Litat . placat
　　Libertis . libertabus feminino .
　　　genere.
215 Licitator . actionator.
　　Librantes . arantes.
　　Lixae . qui . exercitum . secuntur .
　　　quaestus . causa.
　　Litui . tormentum.
　　Lingurrit . lingit.
220 Lincis . lupi . ceruari.
　　Limuruae . laruae.
　　Lixa . galearia.
　　Lice . auctor . actioni . uenditur.
　　Liuido . amor . desiderium.
225 Licitatio . ubi licet uendere . pu-
　　　plice.
　　Libitina . feretrum.
　　Linx . leopardus.
　　Lictores . qui faces . ante indices .
　　　ferunt.
　　Limpha . aqua.
230 Licitator . altionatur[2].
　　(39[bb]) Linifator[2] . furiosus.
　　Licetur . paciscitur.
　　Libertus . *frioleta.
　　Lituos . signatur.
235 Linter . *baat.
　　Lignorum . aggeribus.
　　Lingula . *gyrdils . hringe.
　　Limis . finis.
　　Limus . *laam.
240 Linchini . lucernae.
　　Linquid . reliquid.
　　Liquet . liquidepatet.
　　Limbus . *ŏres . *liste.

　　Liberalitas . *roopnis.
245 Libertatem . fiduciam.
　　Librarios . nidi[3] . qui libros . scri-
　　　bunt.
　　Lihargum . *slaegu.
　　Linea . *paebtaeg.
　　Licium . *beheld.
250 Licia . *beheld . ŏred.
　　Lima . *fiil.
　　Liburna . nauis.
　　Lintris . nanioula.

Loica . rationales.
255 Lolium . *ate.
　　Lotium . *blond.
　　Logus . grece ratio.
　　Logion . pannis . exiguus.
　　Lotum[4] mors.
260 Lobe . sorde.
　　Lodix . *loŏa.
　　Locusta . *lopust.
　　Loetalis . mortiferis.
　　Logus . uerbum . siue . sermonis.
265 Locuples . habundans.
　　Leuem[5] . formonsum.
　　Loetiferum . mortiferum.
　　Longa intercapidine . longo . in-
　　　teruallo.
　　Longo . interuallo . ex longo tem-
　　　pore . (40[aa]) sed aloois . tractum
　　　est inter murum . et fossatum .
　　　locus . in medio . interuallum .
　　　dicitur . hoc iam . translatum .
　　　est . ad tempus.

Luculum . uas . ligneum.
270 Ludus . litterarum . scola legen-
　　　tium.
　　Luscus . *an ege.
　　Luridus . pallidus.
　　Lucor . *freceo.
275 Lurcones . *siras.

---

[1] MS. liticinis, but the last *i* altered to *e*. With this gloss cf. A 347 and 349*.
[2] Distinctly so written in the MS.
[3] So in MS. for uiri.
[4] So in MS., but *e* written over *o* by the corrector.
[5] So in MS., but *o* written over the first *e*.

Lusit . repellit.

Lunulus . *mene . 'scillingas.

Lusus . lusitatatio[1].

Luxus . dilicię . cum lasciuia.

280 Lucifuga . qui tenebras . diligit.

Lustro . circum . spicio.

Languens . ualde senex.

Lupanar . ubi meretrices . babitant.

Luculentum . *torhtnis.

285 Lupea . meretrix . uel lupinaria.

Lucubrantes . uigilantes.

Lumbare . *gyrdils *broec[2]

Ludiscenici . partes . theatri

Ludilitterari . *staefplagan.

290 Lustrato . stipite . circuito . ligno.

Lutraos . *otr.

Lucius . *baeoid.

Lupatis . *bridelsum.

Lucanica . *mærh.

295 Lucan . templum.

Lurdus . *lemphalt.

Lupus . *brers[3].

Ludarius . *steor.

Lucumones . reges.

300 Luitia . rosea.

Luridam . luto . pollutam.

Lustrum[4] . inluminatio.

Lucar . negotiatio.

Lumbricus . *regnpyrm.

305 (40[ab]) Luteum . crocei coloris.

Lucar . uectigal . puplicum.

Lussus frater mariti.

Lucus . populares[5].

Lutus . genus . ligni.

310 Lustrum . .u. annos.

Lutuus . tuba.

Luxoria . luxus.

Lustrat . peragrat.

Lustra . cubilia . ferarum.

315 Luteum . *crohha.

Luit . dat.

Luperci . sacerdotes . lupercales.

Luebant . luere . persoluebant.

Ludibrium . dedecus[6].

320 Lubrices . labiles.

Lubricus . fallanx

Lustrum . circuitum.

Lustrat . circuit.

Lucus . locus . nemorosus.

325 Lupercal . *baerg.

Luxurio . uerbum.

Lues . morbus.

Lumbus . *side.

Luxerat . fleuerat.

330 Luscinia . *naectegale.

Luscinius . *forsc[7].

Lupus . *pulf.

Lupa . *pylf.

Lupinare . *uulfholu.

335 Lumbulos . *lendebrede.

Lupercalia . ipsa . sacra.

Lymphatico . *poedendi.

Lycisca . canis . ex lupa . et cane[8] natus[8].

Lymbo . *ðresi.

340 Lyeus . uinum . bachum.

Lynens . anguis.

312 Lymbus . clauus . in neste . regia.

(40[ba]) Manipulatim . *þreatmelum.

Malleolus . genus . fomenti . aput . persas.

Malis . ora.

Mancipauit . subdidit.

5 Malleolus . sarmenta.

Manticulare . fraudare.

---

1 MS. lusitatio, and another *ta* added above the line.

2 MS. breo, and *o* added above the line between *r* and *e*.

3 MS. bres, and *r* added above the line between *e* and *s*.

4 MS. lustram, but the *a* marked for erasion, and *u* written above it.

5 MS. popularis, but the *i* altered into *e*.

6 The second *e* on an erasure.

7 The *s* has been added above the line.

8 MS. joins these two words.

Marasmou . corium . adherens . ossibus.
Mancus . *anhendi.
Maforte . *scyfla.
10 Manes . deae¹.
Maceria . lapis . *tantum*.
Machinatur . malum . cogiter.
Machinatio . dolor . excogitatio.
Maturat . urguit . acce lerat².
15 Manna . quid *est* hoc.
Manica . *glof.
Manile . *lebil.
Mandragora . fructus . similis . pomi.
Manitergium . *lin.
20 Margo . *obr.
Malagma . *salf.
Mantyrium . modicum . oratorium.
Manubiae . res . manu . captae.
Malus . *apuldur.
25 Martyr . testis.
Mandras . *eouuistras.
Maceratus . *þreatende.
Manasses . obliuio.
Mastigium . *suiopan.
30 Manubium . *paelreaf.
Mansyr . filius . meretricis.
Manticum . *hondfulbeopes.
Masca . *grima.
Mascus . *grima.
35 Marsopicus . *fina.
Marsuppia . *ceodas.
Marruca . *snegl.
(40ᵇᵇ) Maiales . *bearug.
Mango . *mengio³.
40 Maulistis . *scyend.
Mastice . *huit cudu.
Malua . *hocc . *cottuc . *uel* *gear- pan leaf.
Marubium⁴ . *biopyrt . *uel* *hune.
Matrix . *quiða.

45 Massa . *clyne.
Mapalia . *byre.
Magistratus . senatus.
Mango . negotiator.
Mars . martis . *tiig.
50 Mas . maris . amaritudo . dictum.
Made . aspersus . unguento.
Madit . humidum est.
Marcidus . grauatus . lassatus.
Manubla . iteratio . doctrinae.
55 Manna . manipula.
Mantica . bis . acuta.
Mannolus . caballus . burions.
Matella . genus . uasorum . ubi . antiqui . mingebant.
Masitat . manet.
60 Mala . poma.
Mandauisit . mandarit.
Mafortiam . res . quae ad ma. fortem . pertinet.
Mappalia . tentoria papilionis.
Mampularis⁵ . dux . qui reget exercitum.
65 Mastruca . cocula . depellibus . sine . depilibus.
Manuale . uorarium
Marsus . incantator . serpentium.
Malachia . mollities.
Matalis⁶ . pecus . pingues.
70 (41ᵃᵃ) Manet alta . manet . intra sensum penitus . *conlocatus*.
Marisid *est* . masculus.
Malle . nelle.
Matertera . soror matris.
Manubium . hostium . spolia
75 Mandibula . apta . ad manducan- dum.
Mandit manducat.
Mandet commasticat.
Machinantem . struentem.
Manatio . fluentia.

¹ Prof. Zupitza read *dede*, and hence this gloss appears as A.S. in Wülcker's *Voca-bularies*, 31. 25. It is possible to read the 3rd letter as *d*, but the more obvious reading is *a*; hence *deae*. See Hildebrand's *Glossar. Lat.*, p. 205.
² There is an erasure between acce and lerat.
³ The *o* has been added above the *i*.
⁴ MS. Mubium, and *ar* added above the line.
⁵ So in MS. for manip-.
⁶ So in MS. for maiahs.

80 Maturius . cito . uelociter.
   Magalia . *byre.
   Mas . masculus.
   Maculosum . notis . plurimis . ua-
   rium.
   Madere . humida Ioca sanguine.
85 Macilentus . *gefaested.
   Mantilia . mappae . uellosae.
   Mallo . magis . uolo
   Manipulus . directus.
   Marsupium . sacellum.
90 Mallim . nellim.
   Manere . *bidan.
   Mallo . magis . uolo
   Mansuaeuit . mansuetus . factus .
   est.
   Madidum . *obðaenit.
95 Maritabatur . dominabatur.
   Magnetis . lapis . qui ferrum . ru-
   pit.
   Materia . massa.
   Madefacta . *geuueted.
   Malachim . regum.
100 Malefida . periculosa.
   Martyrium . testimonium.
   Manipulus . numerus . militum .
   breuis.
   Marcor . languor.
   Marouet . languet.
105 Magnificus . magna . faciens.
   (41[ab]) Macies . exilitas . corporis.
   Mauens[1] . durans.
   Manes . inferni.
   Manachus . singulariter.
110 Mansitare . manere.
   Mauult . magis uult.
   Machinamenta . *orðonc.
   Maturauimus . festinauimus.
   Mafortiam . urbem . romam.
115 Mancipare . deseruire.
   Mancipatus . uinctus.
   Macte . gaude.
   Mantega . *taeg.
   Magnanimitas . bonitas.
120 Mala punica . genus est. pomorum.
   Malas . *gebsias.

Macera . gladius.
Manduco . manum . duco.

Meta . frasin . inter praetatio.
125 Mendacio . conposito . *gereg-
   nade.
   Metas . terminos.
   Meta . finis.
   Metrum . modium.
   Melotis . pellis . simplex . ex uno .
   latere . deperdens[2].
130 Melinus . color . nigrus.
   Medemnum . modies . ui.
   Merepsica . unguentaria.
   Meloncolia . umor fellis.
   Melopeus . carminis . factor.
135 Medio . tollonium . medio . terra-
   neum
   Menstrum . defectio . lunae.
   Metas . rerum . fines . tempo-
   rum.
   Merotetes . domus . ungentorum.
   (41[ba]) Metafora . translatio . re-
   rum.
140 Meatim . meo more.
   Mecanicia . peritia . uel fabrica
   rerum.
   Melarium . *mirc . *apuldur.
   Meatus . uenae . modicae.
   Merum . sincerum.
145 Mecenus . regiones . sunt.
   Meticulosus . metuendus.
   Medetur curat.
   Menstrua . a mense . dicta
   Menstruum . tempus . unius .
   mensis.
150 Melodium . *suinsung.
   Metit . seeat.
   Mesores . ametendo.
   Mercimonia . negotiationes.
   Medius . fidius . iuramenta pa-
   ganorum.
155 Melito . meditor . *meadrobordan[3].
   Meantes . ambulantes.
   Melos . cantatio . carminis.

---

[1] So in MS.   [2] MS. distinctly deperdens, for dependens.
[3] Is this word A.S. ? It is not in the Epinal, nor in the Erfurt, MS., and is, perhaps, a corruption of some other gloss.

Meliuscula . feminum . rogit genus diminutiue.

Meliuscule . aduerbium . est di-
minutine . sicut . bene . uel
male.

160 Mergulus . *scalfur.

Merx . *mertze.

Mereo . *groeto.

Meio . minxi . amingente . dictum.

Merx . mercis . amercando . non
merces . mercedis.

165 Merula . *oslę.

Megale . *hearma.

Mergiteculmi . manipulos . spicarum.

Mentor . sculptor[1].

Metonomia . trans . nominatio.

170 Meta . dictio . translata . apropria .
significatione.

(41bb) Metra . genus . unguenti.

Mesopicatum . medium . peccatum.

Melops . dulcis . sonns.

Melopeum . dulce . conpositum.

175 Messalia[2] . messor.

Medius . fidius . deus sanctus .
malaa . uertens.

Merit . floret.

Meat . manat.

Melopeus . quasi . carminis .
factor.

180 Meapte . mea uoluntate.

Mercedarius . qui mercidem . dat
pro labore . sibi . inpenso.

Mergae . fustes . quibus . messes .
colliguntur . uel corbi marini.

Melfoben . musa . mane . mea .
egreco.

Metitur . mensurat.

185 Mensum . mensuratum.

Meditus . medicator.

Mergisso . callidus . murmuratum[3].

Mero . animo . simplici . fide . sinceritas.

Memet me ipsum.

190 Melodiam   mulcido . uel   corui
marini . uel conuiuium.

Meditullium . medio . loco.

Merit . tristatur.

Medella . cura.

Medentes . medici.

195 Medulla . *merg.

Mestificum . meror . tristitia

Mercurium . *poden.

Mentagra . *bituihn.

Merga * scraeb.

200 Metricius . *mederpyrhta.

Miluus . *glioda.

Milium *miil.

(42aa) Minerba . pallas . id est.
dea artium.

Mirifillo . *gearpe.

205 Misitat . frequenter . misit.

Mistice . sacrae . diuine.

Mirum . in modum . supra modum . mirum.

Mimopora . *ƌeofscip.

Milium . genus . leguminis.

210 Mine . luna.

Minet . eminet.

Mimographus . histrionum . scriptor.

Minax . iratus.

Misellus . diminutiuum . miser.

215 Millum . collarem . canis.

Misious . qui militiam . exhibet

Minitatur . adsidue minatur

Misterium . sacrum.

Minions . ericius.

220 Mire . magifice

Miuparones . genus . caraborum.

Miserandum . horribile nefandum.

Minaci . *hlibendri.

Mitigat . sedat . temperat.

225 Misuratio . mensura.

Minitante . minante.

Mitra . *haet.

Milite . exercitu.

---

[1] MS. scuptor, and l above the line between the c and u.

[2] MS. mesalia, with s added above the e.

[3] The Erfurt MS. reads: Mergisco, callidus murmurator.

Migma . commixtum.

230 Mitra . cinthium.

Mimus . qui agit.

Monofealmon . unum . oculum.

Moysica. modulabilis.

Moenia . murus.

235 Molitur concitat.

Mordet . conpugit.

Moles . uastitas[1] . magnitudo.

Monumentum . memoria.

(42ab) Monimentum . amoris . indicium.

240 Molares . dentes . extrimi.

Monimenta . testimonia.

Momentum . ictum . temporum.

Moderatus . rectus.

Modulatio . dulcido.

245 Molles . uani.

Molitur . disponit.

Modulatio . mulcido.

Monasterium . unitas.

Monumentum . donum.

250 Monogamia . singularis . nuptiae.

Mordicos . *bibitne.

Molestissimum . *earbetlicust.

Monarchia . *anuualda.

Morosus . fastidiosus . superbus.

255 Modius . sextari.

Modioli . *habae.

Morgit . *milcit.

Mosiclum . *ragu.

Momentum . *scytel.

260 Morotonus . rigidus.

Moenia[2] . superior . domus.

Molibus . *ormetum.

Modernos . nouos.

Mordacius . *clouae.

265 Monopolarius . qui[3] ibe[3] est[3].

Monupolium . pigmentarium.

Morbidosus . qui morbis . habundat.

Modulant . librant.

Monstrum . deformitas . membrorum.

270 Mouebor . *styrið.

Mora . celsa . agreste.

Monarchus . singularis . rex.

Monarcha . pugna . singularis

(42ba) Modulum . tropum.

275 Morigeri . moribus . obedientes.

Molire . aedificare.

Molestus . iniuriosus.

Monarchus . inperator.

Modulamen . cantatio[4].

280 Modulator . cantat.

Modus . modus . breuis.

Molitionibus . dispositionibus.

Monumentis . supplicis . sempiternis.

Moles . *falthing.

285 Molosus . *roðhund.

Molimen[5] . dispositio.

Monotalmis . luscis.

Morenula . *eil.

Mosicum . *ragu.

290 Moderari . regere.

Monotonus . rigidus.

Mora . *heorotberge.

Multimoda . multiplex

Municeps . *burgliod.

295 Munifica . *cystigan.

Murica *gespon.

Muste . frangat.

Musicanter . leniter.

Mulgatores . peremtores.

300 Mulcauit . uinxit.

Mutilum . pecus . diminutiuum . amuto.

Murenula . *bool.

---

[1] The first s has been added above the line.

[2] MS. menia, and o added above the line between m and e.

[3] The Erfurt MS. has pigmentarium.

[4] MS. cautio, with ta added above the line.

[5] MS. milimen, but point below the first i and o above it.

Municipatum . principatum.
Murcus . curtus.
305 Mutilanda . commouenda.
Murice . indomatus.
(42^bb) Mulcare . calcare.
Mulcatur . abono . separat.
Musitat . pro timore . dubitat.
310 Mucro . caput . gladii.
Multatio . condemnatio.
Muscus . genus berbae.
Murra . et aloae . herbae . sunt.
Muluctra . *ceoldre.
315 Munila . *haeg.
Mulcet . producit.
Munitus . circum datus.
Multani . magna . uirtute.
Municeps . cinis . municipii.
320 Mulcat . graniter . uexat
Municeps . et . municipalis . unum
    est . id est cinis.
Municipatus . ius.
Munitoria . praecinctoria.
Muscipula . *muusfalle.
325 Mutilat . contaminat.
Mulcifer . ignis . quia omnia .
    mulcet . et dicitur . ulcanus.
Mucro . *mece.
Municipium . ciuitas . modica.
Murex . regalis . purpura.
330 Multata . peroussa.
Munerum . dies . remunerationes.
    militum.
Mugil . *haeced.
Munificentia . largitas.
Mulsum . cum . melle . mixtum.
335 Mustacia . *granae.
Musiranus . *screauua.
Mustel a¹ . *uueosule.
Mulio . *horsðegn.
Mugil . *heard . hara.
340 Muria . faex olei.
Mulgit . *milcit.
(43^aa) Murex . murice . alapide.
Mus . muris . *muus.
Multabitur . *uuitnath.
345 Munifex . qui munns . facit.

Mutilat . murmurat.
Munificus . honorificus.
Munia . officia . militiae.
Muginatur . causatur.
350 Mulcet . lenit . friat.
Murrat . murmurat . musat.
Murice . ostro . purpura.
Munia . aedificia.
Mulcit . linit.
355 Murilium . *byrgen.
Mutilat . retundit.
Multifarius . multi . loquax.
Musca . *egesgrima.
Multifariam . multiplicem.
360 Muturat . urguit².
Mufex . munerarius.
Munificentia . puplicum . opus.
Multat . damnat . contaminat ce-
    dit.
Munda . officia.
365 Multatus . con demnatus.
Mutilare . mutare.
Multauit . condemnauit.
Musica . *myrgnis.
Multatur . occiditur.
370 Mulcra . mulgarium . lactis.
Munifice . magnifice.
Mulcere . mitigare.
Mulcendis . reficiendis.
Murratum . amarum.
375 Murice . *purman.
Musca . *flege.
(43^ab) Mutuli . minimi.
Murus . *braer.

M yrmicaleon . formicaleo . uel
    formicarum . leo.
380 Myro . uncxio . chrismalis.
381 Myrtus . * uuir.

N auiter . studiose.
Nauarons . princeps . nauis.
Nanalis . campi . culturae . dediti.
Nanctus . inuentus.

---

¹ One letter erased between l and a.
² MS. urgit, with u added above the i.

5 Nausatio¹. *uulatunc.
Nanctus sum. inueni.
Nanus. strenuus.
Nauigabilis. ut pontus.
Nauiter. *horsclice.
10 Naumachium. locus. naualis. ex-
ercitationis.
Naumachia. naus. templum. ma-
chia. pugna.
Naama. decor.
Nando. natando.
Nasturcium². *tuunc. ressa.
15 Naetcos. murus.
Nario. subsannanis.
Napta. *blaec teoru.
Nat. natat.
Nardus. arbor.
20 Naides. fortium³. nymphae.
Nancisceretur. inueniretur.
Nauale. proelium. pugna. mari-
tima.
Nabat. cogit.
Nanus. obsequens⁴. impiger.
25 Nauus. celer. industrius. fortis.
Natium. natura. legentium.
Nantes. natantes.
(43ᵇᵃ) Nardus. genus. odoris. op-
timi.
Nanciscitur. fruitur.
30 Nauare. extremi. aliquid. facere
Nauaretis. nomen nauigantibus.
Nauat. continuat.
Napta. *tynder.
Nauat. frangat.
35 Naualis. res. ad naues. pertinens.
Natrix. serpens. aquaticus.
Nardum. spicatum. species. nar-
di. in modum. spicae. infusa.
conficitur.
Nauus. pumilio. *duerg.
Nasciosus. qui plus. uespere. sa-
pit. uel uidit.

40 Napis. *naep.
Nauita. nauigator.
Natiuum. genitiuum.
Nauare. strenue. officium.
Naumachium. pugna. naualis.
45 Natalicius. munus. praemia. na-
talis.
Nazarei. *loccas.
Nahulum. *ferescaet.
Nauiter. *suið fromlice.
Nardum. pisticum. ex xuiiii.
herbis. conficitur.
50 Naumachiae. lacus.

Nectarius. odorifer.
Nequid. aliquid.
Neomeniae. kalende.
Nenias. carmen. funebre. mulie-
rum.
55 Neptam. *tyndre.
Nefastus. et. nefarium. id est sce-
leratus.
Nec ratum. nec. iustum.
(43ᵇᵇ) Nectar. mel. uel uinum. uel
*carere.
Neptalim. dilatio. mea.
60 Netila. *hearma.
Nepa. *haebern.
Nefanda. non dicenda.
Neophitus. nuper. baptizatus.
Negotia. *unemetta⁵.
65 Nebulonis. *scinlaecan.
Nehris. corium. cernis.
Ne qui quam. *holunga.
Nemorosum. frondosum.
Neuis. maculis.
70 Neuque neque.
Necessitudo. amicalis. affectio.
Necessarius. amicus.
Nex. necis.
Netum. *gesiupid.

---

¹ MS. naustio, with a added above the line between s and t.
² MS. nastarcium, with second a marked for erasure and u written above it.
³ So in MS. for fontium.
⁴ ens on an erasure.
⁵ MS. unetta, with me added above the line, over the ett.

C. G.   6

75 Ncetar. potus. deorum.
Neu. neue. adberbia. sunt. pro-
hibendi.
Nec opinum. nec. expectatum.
Nequam. nequus.
Negotium. opus.
80 Nenior. uana. loquor.
Nex. mors. supplicium.
Nentes. fila torquentes¹.
Nec romantia. mortuorum. dini-
natio.
Nefandi. iniqui.
85 Nequirem. nollem.
Nexni. nudui.
Nectit. alligat.
Nexa. ligata.
Nectit. canis. cum acute garrit.
90 Nexus. ligatura.
Nexius. nocens.
Nestorio. scelerato.
Nexu. ligatum.
Nebulo. indutor. fallax.
95 Negotio. laborare.
Nequis. nealiquis.
Neruus. *sionu.
Nec opinantur. nec suspicabantur.
(44ᵃᵃ) Nectar. potum. caelesti.
100 Neofitus. rudis. nouellis.
Necabantur. *aqualdun.
Nefas. quodlibet inlicitum.

N imbi. nubes.
Nisus. conatus.
105 Nitet. splendet. lucet.
Nixus. incumbens.
Niueum. nine.
Nitorium. *spinil.
Nimpha. dea aque.
110 Nil hominus. nilminus.
Nimba. uirgo. caelestis.
Nisu. uirtute.

Nymbus *storm.
Nitor. foetor. uel odor.
115 Nisi fallor. nisi erro.
Nicolaum. idem. quod dactum².
Ninguit. *sniupið³.
Nineue. speciosa.
Nigra. spina. *slaghðorn.
120 Nioto. latro.
Nigelli. nigri.
Nihili. nomen. nihil. aduerbium
est
Niuata. aqua. ex nine. facta.
Nitelli. nitores. diminutiuum.
125 Ninnarius. cuius. uxor. moecha-
tur scit et tacit.
Nititur conatur.
Nibarius. splendidus.
Nimquis. non aliquis.
Ni fallor. sine dubio.
130 Nimirum. ualdemirum.
Nixu. *perðeode.

N on nulli. multi. iniusti.
Non adit. non contingit.
(44ᵃᵇ) Non infectus. non inuenit.
135 Nobilis. nota.
Noxa. culpa.
Nobilis. genereclaro.
Noctua. ulula. *ule.
Noctet. signet.
140 Nomendator. genus. officii⁴.
Non inmerito. non mirum.
Norma. regula.
Nonne. putas. non.
Nomisma. *mynit.
145 Noctua. *naeht hraefn.
Naualia. *faelging.
Non subsciuum. *un faecni.
Non modo. non solum.
Noscit. discit.
150 Notam. maculam.

---

¹ MS. divides: filator quentes.

² The Erfurt MS. has: Nicolaum, idem quod tactilus (Neue Jahrbücher für Philologie, 13ᵒʳ Supplementbd., 1847, p. 353). And again: Nicolatis, dactulis (ibid. p. 355);
cf. Plin. 13, 4, 9 § 45.

³ MS. snpið, with ni added above the line.

⁴ See below 161.

Notatam . maculatam.

Nodus . *prasan . ost.

Noxius . nocens.

Non putatiuum . non *est* dubium.

155 Noueletum . ubi s*unt* nites . no-
uellae . quo modo . finetum.

Nocticula . luna.

Nostrone . *nostrorum* . more.

Nostrates . nostrorum.

Nob familiae . boua . genere.

160 Notae . *speccan.

Nomenclator . genus offici[1].

Non fiudnut . non diuidunt.

Notatus . *oncunnen.

Non secus . non dissimile.

165 Nomine . honore.

Nonuullus . aliquis.

Nouerca *steopmoder.

Non profuit . *pro* nihilo . fuit.

(44ba) Norunt . sciunt.

170 Nobilis . nota.

Nobilis . genere claro . *uel* opere.

Noma . *rihtebred.

N umularius . nummoru*m* .
praerogatur . *miyniteri.

Nundinis . mercatis.

175 Nummism*um* solidum.

Nudustertius . die tertia.

Nutibus . gestibus . potesta.

Nundinatio . quasi . posit*io*[2].

Nubila . uelamina.

180 Nuit . notum dedit.

Nuntio allata.

Nurus . *snoro.

Nundinae . negotiationes

Nux . *bnutbeam.

185 Nutu . gestu.

Nuit . per*m*isit.

Nugacitas . *unnytnis.

Nuntio . aportatu.

Nundinat . mercatur.

190 Nugas . nequam.

Nucli . *cirnlas[3].

Nummisma . nu*m*mi . percussura.

Nutu . arbitrio.

Numq*uam* tempus . nusq*uam* lo-
cu*m* . designat.

195 Numine . potestate.

Numquam . abero . nu*m*q*uam* re-
cedo.

Nutat . uacellat.

Nullo . negotio . *naenge . ear-
beðe.

Numquid . *nehuruis.

200 Nurns . potestas . deifica.

Nutaret . trepidaret.

202 Nugando . inutiliter . loquendo[4].

(44bb) O bolitio . *eðung.

Obtio . electio.

Oborti . subito nati.

Obiurgat . obpugnat.

5 Obliquat . trans . uersus . nadit

Obstrependum . obloquendum.

Obices . qui ob ponuntur.

Obturare . obstruere.

Obeunda . exsequenda

10 Obtio . electio.

Obicit . obponit.

Obstinacissimus . inrationabilis .
qui ratione . no*n* placatur

Obuallatu*m* . circum . datum.

Obsecundat . temperat.

15 Obscenus . sordidus.

Obsignat . simul . cum aliis . signat.

Obtrectans . resistenis.

Obtentu . intuitu.

Obsecundat . seruit.

20 Obortus . exortus.

Obtentat . obtenuit.

Oboliscus . lapis . quadratus.

Obsides . *gislas.

Obrizum . *smaetegold.

25 Obuncans . obiurgans.

---

[1] See above 140.
[2] The Erfurt MS. has prositio.
[3] MS. cirlas, and *n* written above the *r*.
[4] MS. loqu*e*do, with *n* added above the line between *e* and *d*.

Obturans . claudens.
Obsolitus . deletus.
Obriguit . *gefreos.
Obliquum . *scytehald.
30 Obnixus . *strimendi.
Obstinatus . perseueram.
Obreptione . *criopunge[1].
Obelis . uirgis.
Obestrum . *beost.
35 Optimates . *gesiðas.
(45ᵃᵃ) Obuncans . *genyclede.
Obtenuit . *forcuom *bigaet.
Obnixe . *geornlice.
Ohonea . *crump.
40 Obligata . oblita.
Obuix . *piðer stal.
Obliterarent . delerent.
Obligamentum . *lyb . *lybsn.
Obessus . pinguis.
45 Obeuntia . gignentia.
Obsculatio . uulneratio.
Obpanso . obiecto.
Oblatrat . murmurat.
Oblectare . increpare.
50 Obruit . sepelit.
Obnixe . perseuerant.
Obsitus . circum datus.
Obliteratum . obliuione . obscura-
tum
Obiit . moritur.
55 Obuiet . renitet . reluctat . resistit.
Obsit . inclusit.
Obseptus . circum . datus.
Obripuit . obstipuit.
Obstinata . mens . opposita.
60 Ob circum . propter . contra.
Obnexus . oppositus.
Obtendere.. anteponere.
Obruerat . obtexerat.
Obstruit . *fordytte. .
65 Obolus . minutus . nummus.
Obnixus . contradixit.
Oblituit latuit.
Obses . sequester.
Obpilat . cludit.
70 (45ᵃᵇ) Obtatis . desideratis.

Obserrat . claudit.
Obsessa . occupata.
Obstaculum . inpedimentum.
Obnectare . colligare.
75 Obtestatur . obiurat.
Obticuit . taouit.
Ob est . contrarium . est.
Obtinere . uincere.
Obstinat . opponit.
80 Obuibulare . concludere . uel cir-
cum dare.
Obstipum . oblicum.
Oblitterans . delens.
Obscines . corbi . auspicia . dantes
Oblimat . limpidat.
85 Obstinatus . desperatus.
Obstentat . indicat.
Obrepenter . direptice.
Obscuratio . matricis . uulneratio.
Oberatus . sub arratus . quasi . cir-
cum . fusus . pecunia.
90 Obtriit . peremit.
Ob esca . grestu[2].
Obrute . innise.
Obtegit . euenit.
Obsillagis . marsus.
95 Obiecte . *ongensette.
Obiectus . *uuit setnis.
Obruere . *oberuurecan[3].
Obstrusa . occulta.
Obsedatus . *gislhada.
100 Obturat . *folclaemid.
Obtutus . facies.
Oblicum . deangulo . in angulum .
ductio.
Obtinuit . *ofercuom.
(45ᵇᵃ) Obstes . contra stes.
105 Obiectionibus . *gestalum.
Obnoxius . *scyldig.
Obex . *ogengel.
Obicula . *geoc stecca.

O ccupauit . *onette.
110 Ocreis *baangeberg.
Occa *faelging.

---

[1] MS. cropunge, and *i* written above the line between *r* and *o*.

[2] Is this an A. S. word? . ·

[3] MS. oberurecan, and a second *u* added above the line by the corrector.

Occubuit. *gecrong.
Occiput. *hrecca.
Ocius. citius.
115 Occuluntur. ocultantur.
Oculus. quasi. ocior lux.
Occipit. incipit.
Occipitium . pars . posterior ca-
piter.
Occipiunt. incipiunt
120 Occusare. occurrere.
Ocursauis. ocurris.
Occulunt. ooultant.
Occabat. *egide.
Ocearium . *staeli.
125 Oceanum. mare . qui circumdat .
omnem terram.

O do. uia.
Odiosus. qui oditur.
Odiporicum . iter.
Odas. chordae.

130 O ethippia. coitum. matris.
Oephi polentae. farma[1]. de pisas.
Oephi . et batus . aequalia.

O ffendit. *moette.
Offecit. inpedit.
135 Offirmans. *claemende.
(45ᵇ) Officit. *perdit.
Offa. mursus.
Officio. opus actio.

O gastrum . *aeggimong[2].

140 O lfactoriola. uasa. insimilae.
Olor. *suon.
Olentes adorantes.
Ollita. ueterana,

Olimphum . caelum.
145 Olimpus. mons. in macedonia.
Olimat. limpidat.
Oligia . *nettae.
Olustri. olera.
Olgastrum . *aeggimong
150 Olfactum. umbraculum.
Olocausto.mata[3]. sacrificia.
Olor cicnus. *aelbitu.
Oleaster. genus. ligni.
Oliri . deleri.
155 Olim . *singale.
Olores. uolucres.
Olastrum . *staeb.

O monima[4]. quae uno . nomine
plures . res . significant.
Omelias. locutiones.
160 Omen. augorium.
Omina. angoria.
Omnimodo. *oeghpelceðinga.
Omena. signa.
Omitto. praeterio.
165 Omenstrum. angoria. modica.
Omentum. *maffa.
Omisa. praetermisa.
Omitta. aduoluta.
(46ᵃᵃ) Omasum. genus. carnis.
170 Omer[5] *hael.

O nix. gemma.
Onestus. grauatus.
Ontax . genus. marmoris.
Ontigometra. coturnix.
175 Onocratallus . *feolufer.
Onesiforus. lectum. ferens.
Onocentaurus . asino . permix-
tum.

O pifex. artifex.
Operi. occasi.

---

[1] So in MS. for farina.
[2] The first *g* is written on an erasure.
[3] The third *o* is an alteration from *a*.
[4] *mo* written on an erasure.
[5] The MS. has clearly omer (for omen).

180 Ope eins . suo . auxilio.
Opulentus . habundans.
Operepretium . necessarium.
Operiebamur . expectabamus.
Opima . optima.
185 Opido . ualde.
Opilauit . *forclaemde.
Operiunt . inueniunt.
Operientes . expectantes.
Optionarius . qui milituum[1] . ciui-
bus prae . est.
190 Opem . ausilium.
Oppida . municipia.
Opacum . nemorosum.
Opitulatio . adiutorium.
Opimus . opibus . plenum.
195 Operiens . expectans.
Opes . diuitiae . facultam.
Ope . studio.
Operior . speoto.
Opulentam . perpinguem.
200 Operis . pretium . laborum . pre-
tium.
Opimis . pinguibus.
Oppidum . castellum.
Opinio . fama.
Ops . terra
205 (46^{ab}) Opus . museum . carnes[2] .
musarum[2]
Oppilauit . clausit . *gegiscte.
Optio . dispensator . in militum .
stipendis.
Opinare . *resigan.
Opacum . aestiuum.
210 Oportunitatem . *gehydnis.
Opturantes . claudentes.
Opereplumario . *bisiudiperci.
Opus . balsami . sucus . balsami.
Opessulatis . elausis.
215 Opium . uenenum.
Opificium . ergasterium.
Opinatores . existimatores.
Opinax . manifestus . omnibus.

Opima . spolia . quae dux . detrahit[3].
220 Opansum . uelum . in scena . quod
undique pandat.
Oppilatae . *bis parrade.
Operosa . ingentia . certamina.
Oplere . obliuisci . ad plenum.

Origanum . *purmille.
225 Oridanum . *eolone.
Oraria . linteamina.
Ortodoxi . gloriosi.
Orcus . *orc.
Oresta . *ðres.
230 Oripilatio . *celipearte.
Orcus . *ðyrs . *heldiobul.
Ordinatissimam . *þagesettan.
Orbita . *hueolrád[4].
Ortus . natus.
235 Ordiar . incipiam.
Ortigomera . *edischen.
Orcistra . scena.
Orge . occide.
(46^{ba}) Orchi . testiculi.
240 Oratores . *spelbodan.
Oraculum . responsum . diuinitus.
Orbantur . orbanae . erant.
Ora . regione . fines.
Orsa . inchoata.
245 Orsus . locutus.
Ora . frons.
Ordo . equester . equitum . ordo.
Ornus . genus . ligni.
Orbatus . a fetibus destitutus
250 Origenaria . uernacula[5].
Orator . facundus.
Ordinatus . *gehaeplice.
Or . *onginnendi.
Orpleuit . conpleuit.
255 Orion . *eburðring.
Oraculum . ubi sordes . autiuntur.
Orbus . qui filios . non abet.

---

[1] MS. militum, and another u added above the line by the corrector.
[2] The Erfurt MS. has: carmen musorum.
[3] MS. detrait, and h added above the line.
[4] The MS. has accent over the a.
[5] MS. uernacla. and u added above the line, between c and l.

Origenari . uernaculi.
Oreae . frenae.
260 Orgea . misteria . bachi.
Ordo . equester . prosenatum.
Oroma . uisus . romane.
Orbia . sifan . utunda¹.
Orbita . strata.
265 Orto.grafia . discriptio . littera-
　　rum.
Ordinarius . milis . qui integro .
　　ordine . militat.
Orbitae . *last.

Oscillae . *totridan.
Ostrum . purpura.
270 Oscines . auspicia.
(46ᵇᵇ) Osci oś² . aperi . hoc est.
Oscitantes . *geongendi.
Ostentur . ostentio.
Ostium . ab obstando . dictum.
275 Osee . saluator.
Os ma . *suice.
Osanna . o domine saluifica popu-
　　lum . tuum.
Ostinat . desperat.
Ostriger . *bruunbeosu.
280 Ossan . nomen montis.
Otium . quies.
Ostia.exitus. fluminum . in mare.
Oscitauit . crasmauit.
Ostentum . monstrum.
285 Osurus . oditurus.
Ostentat . multo . ostendit.
Ostentare . demonstrare.
Osanna . genus . ligni.

Othus . semen mundi.
290 Otium . quies . securitas . uacua-
　　tus.

Otiosus . quietus.

Ouantes . gaudentes.

Ozasanga militum . calciamen-
　　ta.
294 Ozias . fortitudo . domini.

Patriarcha . princeps . patrum.
Patrimonium . *gestrion.
Parma . scutum.
Partim . *sumedaeli.
5 Palpitans . *brogdetende
Particulatim . *styccimelum.
Paludamentum . genus . uesti-
　　menti bellici . *haecile.
(47ᵃᵃ) Pantium . pantemplum³.
Patranit . perficit.
10 Patrocinium . *mundbyrd.
Parauimphus . *dryhtguma.
Palestra . *plaega.
Pastinare . *settan.
Palatina . *raecedlic.
15 Panice . ruseam.
Parcę . *pyrde.
Parius . genus Iapis . marmor.
Pangere . ordinare.
Parasceuen⁴ . cena prima.
20 Pabulatores . nutritores.
Parcas . *burgrune.
Pappus . lanugo cardui.
Pana . gericum . ceuairistias . lau-
　　dabilem . eruditionem.
Parochia . loca . adiacentia . eccle-
　　sia.
25 Pactio . coniuentio
Palantus . amo interfectus.
Parabsides . *ganutan.

¹ This gloss occurs in another glossary as *Orbia, siffarunda* (Mai *Class. Auctt.* VII.
572, who prints wrongly: *ʃiff*-). Cf. Loewe in *Acta Societ. Phil. Lips.*, ed. Ritschl,
VI. 363, who refers to the gloss in Placidus: "Orbia: genus quoddam escarum, quod
quidam Saturni orbiam vocant." He does not know, however, how to explain "siffa
rotunda." The Epinal Glossary has (17. e. 3): Orbia: sifanutunda. The Erfurt
Glossary (*Neue Jahrb. für Philologie*, 1847, p. 357): obia (for orbia): sifanutunda.

² MS. has an accent over the *s*.

³ See below F 48; the Erfurt MS. has: Pantium, templum pan.

⁴ MS. paresceuen, but first *e* marked for erasure, and *a* written above it.

Paralypemenon . reliquum . quod restat.

Paulatim . particulatim

30 Pater . patruns . sacerdos . uel praepositus . id est pater . foederum . conficicudorum.

Pandit . inquinat.

Palpare . blandere.

Paganicus . ut cultus.

Pacatus . pacem . tenens.

35 Pacificus . pacatus . factus.

Palearibus . *deadraegelum.

Patibulum . crux.

Pandit . aperit.

Pactum . conuentum.

40 Parui pendens . dispiciens.

(47ᵃᵇ) Parco . cupidus.

Palas . *scoble.

Paludamentum . parcitatem.

Pactiones . condiciones.

45 Paradoxan¹ . ammirabilis.

Paradoxa . ammirabilia².

Paradoxa . miracula . planos.

Pantheum . templum³

Pandum . flexum . corbum.

50 Pantocraton . omnipotens.

Parilis . aequalis⁴.

Parens . obsequens.

Pansis . extensis.

Palathi . massa . derecentibus uui.

55 Pastofolia . cellas . in gazofsilacio.

Parasiti . adolatores.

Pangit . coniungit.

Palathas . caricas.

Panis . colyre . panis quadrangulus.

60 Parta . adquisita.

Palteum . murum.

Parera . rapina.

Palantes . gaudentes.

Papilio . *fiffalde.

65 Parazonium . cingulum.

Pantominia . omnium . artium . inlusor.

Papula . *pearte.

Palantes . errantes.

Pampinus . *crous.

70 Papiliuus . *piolucscel.

Palingenesean . *edscaeft.

Palin . iteratum.

Paneta . *holoponne.

Paneta . *disc.

75 Palatum . apertum.

Paupilius . *scaldhulas.

(47ᵇᵃ) Panagericis . laudabilibus.

Parchedris . ministris.

Pastoforia . modica . domus.

80 Paradoxon . admirabile.

Panagericum . licensiosum . et lasciuiosum . genus . dicendi.

Papula . *spryng.

Panto . laus.

Patratum . finitum.

85 Pandis . *geapum.

Paciscitur . pactum . pacis . facit.

Palladium . simulacrum.

Parabula . similitudo.

Palladis . minerua.

90 Participat . multis . commonicat.

Palestra . luctatoria.

Parumper . paulisper.

Patrate . perfecte.

Patruus . *faedra.

95 Patruelis . *faedran . sunu.

Parumper . satis modice.

Patulum . patentem⁵.

Participat⁶ . inpertit.

Pars est constat.

100 Paulus . requies.

Pansum . apertum.

Pascha . passio.

Palumba . columba

Patruelis . *geaduling.

105 Palniatus . coronatus . lauriatus.

---

¹ MS. parodoxan, but first o altered into a.

² Added above the line by corrector.

³ See above F 8.

⁴ The e added above the line.

⁵ MS. potentem, but o altered into a.

⁶ There is an erasure between the second p and second a.

Patera . pocula . calicis.
Paxillum . palum . *naegl.
Paraclitum¹ . consolatorium.
Parascene . praeparatio.
110 Panpila . *pibl.
Pacin . iterata.
Palenothian . iteratum . carmen.
Panuculum . *uuefl.
(47ᵇᵇ) Parsimonia . frugalitas.
115 Parsimonia . penuria.
Paludamentum . uestimentum .
  belli . ut toga.
Palagra . *ecilma.
Pascsos . *geroscade.
Pagus est possessio . ampla.
120 Panto . cranto . omnium.
Paturia . theo . depotentia . dei.
Pastinaca . *palhmore.
Papirum² . *eorisc.
Pangebant . *faedun.
125 Parasiter . socii.
Palla . *rift.
Paralisin . dissolutio . omnium .
  membrorum.
Parula . *mase.
Papilio . *buter . flege.
130 Paliurus . *sinfulle.
Pauo . *pauua.
Par similis.
Pauit . tundit.
Passus . *faeðm . uel *toegen .
  stridi.
135 Palmis . pars . uitis unde . uua .
  .nascitur.
Palumbes . *cuscote.
Pastellus . *bunig aeppel.
Pugula . frena.
Patrici . senato res.
140 Palismate . locus . lucte.
Pathos . morbus.

Pauculus . paucissimus.
Pactus³ . modicestrabus.
Patrissat . patri . similis . sit.
145 Pansa . *scaffoot⁴.
Panther . genus quadrupedum.
Panibus⁵ . sol.
Parcra . rapina.
Paluster . locus . ubi sunt . pa-
  ludes.
150 (48ᵃᵃ) Paranymphus . *dryht-
  guma.
Palendicion . iteratum . iudicium.
Parumper . *huonhlotum.
Pangit . coronat . carminat . iun-
  git
Pare . facta.
155 Panthera . rete . aucupale.
Parazonium . genus . teli macedo-
  nici.
Palestra . agmina.
Paruata . cupidus.
Parasitali . bucelatori.
160 Patera . fiola⁶.
Pan . incibus
Pagimemoriem . sine idolis.
Pares . conscripti . senatores.
Pagus . conlegium . curiae.
165 Parmo. copula medicamenti⁷. uen-
  ditor.
Papauer . *popei.
Parentalia . dies festi . pagano-
  · rum.
Pipilio . animal . quo modo . apes
  tenues . quas . dicunt . anim .
  tua.
Paranimpha . pronuba.
170 Partitudines . partu.
Patalogia . ratio . passionis.
Papillae . manimae⁸.
Paxillum . nomen . mensurae.

---

¹ The i is an alteration from some other letter, which seems to have been e.
² MS. ppirum, and a added above the line.
³ So in MS. for paetus; cf. below P 291.
⁴ MS. scaffot, and a second o added above the line.
⁵ It is possible to read paribus.
⁶ This word appears as A. S. in Wülcker's Vocabularies, i., col. 37, No. 40. But it is Latin, see Hildebrand, Glossarium p. 233 (No. 67).
⁷ The first c has been added above the line, by the corrector.
⁸ So distinctly in MS. for mammae.

Papirio . auis q*uae* . numqnam .
   creuit.
175 Pariter . *golice.
   Paruca . *hicae.
   Palpantum . *olectendra.
   Palmula . *steorroðor.
   Parricidio . *megcualin.
180 Paciscitur . *geðingadon.
   (48ab) Paruisse . obedisse.
   Palagdrigus . *ecilmehti.
   Pantigatum . *uuduhona.
   Palina . *hran.
185 Paleae . *aegnan.
   Pabulatores . *borshiordas[1].
   Passim . *styccimelum.
   Partiea . *reodnaesc.

Perstrenue . *fromlice.
190 Pedisequa . *ðignen.
   Perpessum . est . *aðrotenis.
   Pellax . fallax.
   Perculsus . permotus.
   Perculsa . percussa.
195 Peripgocias . depaupertate.
   Perteszoes . teoricas . de hac uita .
      contemplatiua.
   Periodoias . contextus . circutus
   Pertes oratorias . toyty . de po-
      tentia . dei
   Peridoyn . actus . pauli.
200 Peridoy cratorosas . porias . de
      experientia dei.
   Pestiferum . putridum.
   Perfidia . *treuleasnis.
   Percommoda . matutinos . *sua-
      cenlic . *morgenlic.
   Percrebuit . *merepearð
205 Perduellium . *þorh gefeht.
   Pellexerat . deciperat.
   Perseudoterum . *ðorhludgæt.
   Percitus . *hraed.
   Pelices . *cebise.
210 Penduloso . *haldi.
   Permixtum . *gemengetlic.

(48ba) Pertinaciter . *anuuillice.
   Pessum . *spilth.
   Percita . concita.
215 Petisse . *solite.
   Pernix . uelox.
   Peranticipationem . *ðorh obst.
   Perduellium . bellum . di*citur*.
   Petulci . petulantes.
220 Pessum . pessimum.
   Pellace . fallace.
   Perfungit . plus utitur.
   Perossum . odiosum.
   Peplum . stola.
225 Pericope . uisione.
   Petulans . lasciuus.
   Perniciter . uelociter.
   Penates . dii domestici.
   Pernis . pellones[2] . *ðorhbyrgeras
230 Peniculo . spongio.
   Perosus . qui odit.
   Perpendiculum . *colðred.
   Percensit . considerat.
   Perifgetosias . actus . quidam.
235 Pericapis . lectio.
   Periddon . contextum.
   Peritesyon . de hac uita.
   Perperam . uitiose.
   Perhironiam . *ðorh hosp.
240 Petalum . lamina . aurea . in fronte.
      in qua . scriptum nomen dei . te-
      tragrammaton.
   Perizomata . minores . bragas.
   Perepero cenes . de adiectione.
   Per flictio . corpus . afrigore . per-
      functum.
   Petigo . *teter.
245 Peculatus . furatus.
   (48bb) Penula . lacerna . in mo-
      dum . cucullæ.
   Per crepidinem . perascensum.
   Pensiculatores . libratores.
   Peribulus[3] . in circuitu . domus.
250 Perna . *flicci.
   Per agrat . circuit.
   Penix . gen*us* . aquilae.

---

[1] MS. horshirdas, and second *o* added above the line between *i* and *r*.
[2] The word is so divided in the MS.
[3] MS. peribus, and *lu* added above the line.

Pedo . *uel* paturum . *feotur.
Perplexus . inuolutus.
255 Petilius . quis prae.
Perinde . itaqu*e* deinde.
Pectit . percinit.
Perspectans . intuens
Pessulum . seram . uecti*s* ferrei.
260 Pedum . baculu*m* . in curruum .
    que*m* pastores . gestant.
Pensio . pretiu*m* . persolutio.
Perficaciter . contumaciter.
Pernicitas . felocitas.
Perpendiculum . *pundur.
265 Perende[1] . post . cras
Perspicuum . clarum . lucidu*m* .
    manifestu*m*.
Perplexa . perligata.
Pedagogum . eruditoriu*m* . puero-
    rum.
Pedore . scualore.
270 Perfunctis . trans . acti*s*.
Pellexit . in fraudem . induxit.
Peruium . q*uod* pertransitur.
Per nox . peruigilans.
Pellax . dolosus.
275 Pedor . reoru*m*[2].
Pelltaria . pellis quae . amento .
    bobis . pendent.
Perpera . erratica.
Perfundit*ur* inrigatur.
Perniciosum . exitiabilem.
280 Perlustrat . percurritur.
    (49ᵃᵃ) Per horam . nonem . per[3]
    nonem[3].

Persequere . percurre.
Persudum . perserenu*m*.
Perculit . pugit.
285 Penuria . *peðl.
Pertinacius . uiolentius.
Percellitur . *bið slaegen.
Perduellis . hostis.
Pensum . lauae . opus.
290 Per exiguum . ualdeparuu*m*.
Petus . modice . strabus.
Peruicax . intentiosus.
Perduit . luit . solnit.
Pensationes . tributa.
295 Peruicacia . contumacia.
Perlata[4] . tollerata.
Penus . res[5] pudenda[5].
Perendie . super duas . noctes
Perifrasticus . circumlocut*io*.
300 Perhiodas . sententias.
Perstromata . pertegmina.
Perorans[6] . adloquens.
Perscelides . armillas . inpedib*us*
Percensuit . numerauit.
305 Peruicax . *ðroehtig[7].
Pero . *himming.
Pessum . *clifhlep.
Pendens . sollicitus.
Peculium . patrimonium . aput .
    ueteres.
310 Penitus . longe.
Pessul . *haeca[6].
Peducla . *luus.
Patrafocaria[9] . *flint.
Pendulus . *ridusende.

---

[1] So in MS., but a later hand has added *i* between *d* and *e* in different ink.

[2] reorum is underlined in Prof. Zupitza's transcript, and appears, consequently, as A. S. in Prof. Wülcker's *Vocabularies* (p. 38, n. 37), where it is, moreover, suggested that *reorum = reorung*, and means *mussitatio*. But this is very unlikely, as pedor, = paedor, means nastiness, filth, stench, and would, therefore, not have been explained by a word meaning a suppression of the voice, silence. The gloss probably answers to that in the Erfurt MS.: pedora, aurium sordes; see *Neue Jahrbücher für Philologie*, 13ᵉʳ Supplementbd. (1847) p. 366, No. 71; and below F 353.

[3] MS. joins these two words.

[4] MS. pelata, and *r* added above the line, between the *e* and *l*.

[5] Both e's are accented in the MS., but apparently by a later hand and in different ink.

[6] The *o* has been added above the line. [7] MS. ʒrohtig, and *e* added above the *o*.

[8] MS. haca, and *e* added above the first *a*.

[9] A later hand has marked the first a for erasure, added *e* above it, and written "id *est* silex" after the word.

315 Pella . *sadulfelge.
(49ᵃᵇ) Penum . cellarium.
Pean . laus . appollones.
Permulserit . placuerit
Pecten . *camb.
320 Percellit . ferit.
Pecu . pecus . apecude.
Perperam . praue.
Perperimus . tolleramus.
Perfectum perlatum.
325 Pepigere . pactum facere.
Petulans . temerarius.
Peculator . qui pecuniam . pupli-
cam . rapit.
Perpera malum.
Percellitur . *slaegen.
330 Periscelidus . crurum . ornatus.
Pestinuntium . qui pestem nun-
tiat.
Pegnius . lucus . lusorius.
Pecunia . armenta.
Pes . *fot.
335 Perfunctoriae . imaginarie.
Perstant . *tioludun.
Persoluio . *ic ðrouuio.
Penetralia . secreta.
Peculatus . furtum . puplicum.
340 Peditemtim . paulatim.
Petulans . *praene.
Pelagicus . piscis.
Peticius . qui amat . petere . ali-
quid.

Pergenuat[1] . genibus . pergit.
345 Persolla . persona . minor.
Pecuarius . armentarius.
Pedatum . career.
Penticotarchus . quinquagena-
rius.
Pesuma . confracta.
350 Percatapsat . ualde . decidit.
(49ᵇˢ) Penis . natura . pudenda . ui-
rilia.
Pedor . odor[2] granis.
Pedor . aurium . sordes.
Peripi . tegi . genus . philosophiae.
355 Polex . riualis . succuba.
Perpendit . *aehtað.
Perstromata . ornamenta . steba[3].
Pendulus . *ohældi.
Peplum . mafortem.
360 Pelenum . uehiculum.
Penates . domicilia . sacra.
Pelept . sine filiis.
Penetissima . interiora.
Pegaso . roma . iacularis[4].
365 Pentomen . circusio.
Pere . prope.
Persictius . qui frequenter ali-
quid . patitur.
Perfidus . qui semel . plangit
fidem.
Perfidiosus . qui semper
370 Pessum . praeceps.
Pellis . *fel.

---

[1] MS. pergeuat, with n added above the line.

[2] Written over an erasure.

[3] This word appears as A. S. in Wülcker's *Vocabularies*, ı. 39, No. 14; likewise in Mr Henry Sweet's *Oldest English Texts*, p. 87, No. 1571.   The latter, moreover, inserts from the Epinal and Erfurt Glossaries the following two glosses (*ibid.* p. 90, No. 837): "Perstromata, ornamenta : *stefad brun—staefad brum*," and, taking *steba, stefad brun* and *staefad brum* as A. S. words, he explains them on p. 463: "Stafod, adj. (part.), striped"; and on p. 636: "brūn, subst. neut., cloth." So that, according to Mr Henry Sweet, perstromata would here be explained as "ornaments, A. S. striped cloth." But *steba* in the Corpus MS. is a remnant, and *stefad brum* (not brun as Mr Sweet gives) in the Epinal, and *staefad brum* in the Erfurt MS., are corruptions, of *stebadiorum* (*stefadiorum*), the gen. plnr. of *stibadium*, a bed or couch. Hence the gloss means *peristromata, ornamenta stibadiorum*.   See Loewe, *Prodromus*, p. 347.

[4] The Erfurt MS. has : pesago, homo iacularis; see *Neue Jahrbücher für Philologie*, 13ᵉʳ Supplementbd., 1847, p. 365 (28).

Pelicem. concubinam.
Pernitidis. ualdenitidis.
Perpes . * hraed.
375 Petuita. * sped.
Pectica . * slahae.
Perdix. anis. quaedam.
Perpetem. perpetuum.

Phalanx . par . exercitus . ita
  utlegio
380 Philosophus . * uðuuta.
Philologus. rationis. amatores.
Philozeni. amare . domorum.
Phisillos. * leceas.
Phanicem. roseum.
385 (49ᵇᵇ) Philactaria . carmina . uel
  x. praecepta. legis.
Phitecus. *apa.
Philippeos. solidos.
Phebe. sol.
Philocompos. amator. iactantiae.
390 Pharizaei. generatio.

Piraticam . * picinc sceaðan.
Pilaris. qui cum hasta. pugnat.
Pindere. pilo. tundere.
Pittacium . modicum . membra-
  num
395 Pinso. tundo.
Pinnaculum . quicquid . prae-
  eminet.
Pistilia. capitella.
Pituita . * gebrec.
Piget. pudet.
400 Picesaeuo.*un amaelte.smeoruue.
Piaculare. criminare.
Pistrix. belua . marina.
Piaculum . rei piae. uiolatio.
Pieris. musa.
405 Pisticum. nardum.
Piare . placare.
Pingit. * faehit.
Pistrimum . * cofa.
Pisema. specular.

410 Pila. * thothr.
Pittacium .*osperi¹. *chit. *cleot.
Pila. arma cum quo tunditur.
Pinax. dignitas.
Pisum . * piosan.
415 Pistrilla. *cofincel.
Pila. hasta . romana.
Pillentes . * here.
Pirus . * pirge.
Pinna. propugnacula.
420 Pinus. * furhpudu.
Pictus. acu.* mið nethle.asiopid.
Pipant. resonant.
Pimelea . cura.
Pious . * higre. *fina.
425 (50ᵃᵃ) Pix picis. * pic.
Piaculum. culpa quae. intemplis.
  uel sepulchris committitur.
Pithi . poetici.
Pithon . consulere.
Pisici. animositas.
430 Pinam . acutam.
Pithi . petigi.
Pieridae. quasi. laptucae.
Pithagoreus² nomen auris.
Piratus. sceleratus.
435 Pinna . extrimitas . cuius.libet .
  rei.
Pililia . ala.
Pilus . * her.
Piceca . * neb.
Piscis . * fisc.
440 Pistillus . *gnidil.

Plectere . ponire.
Plectitur . decolatur.
Plaudit. fauet.
Plausus . fauor.
445 Plausibilis . res fauores.
Plaustra . carra.
Placidos . qui hominibus . placet.
Plebs urbana. populus . romanus.
Plunas. *plumtreu.
450 Pluueius . sine dignitate. homo.
Pliadas . *sibunsterri.

¹ Is this an A. S. word? The MS. seems to divide: os peri.
² MS. pithagoreos, but second o marked for erasure and u written above it.

Pludit . plaudit.
Plomonion . rationem.
Plectator . uindicator.
455 Plexus . percussus.
Plumum . *plumae.
Placentas . dulciamina.
Pliosperus . lux . lucis.
Plastes . conpositor.
460 Plagella . plagas . dominum.
Plastica . creatura.
(50ᵃᵇ) Plantago . *uuegbrade.
Plumario . in similitudinem .
   plumae.
Platisa . *flooc.
465 Plectra . *auunden.
Platonisideas . species.
Plataria . *setin.
Plusculum . plusquam . oportet.
Pluris . fortioribus.
470 Plantis . anribus . magnis.
Plautus . gracili . corpore.
Plausus . risus . stultorum.
Plectrum . astella . citharae.
Plus minus . *ymbðæt.
475 Plastrograuis . falsis . scriptis.
Plagarius . mancipiorum . uel pe-
   codum . alienorum . distractor.
Pleuicola . amansciues.
Plebs . scitat . plebs . inrogat.
Plaudet . manibus . sonum . facit.
480 Plebescat . plebem . adloquitur.
Plaustrum . in similitudine . aroæ .
   rotas . habens . intus . et ipsae .
   dentes . babent . qui rostra .
   dicuntur . in quibus . frangent.
   spicas.

Portitorum . arma . lixarum.
Portitores . aquae.
Portior . fruor.
485 Ponebus . sol.
Posthabetam . post . possessam.
Pollimus . utimur.
Poema . carmen . quod . poetae
   scribunt
Poena . cartago.

490 Portendit . futura . significat.
(50ᵇᵃ) Posteritas . propagatio filio-
   rum . nepotum.
Portenderent . significarent.
Posthabeto . neglecto.
Politica . demonstrator.
495 Portarum . indumenta . corie .
   quibus . portae . sunt . indutae.
Pomerium . spatium . circa .
   muros.
Polenta . *smeodoma.
Porfyrionis . pellicanus.
Podorem . tonicam . talerem.
500 Posticia . modica . ianua.
Poalauentium . folles . fabrorum.
Petria . poeta . femina.
Posítisculo . malleo.
Postena *boga.
505 Poliendos . lapides . mundandos.
Portio . *hlyte.
Populus . *birce.
Popa . tabernarius.
Poema . conpositio . uersuum.
510 Polionima . multi nomina . unam .
   rem . significantia¹.
Po litis² . *smoeðum.
Pollinctor . sepeliens.
Portentum . *scin.
Pocillus . genus . panis.
515 Pilimita . *hringfaag.
Post partum . foeta dicitur.
Porfyrio . *feolufer.
Pone . iuxta.
Porcopiscis . *styrga.
520 Porcaster . *foor.
Politum . limatum.
Pollere . crescere.
Potissimum . meliorem.
Potitarum . consecutarum.
525 (50ᵇᵇ) Potiora . meliora.
Polus . orbs.
Portendit . promittit.
Populatus . expoliatus.
Pollens . potens.
530 Polla . fusca.
Postcrastinat . differt.
Potitur . obtinet.

¹ The second n has been added above the line.
² One letter erased between the o and l.

Postumus . post obitum . patris . natus.

535 Pote . forsitan[1].

Portendit . significat.

Porcellus . *faerh.

Pollux . *ðuma.

Poleo . *scaebe.

540 Pollinis . *gruiit.

Pollis . *grytt.

Popauer . *popæg.

Postliminium . qui post . captiui-tatem . reuersus . iuraque ami-serat . recipiet.

Post tridie . eras.

545 Pocerus . ornatus.

Polum . caelum.

Postrum . genus . uehiculi.

Porgere . crescit . ubi erat.

Pollemma . musica . uii.

550 Polius . iurandum . perpolicem[2].

Pollens . eminens . ubique

Poplites . suffragines.

Popellus . populus . diminutiuum.

Polumnum . locum . sacrum.

555 Postulaticius . ille . qui postulatur

Pontiae . aquae.

Pone . post.

Polippus . genus . piscis.

Posthumus . *unlab.

560 Potiebatur . utebatur.

Politissimis . iacintinis.

Polentum . *fahame.

Pons . *bryeg.

(51ªª) Propter . iuxta.

565 Praeuideo . prescio.

Prosomean . narrationem.

Proteseon . dispositionum.

Prosefanesin . ostendit.

Promaean . narrationem.

570 Praemiserit . protulerit.

Procax . *huuæl.

Probum . *seuuin[3].

Protertum . tergant.

Proles . filia . fiius[4].

575 Priuilegium . lex priuata . uel propria praesumtio.

Praeses . indices.

Praecordia . intima . in quibus cor.

Praestulatur . obseruat.

Praenimi . ualido . multo.

580 Profugus . depatria . pulsus.

Propugnaculum . turris.

Propalam . ualdepalam.

Prodigus . pro . fusus . largus.

Praeconium . praedicatio.

585 Procax . inprofidus.

Praesagium . signum.

Praesaga . praediuina.

Protuplaustum . primus . figu-ratum.

Profiteor . prosequor.

590 Praeripit . anterapit.

Promeon . orationum.

Procuratio . *sciir.

Promsit . protulerit.

Promulserit . *liðercade.

595 Profusis . *genyhtfullum.

Promulgarunt . *scribun.

Prouehit . *gefremið

Procaptu . *fenge.

(51ªᵇ) Promaritina . *saegeseotu.

600 Praetextatus . *gegeruuid.

Praedoctis . ante doctis.

Proconsul[5] . minus . consule.

Propropera . *fraehraeðe.

Priuigna . *nift.

605 Prae . ualde.

Proscripsit . *faerred.

Propensior . *tylg.

Pro . ante.

Profligatis . *forslaegenum.

610 Prae rupta . *staegilre.

Probus *ferht.

Proterunt . *tredun.

Proterentem . *naetendne.

---

[1] By some wrong numbering there is no gloss 534.

[2] This gloss is distinctly so divided in MS.

[3] Is this an A. S. word? Or can it be for seuum = saevum?

[4] So in MS. for filius.

[5] MS. proconsol, but the third o marked for erasure, and u written over it

Propalatum . manifestatum.

615 Propostulata . propulsa.

Praefectae . *frodre.

Profecta . *gefremid.

Protelata . prolongata.

Prometheus . aprouidentia . dictus.

620 Praetor . in cuius . domo . iudioium . iudicatur.

Praedarius . auxilians.

Praetorium . domus . iudicaria.

Profligit . collegit.

Prosepion . narrationem.

625 Prohemium . praefatio.

Prouerbium . similitudo.

Prydanis . prudentia.

Promiserit . protulerit.

Praecipitat . *ascufið

630 Praecipita . *afael.

Praefaricator . *reccileas.

Praestantior . *frómra.

Praestolare . expectare.

(51ᵇᵃ) Praesidium . *spoed.

635 Procerum longum.

Praestante . *fremmendum.

Profligatis . transactis.

Promontaria . montes . maris.

Prodigunt . prorogunt.

640 Probe . satis bene.

Prostibula . meretrix . quae prostrauit.

Prostibulum . meretriciae . commixtiones . usus.

Proritat . prouocat.

Prostituta . meretrix . puplica.

645 Probrosa . turpia.

Praepites . alites.

Pronus . innixus.

Proceritas . magnitudo.

Praecipites . urgentes.

650 Praeruptus . diuisus.

Praelibaret . praegustaret.

Prinetose . angelus . necet te angelus¹.

Propicon . moralium².

Proteri . *brecan.

655 Pragmatica . principalis.

Prosa . praefatio.

Procerus . excelsus.

Pragmatica . negotiatio.

Practica . rationalis.

660 Proelium³ . quod in nauibus . agitur . pugnis . etuerbis.

Procrastinat . differt . in alium . diem.

Prexeos . inopiae.

Praedes . fideiusores.

Prosator . genitor.

665 Praetoriola . domuncula . in naue.

Praxinus . uiridus . color . uel *aesc.

Prosapia . *obcniorisse.

Presetuas . *byrga.

Pruina . *brim.

670 Pretersorim . *paad.

(51ᵇᵇ) Proauus . tertius . pater.

Prifeta . *ðriuuintra steor.

Proscenia . parstheatri.

Praetextatus . genus officii.

675 Prifignus . *nefa.

Proeus . sponsus.

Prifignus . antenatus.

Praetor . praefectus.

Profanat . uiolat.

680 Proplesma . propositio.

Praestigium . quod praestringat . aciem . oculorum.

Praxeon . actionum.

Prospicit . longeaspicit.

Prora . prima . pars . nauis.

685 Problesma . similitudo.

Prouehitur . *fremid.

Praesules . qui praesunt.

Prunas *gloede.

Prostibula . Ioca . in quibus . sunt . meretrices.

690 Prostibulum . domus . fornicaria.

Proculum . abhominatio.

Prurigo . *gycenis.

Pragma . causa.

---

¹ See C 884.

² MS. morium, and al added above the line.

³ It seems that the scribe first wrote praelium; but the a has been altered into o.

Promatum . lectorum.
695 Praeputii . testi.
Propensior . quod in pensa . plus . trahit.
Praestrigium . deceptio . magica.
Prosa . communis . locutio.
Promuscidis . quasi . anguila . unde manus . bestiae . dicitur.
700 Pronus * nihold.
Pronuba . * heorðsuaepe.
Prodimur . * birednae.
Praeuertitur . praeuenit.
Prinionis . ungulis . scabiosis.
705 Priscelli . feminarum . crurum . ornamenta.
Proflicta . * forslaegen.
Praeuentus . * spoed.
Prunus . * plumę.
Prex . precis . deprecatio.
710 Progna . *suualuue¹.
(52ᵃᵃ) Princeps . quasi . prima . capiens.
Proculus . qui nascitur cum pater eius . longe est.
Praestulit . plus quam . oportet.
Praediarius . auxilium . praebens.
715 Prancatarius².
Praemulcit . plus . lenit.
Praeses . fide . iusores . et nadis.
Procubuit . cecidit.
Propter . iuxta.
720 Praetum . occupatum.
Prostat . antestat.
Praecipitat . festinat.
Pruina . rigor . insanus.
Procax . uerbosus.
725 Profecto . res certa.
Praecellerat . antecidet.
Proci . legati . matrimoniorum.
Promulgit . praedicat.
Praestigium . ad praestigatores.

730 Praeceps . obruptus.
Praestigia . fallacia.
Probitas . sanctitas . legis.
Praesedit . proagit . defendit.
Praestigia . fallacia.
735 Praestat . melius . est.
Promunt . proferunt.
Prominet . exaltat.
Profusus . humanns.
Praesorium . *pund.
740 Praelati . nobilis.
Prorostris . *haehsedlum.
Procreauit . genuit.
Praesto . est praesens est.
Praedium . uilla.
745 Prohemium . praefatio.
Procacitas . iniuria.
Prodigus . dissipator . substantiae.
Promulcet . Iegem . profert.
Profana . maculata.
750 (52ᵃᵇ) Praesepta . circumdata.
Praerogans . ante . inpendenis.
Praesidium . auxilium.
Prodigium . monstrum.
Prodigus . perditus . in feminis.
755 Praemulgarit . inpraessit.
Prouocatus . impeditus.
Praeposterum . iniquum.
Primores³ . primari.
Profectus . proficiens.
760 Probrat . criminat.
Promtior . paratior.
Priuor . fraudor.
Prolixa . longa.
Promulgare . antedicere.
765 Praetenta . anteposita.
Profectus . grandeuus.
Praeconio . laude.
Praelecto . extenso.
Procliuius . in clinatus.
770 Praestantis . excellentes⁴.
Probrosus . criminosis.

¹ The second u has been added above the line.
² The interpretation is wanting here. The Erfurt MS. has: prancatrius, praemulcit plus lenit (*Neue Jahrbücher für Philologie*, 13ᵉʳ Supplementbd., 1847, p. 363 (No. 17). The Epinal Glossary has: Prancatarius, permulcit plus lenit. See below 849, and cf. G. F. Hildebrand, *Glossarium Latinum*, p. 246, No. 348.
³ MS. primoris, but second i altered to e.
⁴ MS. excellentes, and i written above the last e.

Propensior . qui incubuit . ad per-
gendum . uel male . uel bene.
Promodula . promensura.
Progeniem . posteritatem.
775 Prolem . generationem.
Prosequitur . loquitur.
Promiscuis . diuersis.
Protendit . ostendit.
Probi . probati.
780 Problesmata . prouisa.
Probatum . antedictum.
Promamus . dicamus.
Protextere . conperire.
Prouentus . euentos . bonos.
785 Prolatum . datum.
Premit . deserit.
Probus . bonos . mores . habens.
(52ᵇⁿ) Pridem . antea.
Pridie . heri.
790 Profligauit . erogauit.
Propago . origo.
Pruelecto . extento.
Pronefa . pluribus . nerbis.
Productalem . strumentum . in-
fantium . in scolis.
795 Prosa . oratorum dicta.
Priapus . deus oratorum.
Praeficat . praepouat.
Praesetulit . laudauit se.
Praemetulit . ualdeme laudauit.
800 Pro niri . portioue . quis . prose.
Propturia . ciuilia.
Promturium . eminens . locus .
in mare.
Procanas . ornatos . aedificiorum.
Promtuarius . ubi sunt . omnia .
nenalia.
805 Praeceps . *trondendi.
Proci . petitores . uxorum.
Proxineta . ante . ambula.
Primi . uirgius . caballarus.
Pretienormis . praeter . regulam.
810 Praetores . honores . secundi . a¹
consulibus.
Prumtuarium . cellarium.
Priuilegarius . qui utitur . priui-
legio.

Praestrigiae . doli insidiae.
Probrum . crimen . est.
815 Prolibor . immolor.
Propedien . cito.
Procus . *brydguma.
Praelata . tollerata.
Praeceps . temerarius.
820 Praestans . optimus.
Prodigus . *stryndere.
Praesumtio . *forenyme.
(52ᵇᵇ) Praerogatiua . gratia . prae-
misa.
Prumsit . locutus est.
825 Propugnaculum . *briost . biorg.
Proueho . *fyrðru.
Proceres . *geroefan.
Friscos . antiquos.
Propero . *hraeðe.
830 Profligetur . perficitur.
Propalantibus . demonstrantibus.
Praetersorium . *paad.
Propagare . originem . extendere.
Profusus suntuosus.

Pseodo . epigrapha . falsa .
835 super . scripta.
Psalterium . laus.
Psadepa . airafa . incerta . et de-
octana . egregium.
Psychi . ezodo . anima . exitus.
Psallia . cantatrix.

Ptoceos . inopię.
840 Ptysones . *berecorn . beorende.

Puplicare . conponere.
Putamina . *hnyglan.
Pudor . *scomo.
845 Pulla . nigra.
Pugillum . pugnum.
Pugionibus . glaunis².
Pugillares . tabulae.
Pugit . prancatiarius³.
850 Puplicum . uectigalea.

¹ MS. joins the *a* to the next word.
² So in MS. for gladiis?
³ See above 715.

Puluinar . templum.
Pulpita . saltus.
Pugit . certatur.
Pubetemis . media . pars . corpo-
ris . deorsum.
855 Puerpera . puella.
Pupulat . germinat.
(53ᵃᵃ) Pubertas . iuuentus . tene-
ra . legitima tamen.
Pubes. iuuenis . legitimos . pilos .
habens.
Puluinaria . loca . sancta.
860 Puppis . posterior . parsnauis.
Pusillos . medicos.
Puerperium . infans . in utero
formatus[1].
Pubis . puer . iuuenis . sine.
Pugiles . qui feriunt.
865 Puncto . *cosp[2].
Puluinar . lectum . diuitum . un-
de . pulluillum.
Pulenta . *briig
Pustula . *oncgseta.
Pus . *uuorm.
870 Puplicani . qui puplicam . rem.
faciunt . non a peccando[3].
Pulix . *fleh.
Pigilis . gladiator.
Pugio . mucro.
Pullentum . *fahame.
875 Puntus . *brond.
Pube[4] . uirilia.
Pulleium . *duergedostle.
Puerperium . aetas pueri.
Puberat . crescit.
880 Pumerium . spatium . quod circa
muros est.
Pusio . primus nato.

Pullatas . inuestenigra.
Pudibundem . pudentem.
Pullantes . turgentes.
885 Punicam . cartaginensem.
Pullus . *brid.
Pulla . *blaco.

Pyrgras . turris[5].
889 Pyramides . sepulchra . antiquo-
rum[5]

Quatenus . quaratione.
Quantulum . modicumque.
Quam uis . scilicet.
Qua uis . qualibet.
5 Quatere . commouere.
Quaque quaedam.
(53ᵃᵇ) Quaeremonus. granis . que-
rella.
Quaerelus . frequenter . in quae-
rella.
Quanquam . licet.
10 Quasdam . aliquas.
Quaestuor . lucra.
Qualus . *mand.
Quaestus[6] . est . accussauit.
Quaestor . quaesitor.
15 Quadrans. quarta . pars . nummi.
Quadripertitum . *cocunung.
Quacumque . *suae suiðe.
Quantisper . *suae suiðe.
Quaternio . *quatern.
20 Quasum . quomodo.
Quaque quędam.
Quasilum . diminutiuae
Quassat . uexat.

[1] The u has been added above the line.

[2] The Erfurt MS. has: Puncto, foramine in quo pedes viuctorium tenetur in ligno
cubitalis spacio interiecto id est cosp (*Neue Jahrbücher für Philologie*, 13ᶜʳ Supplementbd., 1847, p. 360, No. 43). See also the Epinal Glossary, 19. a. 3.

[3] See Hildebrand's *Glossarium*, p. 252 (No. 515).

[4] So in MS., with the usual sign of contraction for *rae* above the P. The Erfurt MS.
has Puba.

[5] The glosses 888 and 889 are added at the foot of the column, with the usual h
before them, which corresponds to a ð prefixed to the glosses 886 and 887.

[6] MS. quastus, and *e* added above the line between *a* and *s*.

Quatitur . *concutitur.*
25 Quantocius . uelocius[1].
Quanam . aliquam.
Quadrare . *geeblicadun.
Quęstores . *praefecti.*
Quaeremonis . granis . quaerela.
30 Quaestiosius . *pretiosius.*
Quaeritat . clamat.
Quaestiosus . lucrosus.
Quaerulus. requirens. frequenter.
Quaesita . pristina.
35 Quaerulus . garrulus.
Quaeremoniae . accussationes.
Quaestio . examinatio.
Quaestorio. qui questo . cor[poris]
niu[it][2]

Quin quid . quisque unus .
q...
40 Quispiam . quis...
Quidpiam . qu...
(53[ba]) Quinici . philosophi . aca-
nibus . uitam . ducentes.
Quin . sed . tamen.
Quin . etiam . *aecðon.
45 Quis . quiliae . *aegnan.
Quinquod . quis quod.
Quiuit . potuit.
Qui neodem[3] . qui non eodem.
Quinque folium . *hraefnesfoot.
50 Quinque neruia . *lecipyrt.
Quippe . immo statim.
Quin . praeterea.
Quintilis . iulius.
Quirites . ciues . romani
55 Quid quod.
Quin nimmo ; magis . uideo.
Quid . quare.
Quid ni . quod ne.
Quis . quilius . stercora.

60 Quippe . maxime.
Quin . qui non.
Quietudo . pax . securitas.
Quippiam . modicumque
Quies . cessatio.
65 Qui nos . canes.
Quiquennalis[4] . ut magistratus.
Quinquennalitas. ipsa. temporis .
aetas.
Quis . potes.
Quid porro . quid . deinde.
70 Quintus . *giululing.
Quisquilia . surculus . modicus.
Quis quibus.
Quidque quicumque

Quo cumque modo . *ge-
bpeloi pega.
75 Quo quo modo . *aengeþinga.
Quorsum . quocumque
Quonam . ubi.
Quur . quare.
Quurris . sella . in qua pur[pur]-
ati[5] . sedent.
80 Quotucuique [qui]cumque[5] .
denumero.

(53[bb]) Rapidus . uelox.
Ratum . acceptum.
Rapidissimo . uelocissimo.
Racemus . ramus . modicus .
cumuis[6].
5 Raptim . uelociter.
Ratus . arbitratus.
Raptamur . trahemur.
Ratum . certum.
Raster . *egiðe.
10 Rancidis . *bitrum.
Radius . *hrisl.

---

[1] MS. uelocis, and *u* added above the line, between *i* and *s*.

[2] Here a portion of the MS. has been torn away, and with it some final letters of five lines.

[3] *eod* on an erasure.

[4] The *e* has been added above the line.

[5] Here some letters are torn away, see above note 2.

[6] So in MS. for cum unis.

Rabulus . *flitere . in eo botum.
Ratiunculas . partes . rationis . diminutiuae.
Rata . perfecta.
15 Rationato . *ambaect.
Rabies . *geris.
Rancor . *troh.
Rati arbitrati.
Rastros . *mettocas.
20 Rabula . rauca
Ratus . firmus.
Ramnus . *ðeofe[1] ðorn.
Rancet . rancidum . est.
Ramnus . ramus . spinę . albae.
25 Ramneta . equi . aromuli . constituti.
Randum . arbitrandum.
Ramentum . puluis . quae radetur dealiqua . specie.
Ratis . nanis.
Rapax . praedo.
30 Rasile quod radi . pot . est.
Radio . *gabulrond.

Regius . morbus . corporis . color . efficitur . sicut pedes . accipitur.
Renunculus . *lundlaga.
Retentare . *stouuigan.
35 Reustus . iterum . incensus.
Recreare . nutrire.
(54ᵃᵃ) Relegatus . quem bona . sua . sequuntur . in exili . in exilium.
Resultet . resonat.
Reciprocatur qui dat . quod . accepit.
40 Redibere . retinere.
Refocilatus . recreatus.
Reluere . resoluere.
Religauit . exiliauit.
Resipiscit . intellegit.
45 Resipit . intellegit.
Repudiare . repellere.

Reclusum apertum.
Refutat . reprobat.
Reor . aestimo[2].
50 Renidet . olet.
Rema . *stream.
Redimitus . coronatus
Renitite . reclinate.
Retentari . retinere.
55 Refellere . refutare.
Refugium . *geberg.
Resina . *teoru.
Reuma . *gebrec.
Reses . *slaec.
60 Respuplica . *cynedoom.
Rexenteseon . eruditionis.
Rethorica . praeclara . eloquentia.
Resultaret . exultaret.
Rempha . lucifer.
65 Relatu *spelli.
Repandialili . aperti.
Repticius . demoniosus.
Reciprocato . *gestaefnendre.
Reclines . *suaehalde.
70 Recessus . *heolstras.
Remota . *from adoenre.
Reserat . *onlaec.
Remex . *roeðra.
Relegatus . exilio . damnatus.
75 (54ᵃᵇ) Rebantur . arbitrabantur.
Regiae . postes . maiores.
Refert . praestat.
Respondit . accedit.
Reduces . incolome[3].
80 Repagula . *sale.
Reses . resides.
Reditus . tributa . agrorum.
Renoues . uestis . depellibus.
Reditus . quod semper . redire solet . percircuitum dierum.
85 Rethorridus . satis . horridus.
Resiscas . permittas.
Resides . requiescendo . otiosus.
Reboat . resonat.
Reclamat . remugit.
90 Reditus . reuersa.

---

[1] One or two letters have been erased after the second e.
[2] MS. aotimo, but first o altered to es.
[3] So in MS., with a second i added above the line, between the m and e.

Ressa . resoluta.
Regor . debitor.
Resciscere . noua scire.
Redoluit . satis doluit.
95 Repsit . obrepsit.
Receptator . auctor . concordi .
    medii.
Recula . ordinatio.
Repugula . pudoris . castra.
Recessum . locum . inferiorem.
100 Repatriat . ad patriam . redit.
Redimicula . ante quibus . mitra
    ligantur.
Repens . natans.
Receptaculum . habitatio . recep-
    tionis[1] . et exenodocium.
Regimonium . gubernatio.
105 Renocenon[2] . bos siluester.
Reuiam . putabam.
Redius . uerna . preco.
(54[ba]) Redibet . reddet.
Retorridus . igneus.
110 Recensus . recognitus.
Retica . genus . nitis.
Reatum latrocinium.
Remotius . longius.
Refricare . reuoluere.
115 Refontat . afonterepellit.
Reciprocis . *prixlindum.
Relatio . *eðcuide.
Retorto *geðraune.
Remeo . remeans.
120 Refertum . repletum.
Renis . *heðir.
Rediua . *aettaelg.
Reuellit . aloco . remouit.
Redimicula . auri cingula.
125 Redundat . refluit.
Rediuiuum . auetustate . rena-
    tum.
Rediuiuus . qui redit . ad quod
    fuit.
Recisum . succisum.

Redibere . representare.
130 Reticuit . taouit.
Rethorem . praeclarum . spen-
    doris.
Rependere . repensare . uicem .
    reddere.
Redolit . satis dolet.
Repunt . strepunt.
135 Refellor . reuincor.
Refello . refuto.
Relata . regesta.
Redarguit . conuincit.
Reuulsus . exclusus.
140 Resipit . reconsiderat.
Repens . subitans.
Remes . remigator.
(54[bb]) Rere . arbitrare.
Reciprocat . reducat.
145 Refutant . rennuunt[3].
Remordit . occultat.
Redolent . odorem . reddunt.
Reuerant . *spunnun.
Religationes . exilium . metallaris.
150 Respersum . aspersum.
Respuunt . contemnunt.
Refouendi[4] . reuocilandi.
Recuperatis . reuocatis.
Recussat . abnuit.
155 Recolit . meminit.
Rectus . apertus.
Refertissimum . habundantissi-
    mum.
Redoles . salus.
Redarguit . uerberat.
160 Redigitur[5] . reuocatur.
Reuellit . dissoluit.
Reuectus reuelatus.
Repulsam[6] . dicimus . iniuriam .
    repelluntur . homines . ab ho-
    nore.
Respectus . *etsith.
165 Renera . sine dubio.
Relisdua . reliqua.

---

[1] This word and et ex- are written as a separate gloss in the MS.
[2] Distinctly so in MS.   [3] The second u has been added above the line.
[4] The f is written on an erasure.
[5] MS. reditur, and gi added above the line.
[6] The a has been written on an erasure.

Repedans . reuertens.
Reponile . *gearnuuinde.
Reciprocatu . *uurixlende.
170 Retiunculas . *resunge.
Renitenti . refulgenti.

Rimanti . exquirenti . acute.
Ridigus . durus.
Rictus . *grennung.
175 Rimosa . *cionecti.
(55ᵃᵃ) Rimatio . exquisitio.
Rinocoruris . proprium nomen
loci.
Rien . *laendino.
Rima . *getael.
180 Rithmus . dulcis . sermo.
Rinoceres . unicornus.
Ringitur . irascitur.
Ritibus . consuetis.
Rimaretur . scrutaretur.
185 Rigore . *heardnisse.
Ridimiculae . *cyne piððan.
Rictura . ferarum . oris . apertio.
Rigor . rectitudo.
Rictura . qui diligenter . inquirit.
190 Riuales . duo . qui uno muliere
utuntur.
Riualis . unius riui amor.
Rigentia . *forclingendu.
Ritu . more . ordine.
Rite . studiose.
195 Ripariolus . *staeðsuualpe¹.
Rimatur . scrutatur.
Rigor . afrigore . duritia . et in-
flexibilitas.
Rimaris . scrutaris . uel aesti-
maris.

Rostra . nauium . pectora.
200 Roscidum . humidum.
Roscinia . *naectegale.
Rodinope . *lelothrae.
Romuli . deromanis.
Rostrum . *neb . uel *scipes . caeli.
205 Reboabant . resonabant.

Robor . arbor . *aac.
(55ᵃᵇ) Robor . uirtus . rubor .
color . est.
Rostratum . *tindecte.
Rostris . *fore . uuallum . uel *tin-
dum.
210 Robores . nires . et ligna.
Rostrum . ubi roditur . aliquid.
Roscida . roremadida.
Roscido . *deape.
Rostri . *tindas.
215 Rogus . congeries . lignorum.
Rotnum . *nabogar.

Rudimenta . initia . tirocinia.
Ruder . stercor.
Rutilum . spendidum.
220 Rumigerulus . rumoris . innentor.
Rudentes . stridentes.
Rudia . noua.
Rutuli . latini.
Rufum . fuscum.
225 Ruribus . terris.
Rumigerulus . timoris . opinio-
nem . portans.
Rurus . ager . uel uuilla.
Rumigat . pecus . cum mastigat.
Rumphea . gladius . utraque
parte . acutus.
230 Rumigerantur . cum rumore nun-
tiantur.
Runcina . *locer . *sceaba.
Rudentes . funes . uelorum.
Rudis . nouns.
Rumex . *edric.
235 Rutilare . rubicare.
Rubigo . *brond . oom.
Rupem . saxum . fortem.
Ructat . expromet.
(55ᵇᵃ) Rubeta . rana.
240 Ruber . *read.
Ruminat . rumigat.
Rumur . mur . muur.
Rus . ruris.
Rubrum . rubeum.
245 Ruscus . *cnioholen.

---

¹ The second u has been added above the line by the corrector.

Rubibundus. peccatis.
Rumigerum. pecus.
Rugitus. sonitus. leonis.
Rudem . accipit . quasi liberta-
tem.
250 Ruderisa. maceria.
Rupibus. montibus.
Rurigenus. rurenatus.
Ruscidum . lignum. foliis. spino-
sum.
Rura. monima.
255 Rubum. lignum. spinosum.
Rubisca. *saeltna.
Rudus. stercus . quod dedomo .
mundantur.
Rubisca. * raedda. rabisca.
Rusulembo. genus. uestimenti.
260 Rurigenus . pabula . quae adpo-
nuntur.

Sagax astutus.
Saures. surices.
Saucius[1]. uulnus.
Saepis. longa series.
5 Sategi. festinaui.
Saluite. salui. estote.
Sagax. ingeniosus.
Sanciri. tribui.
Sator . pater.
10 Sablo. *molde.
Saeuitia. iniquitas.
(55^bb) Sancire. confirmare.
Satrapas. sapientes.
Satis. consequens.
15 Salebrosus. asper.
Salebrae. * þuerhfyri.
Saburra. lapis. magnus.
Sartago. * brediponne.
Sarcinatum. *gesiouuid.
20 Sarculum. * uueodhoc.
Salitum. coniunctum.
Sartatecta. *gefoegnisse.
Sangit. considerat.
Sartum. con iunctum.
25 Salebra. loca lutosa.

Sacella. loca . sacra.
Sacer. consecratus.
Sanxit. iussit.
Saltim. nunc.
30 Sanies . tabum . sanguinis est
mortuorum. quae salsum . hu-
morem. ex se. gignit.
Satellites . socii . mali. factoris .
uel ministri.
Sarcitum. consutum.
Saeuo. *unslit smeoro.
Satrapae. perfecti. persarum.
35 Sarmentum. ramiqui. deuineis.
exciduntur.
Saltus. silua.
Sacrum . sanctum . aliter . ma-
lum . execrabile.
Sabiat. basiat.
Sabunca . herba est medicalis .
habens . spicas . miri. odoris .
crescit. in montibus.
40 Salix. *salh.
Sagax. *gleu.
Salpicum. tubarum.
Sarmentum. *spraec.
(56^aa) Salibaribus. *miðlum.
45 Sarcofago. *licbeorg.
Sacellorum. *baerga.
Salamandra . animal . quodam .
uiuens. in ignibus.
Sarisae[2]. hastae. macedonum.
Sata. modius. et dimedius.
50 Sambucus. saltator.
Sarcio. *siouu.
Samson. sol.
Sarcinatum . *gesiopid.
Sabaoth. militiarum.
55 Sambucus. *ellaern.
Saxea pila. cum quo. tunditur.
Sandalium. *scete. *loða.
Sambucus. *sueglhorn.
Salum . *haeb.
60 Sagulum. *loða.
Satagit . deliberat . cogitat . uel
omnia . peragit.
Sationis. seminis.

---

[1] The second u has been added above the line by the corrector.
[2] MS. sariae, and s added above the line between i and a.

Sanguinis . *cniorisse.

Sardinas . *heringas.

65 Salicta . ubi salices . nascun*tur*.

Saburra . *dicitu*r . quando . lapides . et ligna . mittunt . in
nanem . q*uae non* babent . alia .
honera.

Sauciatus . uulneratus.

Saginabant . *maestun.

Satius . melius.

70 Sandix . *uueard.

Sacra . detesta . biha.

Sardas . *smeltas.

Salamandra . serpens . in ignib*us*
uiuens.

Saraballa . apud . caldeos . cura .
hominu*m* . dicun*tur*.

75 Salaris . pecunis . debitis.

(56ᵃᵇ) Sandalia . calciamenta.

Salsilago . terra . in fruc*tuosa*.

Saliunea . *sure.

Samia . puluis.

80 Sarge . idoneus . cuius . libus .
artis.

Sabiatur . obscuratur.

Sardonix . habet . colore*m* . san-
g*uinis.*

Sardius . colorem . purum . san-
g*uinis.*

Sariat . humum . seminat.

85 Salum . *seeg . *uel* mare.

Salsa . *sure.

Satur . saturi.

Sat . est . satis . est.

Sangit . dicit.

90 Saxit . tribuit.

Satis . dat*io* conplementum.

Sauromate . gen*lis* . et nom*en* .
barbae.

Saliuncus . salices . q*ui* uelociter .
crescunt.

Saga . nom*en* gemmae.

95 Sarganen . idoneus . c*uius* . libe-
ru*m.*

Sarabare . *braecce¹ d*icitur*.

Sacrificolis . sacrifican*tibus*

Saures . surices.

Sardus . cibus.

100 Salpica . tubici . nator.

Salmentum . q*uod* salibus . conditur.

Saba . pappa . uinum . quasi . dulcido . acetum.

Sandix . genus . frugi.

Satiare . *asoedan.

105 Saturnia . tellus . terra . italia.

Sacrafamis . execranda . cupiditas.

Sacra orgia . *edmelu.

Sarnus . fluuius . italiae.

Sacrilegus . contra leges faciens.

110 Scilla . animal . scopulus.

(56ᵇᵃ) Scismum . ruptum.

Scolonia . *cipe.

Scabellum . *pindfona.

Scammatum . locus . ubi . anth-
Ietae . luctantur.

115 Scalpellum . *bredisern.

Scrutinium . q*uod* infantes . scrutantur.

Scrobibus . *furum.

Scuriora . sordida.

Scenopegia . solemnitas . tabernaculorum.

120 Scema . figura.

Scalprum . latum . ferrum . in
ima . parte . sine manubr*io*.

Sceptor . notarius.

Scopa . *besma.

Sceno . graphia . tabernaculorum .
scripter.

125 Scalprum . *byrs . *uel* *þuarm.

Scamma . *feld.

Scita . scripta.

Saltuum . *feltha.

Scylla . *eduuelle.

130 Scansio . *scyrft.

Sceptra . *onpald.

Seitus . positio.

Scena . *scadu.

Scotomaticus . *staerblind ².

135 Scenopagia . cassa.

¹ The first *c* added above the line.
² The *r* has been added above the line between the *e* and *b*.

Scalpro . * bore.
Scina . nititio.
Scipiones . uirgae . *consulum* . or-
     natae.
Sceua. sinistra.
140 Scrupulus . Iapillus.
Scirpea * lehr . breuis.
Scarpinat . * scripid.
Scalpellum . * bor.
Scrupulosiores . obscuriones.
145 (56ᵇᵇ) Scriptitat . frequenter scri-
     bit.
Scurra . lennis.
Scobet . uentilat.
Scaurus . cuius . calces . retro emi-
     nent.
Scopon puritas.
150 Scaturit . *criid.
Scarabeus . genus . locustae.
Sceptru*m* . uirga . regalis.
Scordiscum¹ . uirga . regalis.
Scordiscu*m*¹ . corium . crudu*m*.
155 Scopuli . saxa . grandea.
Scortator . meretr*icum* amator.
Scrupulator . sollicitator.
Scropea . saxa nigra.
Scius . eruditus.
160 Scabru*m* . asperum.
Scedulae . paginae.
Scea . portatroiae.
Scoria . * sinder.
Scitum . indiciu*m*.
165 Scurra . * scond.
Scorelus . * omer.
Scatens . ebulliens.
Scilla . monstrum
Scrupulu*m* ، sollicitudo.
170 Scirra . * aqueorna.
Scrobes . fossaeminores.
Scrofa . * sugu.
Scara . * scaed.
Scabri . pisces . similes .* lopostu*m*

175 Scniphes . * mygg.
Scilla . * glaedine.
Scilla . serena.
Scasa . * eborðrote.
Scindulis . * scidu*m*.
180 Scena . * uuebung.
Scrobibus . * groepum.
(57ᵃᵃ) Scalmus . * thol.
Sceda . * tæg.
Scaurosus . asper.
185 Scienices . * scinneras.
Scirpea . * eorisc². leher.
Scalpula . * sculdur.
Scaphu*m* . * seip.
Scandit . diuidit . nerba.
190 Sciphus . * bolla.
Scapha . nanioula.
Scintella . * spærca.
Scrobis . sulcis.
Scalpio . * scriopu.
195 Scitalus . gen*us* serpentis.
Scabrida . asperitas . corporis.
Scripulum . legimus . p*ro* cura.
Sceuitas . iniquitas.
Sciui . fiolae³.
200 Scriba . doctor.
Scola . doctrina.
Sclactarius . portator . armor*um*.
Sceuum . * goduureci.
Scabro . * unsmoeði.
205 Seenis . * scinnum.
Scafus . * huma.
Scenopegia . casa.
Scande . diuide⁴ . uerba⁵ . *uel* uer-
     su*m*⁶.

Sepsit. serpit.
210 Secta . heresis.
Septus . circum . datus.
Sepulta . grauata.
Serotinum . tardentium.

---

¹ These glosses are distinctly so written in the MS.
² The *s* is written on an erasure.
³ See F 160.
⁴ The second *i* has been added below the line.
⁵ The *r* has been added above the line.
⁶ The first *u* added above the *e* by the corrector.

Semis . patiuw . *þeohsaex.
215 Sexcuplum . sex . pro uno.
Sentina . *leetha.
Sentes . *ðornas.
Seplasium . nions . in campania [1].
ubi sunt . unguentari.
(57ᵃᵇ) Seon . germen inutile.
220 Serpillum . *bradelaec.
Seruitus . condicionis . nomen.
Seruitium . multitudo . seruorum.
Seditio . *unsib.
Sertis . coronis.
225 Senticosis . spinis.
Seta . *byrst.
Senticosis . spinosis.
Secessus . *heolstr.
Sella . *sadol.
230 Seres . uermes . quitexunt.
Sequester . *byrga.
Secreti . diuisi.
Sclabrum . *uuind.
Scalpo . *clape.
235 Scuporum . *hliuða.
Sectare . persequere.
Sectans . exercens.
Seueritas . integritas . indici.
Sector . usurpator.
240 Sererent . dicerent.
Seuerus . crudelis.
Semianimus . semiuiuus.
Sed potius . magis . immo.
Seditio . perturbata . simulatio.
245 Serit . seminat . dicit.
Senit . inseruit.
Serta . tecta.
Serpenti[2] . inruenti.
Series . ordo . rerum.
250 Seruit . dixit . seminauit.
Seponitur . separatum.
Sedulo . sollicito.
Senodus . congregatio . seuum.
Seria . ordinata.
255 Serpit . natans.

Secus . aliter.
Secernit . seperat.
Sequestra . sepone.
(57ᵇᵃ) Senatus . consultum.
260 Seriem . ollim.
Sertor . cultor.
Sepit . munit.
Sentes . uiae . spinosae.
Sepafratis . separatis.
265 Semigelato . *halfclungni[3].
Serio . ordine.
Sero . *eornisti.
Seno . *smeoru.
Sentis . intellegis.
270 Sexciplum . dimedium.
Seuerus . iratus.
Serum . *hpæg.
Seboim . nomen . hominis . uel
ciuitatis.
Selectus . separatus[4].
275 Semidalim . simila.
Sensim . *softe.
Senon . *cearricgge.
Senecen . *gundesuilge.
Sentensiosus . integre . iudicanis.
280 Sextertius . duo . asses . et dime-
dium.
Septisonium . ubi sunt . uii . sonae.
in caelo.
Setha . aperi.
Seriou . inepte.
Sepes . longa . series.
285 Semenstrum . quasi . semis . men-
strum.
Sequester . susceptor . pignorum.
Serpulum . puleium[5] . campestre.
Sertis . coniugis.
Selinis . nomen insulę.
290 Senta . senectus . defecta.
Semicors . peius est socorde .
minus . habens . socorde . stul-
tissimus.
Seriam rem . necessiam rem.

---

[1] The i has been added below the n.
[2] The r added above the line.
[3] The i added below the line, tacked on to the second stroke of final n.
[4] The u added above the line.
[5] The eium written on an erasure.

Sestertius. modus. pecunię.
Senente. furente.
295 Senta. sordida.
Sentorium. qui nominat.
Sepeliant. *onsuebbað.
(57ᵇᵇ) Sepositis. separatis.
Sermo. *sprec.
300 Sedulium. *rægu.
Senex. *ald.
Senior. *aeldra.
Sero. nomen. auis. circa. aethio-
   piam.

Singillatim. persingula.
305 Sistit. statuitur.
Signis. tardus.
Sine. per mitte.
Sistitor. obtinetur.
Sisto. exibeo.
310 Sinus. secessio. littoris.
Situlo. modiolum.
Sicania. sicilia.
Simulator. fictus.
Signifer. qui. signa. portat.
315 Si commus. aliquin.
Sirtes. riui. rapaces.
Siquominus. olioquin¹.
Sirtis. ardua loca.
Sibba. *sigl.
320 Seneambagus. sinecircuitu.
Simultatis. desentiones.
Sitarcium. uiaticum.
Sirius. sidus. ardentissimus.
Singultat. *sicetit. uel *gesoa
   slaet.
325 Siticulosus. qui semper. sitit.
Situm. collocatum.
Sigillum. signum. anuli.
Singraphae. subscriptiones.
Sipius. sapiens.
330 Simeon. obauditio.
Siccima. humeri.
Sina. mandatum.
Sicomoros. *heopan.
Siliquas. genus leguminis.

335 Sicarius. gladiator.
(58ᵃᵃ) Siser. holus.
Situla. *om ber.
Sinapian. *cressa.
Sicalia. *ryge.
340 Sinuosa. *faeðmendi.
Sidus. quod in se plures. stellas.
   continet.
Singrafa. cautio.
Sinciput. semis caput.
Sinnaticum. marmororientale.
345 Simila. farina. subtilis.
Sinifonium. parabulam.
Siatta. sapodimeos. depraedica-
   tione. uisionis. dei.
Simpla. *anfald.
Sirina. *meremenin.
350 Sicera. qui fit. dactylo sucus.
Sicera. omnis. potio. quo ine-
   briari. potest. excepto. uino.
Sic uoluere. sic tractare.
Simmallis. salaris. pecunis. de-
   bitis.
Sica. genus cultri.
355 Singultus. *gesoa.
Sinnum. *cirm.
Siliqua. *pisanhosa.
Sisca. *sniðstreo.
Signior. tardior.
360 Siler. genus ligni.
Sinfoniaca. *belonc.
Signaum. *segn.
Similaginem². genus tritici.
Simultas. *unsib.
365 Sinopede. *redestan.
Situs. positio.
Sicofantia. calumniatur.
Sistipulator. sipromittit.
Silurus. genus. piscis.
370 Situs. modicus. odor modicus.
Sistit. exuiit.
Siuit. permisit.
Simbulum. *herebenc.
Sine cabellatione. sine argu-
   mento.
375 (58ᵃᵇ) Sinus. *byge.

¹ So in MS.
² MS. similiginem, but the third i altered into a.

Sinus. *faeðm.
Simisti. conscii. secretorum.

Smaragdus. uiridem. habet. colorem.
Smus. *pellyrgae.

380 Soffa. sapientia.
Sospis. saluus.
Solentia. astutia.
Sodales. socii.
Sopit. terminat. finit.
385 Soorus. *sueger.
Socer. *sur.
Solers. acutus.
Soffisticis. scientibus.
Solers. astutus.
390 Sobrinus. qui desororenascitur.
Sobrius. ingeniosus.
Soboles. filius. filia.
Socordia[1]. stultitia.
Soccus. *socc. slebescoh.
395 Sonisactas. sociatrices.
Solisequia. *sunfolgend.
Sofisma[2]. conclusio.
Solum. terra.
Sopio. *suebbo.
400 Sopitis. *onsuebdum.
Sollicitat. *tyhteð.
Sofar. speculam. dissipans.
Solidum. integrum.
Socors. semicors.
405 Sonipes. equus.
Solamen. solacium. est.
Sonores. sonograues.
Sospitate. sanitate.
Sopita. sepulta.
410 Solida. firma.
Solidauit. confirmauit.
(58ᵇᵃ) Solabor. consolabor.
Sodolus. diligens.

Sopit. extinguit.
415 Sons. nocens.
Sofisma. commentum.
Solstitium. dicitur. quasi. ipso die uno mento. uidetur. quasi sol stare.
Sonorum. sonitu. garriens.
Sordiscum. corium. crudum.
420 Sophismatum. quaestionum.
Sophistica. fraudulenta.
Sophista. sectagentilium.
Sorix. *mús[3].
Soleris. utilis.
425 Sortiunt. tribuunt.
Soue. desine.
Sodes. siaudis.
Sortilegus. qui dat. sortem.
Sodumaeris. splendidum. eris.
430 Sororius. filius. sororis.
Solere. sobat.
Sodatus. placatus.
Sortem. *pyrd. condicionem.
Sortilegos. *hlutan[4].
435 Sollicito. *tyhto.
Soluat. *ondest.
Sollicitare. *tyhtan.
Soricarius. *mushabuc.
Sol. phoebi.
440 Sopor. *momna.

Specimen. signum. uel splendor. uel nobilitas. uel indicium. uel figura. similitudo.
Speriae. rotundae.
Spatiatur. deambulat.
Spatiaretur. deambularetur.
445 Spina. *bodeg.
Spurcia. inmunditia.
Spretus. contemtus.
(58ᵇᵇ) Sponte. uoluntate.
Spatulas. rami. asimilitudine. spàdi[5]. dicti[5].

---

[1] The ordi written on an erasure.
[2] The second s added above the line.
[3] MS. has accent over the u.
[4] So in MS., but y written over the u.
[5] These two words are written as a separate gloss in the MS. This gloss appears in Wülcker's *Vocabularies*, i. 47, No. 36, who regarded *spadi* as an A. S. word. But it is the Lat. *spatha*.

450 Spicas . *ear.
Splene iocundissime.
Spalagius . musca . uenenosa.
Spatiaretur . *suicade.
Spiculis . *flanum.
455 Spectat . uidet.
Speculatus . probatus.
Spospondit . promisit.
Spera . pila ingens.
Spillos . medicos.
460 Spectatus . probatus.
Speculum . neuer[1] . generis.
Specula . feminini.
Spurius . incerto . patre.
Spurius . meretricius.
465 Spargona . infantia.
Sper . qui est onichinus . lucu-
lentas . habet.
Sparastites . defensor.
Sputaculum . sputum.
Spalagma . conpositio.
470 Sponda . *bencselma.
Sponda . lectum.
Splenis . *milte.
Spina . alba . *haeguðorn.
Spina . nigra . *slahðorn.
475 Spatula . *bed.
Spoma . poma.
Specus . spelunca.
Spiciones . uirga . consulum.
Spoliarium . ubi spolia . ponun-
tur.
480 Sparulus . nomen piscis.
Spiculum . sagittae caput.
Spercius . fluuius . thesaliae.
Spartum . linea.
Spidis . nodis.
485 (59ᵃᵃ) Speleum . saxum . cauum.
Spiramentum . *hol.
Spiato . *matte.

S qualores . *orfeormnisse.

S tellantes . splendentes.

490 Strages . prostratio . corporum .
in bello.
Stipendia . munera.
Strues . congeries.
Stipulator . adfirmator.
Stipant . cingant.
495 Stigmata . ignea.
Stirps . radix origo.
Statio . portum.
Stabula . *seto.
Stabula . astando.
500 Stolidus . stultus.
Strepitat . tumultuat.
Strenua . fortis.
Stuprum . societas . turpis . cum
feminis.
Stiha . *handle.
505 Stigmata . plagae.
Stirps . prosapia.
Strofanus . inpostor.
Stimulat . incitet.
Stilum . calamum.
510 Stare . facia.
Stipem . elemosinam.
Stabulum . *stal.
Strigillum . *screope.
Stragna . *strel.
515 Stuppa . *heordan.
Stromatum . opus narie . contex-
tum.
Stemma . corona.
(59ᵃᵇ) Stemma . ornamentum .
regale.
Stigma . punctus.
520 Stroffa . calida . uersutia.
Sternutatio . *fnora.
Stroma . lectulum.
Stirillum . caprae barba.
Strenas . carmen . lamen.
525 Struerer . *streide.
Sturnus . *staer.
Strues . *heap.
Striga . *haegtis.
Stibium . unguentum.
530 Stornus . *dropfaag.
Stipito . ligno.

---

[1] MS. neuer, with a sign of contraction above the er; probably for neutri. This
and the next gloss belong together.

Strenuissimus . fortissim*us*

Stipatoribus . *ymb hringend*um*.

Strepitu . *braechtme.

535 Strenue . *fromlice. .

Strictis . *getogenum.

Stellae . astando.

Strinici . cupidi. .

Storax . gen*us* ligni.

540 Stroffia . inpostura..

Stipes . mendicitates.

Stipis . mendions.

Strica . tunica.

Stramete . istos . huius . uarietatis.

545 Stigmata . seema . *uel* figura.

Stacten . stillatio.

Stuprum . uirginitatis . perditio.

Stiria . *gecilae.

Stabulum . *falaed.

550 Stagnu*m* . *mere.

Stine . hinc.

Stilium . *spinel.

(59ᵇᵃ) Stertens . *hrutende.

Stilio . *hraeðemuus¹.

555 Stemma . caracter..

Suppa . *ecambe.

Strategę . principes.

Stangulat . *pyrgeð . *uel* *smorað.

Stuperatus . stupe . factus.

560 Stagilla . no*men* . fluminis.

Stolones . fructices . radicu*m* .
arborum.

Stricta . macera . *getogone
sueorde.

Stamen . *pearp.

Stic . hic.

565 Stragulat . nariat.

Stultatus . q*ui* deferre nescit.

Stipula . in postura.

Sternit . *gehnægith.

Strenas . *lybesne.

570 Stellatus . *astaenid.

Strutio . *stryta².

Stigmata . *picung.

Stomachum . *maga.

Strigillus . *aera . aerenscreop.

575 Stenax . *purpul.

Stiga . *gaad.

Sturfus . *fina.

Strabus . *scelege³.

S uffragator . patronus.

580 Suffragium . patrociniu*m*.

Sub plaudans . *gelpende.

Sustentatio . sustentatura.

Subpuratis . purulentis.

Sub plosa . exclusa.

585 Suffundit . *ablendeð.

Sugillatum . inclinatu*m*.

(59ᵇᵇ) Surculus . *tuig . onuaestm.

Sub regeres . sub ieceris.

Suspicio . uenero.

590 Sub acti . sub ingati.

Surculus . plantatio.

Sus pectus . dubius.

Sub dicione . sub potestate.

Subsidium . auxilium.

595 Sup*r*emi . excelsi.

Succubuit . defecit.

Subigerunt . domauerunt.

Sub rogare . sub ministrare.

Sugillatio . reprehensio.

600 Sub rogat . adhibet.

Summa . perfecta.

Sudumaeris . splendidum æris

Sub dit . sub ponit.

Susurrat . murmurat.

605 Susurio . *probt spitel.

Suspensi . dubiae . cogitantes.

Suscetur . irascet*ur*.

Suspectioris . sollicitioris.

Sub actnm . uictum.

610 Sub recta . inclinata.

Sub actus . inclinatus.

Subcentia . fomenta.

Sub rigens . erigens.

Superstiti . uiui.

615 Subit . intrat. .

Subiit . intrauit.

---

¹ The second *u* added above the line.

² The *y* is written on an erasure.

³ The *ge* are written on an erasure.

Summatim . q*uod* dicimus . partibus.
Sufficit . subministrat.
Suprimit . abscondit.
620 Superstes . filius . in rebus . hu-
manis . constitutus.
(60ᵃᵃ) Suscensere . inputare.
Superstitiosus . deorum . cultor .
*ue*l falsus . neglegiosus . *ue*l
super . relegiosissimus.
Subtrinum . locus . ubi *con*ficiun-
t*ur* . aliquae . species.
Subseruat . modicum . seruat.
625 Suffragatur . fauet.
Subdolus . subtilis . . dolosus.
Summatim . paulatim.
Subsiciuum . suburbanu*m*.
Superhabundans . indigeries . per
habuudantiam . frugu*m*.
630 Suffecti . polluti.
Suotim . suomore.
Surum . *spearua.
Sucinus . lapis . qui ferrum . tra-
hit.
Sullus . *ottor.
635 Sub arrata . *geuuetfaestae.
Suspensus . *ahaefd.
Sugmentu*m* . augmentu*m*.
Subergem . arbores.
Suber . lignum.
640 Supera . nanis.
Sualdam *durhere.
Summam . principatu*m*.
Subsellia . sca*m*ma.
Subfragator . *mundbora.
645 Subsciuu*m* . *fraecni.
Successus . *spoed.
Sublustris . *scir.
Suspexit . susu*m* . aspexit.
Superciliu*m* . superbia.
650 Supparant . suppleant.
(60ᵃᵇ) Suppetium . refugium.
Suscensere . culpare.
Subcenturatis . adiunctis.

Suprema . q*u*ando sol . supp*re*-
mit[1].
655 Subulous . *snan[2].
Superat . restat.
Suffectus . subrogatus.
Subarrauit . pignorauit.
Subsicium[3] . sub sequens.
660 Sumtuarius . q*u*i erogat . su*m*tos.
Sugillauit . gulae . manu*m* . dedit.
Suesta . *suina . socadu.
Succens . irascens.
Subpeditat . subministrat.
665 Suscenset[4] . detrahit.
Suntote[5] . estote.
Sugillat . subfocat.
Sudestitiones . pali.
Sunio . no*m*en . insulae.
670 Suauiat . osculat.
Summata . ornamenta.
Suaapte . suasponte.
Subdiuo . sub c*e*lo . puro.
Suliunt . furent . iracunde.
675 Snides . si audis.
Surgit . *paexit.
Subcentia . momenta.
Sub equilibra . sub librato . iu-
dicio.
Siaote . sua . natura.
680 Subfragatus . p*r*aecisis . curribu*s*.
Suone . taurilia . sacra . sunt .
detribus . animalibus . siue .
oue . etauro.
Subit . succurrit . *ue*l imemoria*m* .
uenit.
Sulforia . *suefl[6] . sueart.
Sustinent . expectant.
685 Suspenderat . *apenide.
(60ᵇᵃ) Supero . superuiuo.
Suffecit . subministrat.
Sucini . *glaeres.
Subigo . *protu.
690 Sub cono . *under haehnisse.
Sudum . *lybt . siccum.
Suspirat . anhelat.

---

[1] So in the Erfurt MS.   [2] So in MS. for *suan.*
[3] MS. subcium, and *si* added above the line between the *b* and *c*.
[4] MS. suscensit, but the *i* altered into *e.*
[5] MS. suntite, but *i* altered into *o.*   [6] MS. suel, and *f* added above the *e.*

Sub nixus . humilis.
Sub cumbat . sub ruat.
695 Superant . transeunt.
Sutrinator . *scoere.
Subsannat . *hospetçt.
Suffocacium . *cecil.
Sub iugatis . *geðedum.
700 Suis . *suin.
Suaeder *butantoðum.
Suspensum . dubitantem.
Suspensi . solliciti.
Suggerit . dictat.
705 Sunt . *sint.
Suellium . *suinin.
Sublegit . collegit.
Subtalaris . *steppescoh.
Supuratio . *gelostr.

710 Synefactas . puplicas.
Synesactas . pudicas.
Synonima . uaria . dicta.
Syllogismus . conclusio . inebita-
bile.
Syrtes . arena.
715 Sympsalma . nocum . adunata .
copulatio.
Symphosia . expositio.
Syndetus . contra . positus.
Syngraffe . cautiones.
Syntheta[1] . conposita.
720 Symphonia . modulationis . tem-
peramentum.
(60bb) Symbulum . *herebæcun.
Synfosion . similitudinem.
Syntasma . documentum.
Syntasmata . documenta.
725 Sypyegen . uisionem . uel reuela-
tionem.
Symtagmateseon . magister . eru-
ditionis.
Synodus . conuia . undesinco
nodus . uia . dicitur.

Synodicus . susceptionibus . peregrinorum.
Synaxeos . conuentus.
730 Synisastas[2] . somnicolosi.
Symbulae . multae . conlationes .
in unum . mysticae.
732 Syrine . puellae . marinae.

Taxatio . significatio.
Tagax nominat.
Tagax furunculus.
Taxit . tangit.
5 Taxat . nominat.
Tabescit . defecit.
Tabo . putrido.
Talentum . pondus . argenti.
Tandundem . et tantidem . idem
est.
10 Tandem . aliquando.
Tantane . tanta . ergo.
Tabe . cruor . sanguinis.
Tabicon . contra omnes . hereses.
Tautalogia . repetitio.
15 Taxus . *iuu.
Talpa . *pond.
Taculus . *broce.
Tabernum . domus . ubi . uinum .
emitur.
Talpa . *ponde uueorpe.
20 Tabunus . *briosa.
Tapetsa . *rye.
Tabetum . *bred.
Talio . simili.
(61aa) Talumbus . *gescadpyrt.
25 Taxatione . *raedinne.
Tabuisset . *asuond[3].
Tantisper . *ðus suiðe.
Tantisper . interim.
Taberna . *pinaern.
30 Tabida . et putrefacta.
Tandundem . id ipsum.
Talionem . ultionem.

---

[1] MS. synheta, and t added below the line, between the n and h.
[2] The second s written on an erasure.
[3] After this word follows the usual mark of reference ð, corresponding to the usual
h prefixed to the gloss following, which has been added at the top of the column.

Talio . uicissitudo.
Tautones . palpebrae.
35 Tait . quarta . parte.
Taruca . uestis . regia.
Talaria . *fedrhoman.
Talatrus . colophus . intalio.
Tabo . morbo.
40 Taurus . *fear.
Taxauerat . *gierende.
Talus . *oncleouue.
Tabulata . *ðille.
Tala . *þebgerodes.
45 Tabulamen . *ðille.
Taenis . *ðuaelum.

T egula . *tigule.
Tedis . *blesum.
Teter . *duere.
50 Terga . fuga.
Tergiuersator . dorsi . uersator.
Tenax . parcus.
Tenus . finis.
Tenuere . possidere.
55 Tendamus . ambulamus.
Testudo . densitas . ramorum.
Territorium . *lond.
Temulentus . ebriosus.
Testudo . duritia . gallacia.
60 Tergus . tergora . coria.
(61ᵃᵇ) Teretes[1] . rotundi.
Tergum . dorsum.
Temeritas . uiolentia.
Temere . praepropere.
65 Tempestiuum . oportunum.
Temerarius . audax.
Temerare . uiolare.
Testificatus . clamat.
Teterrimus . satis . niger.
70 Tellus . terra.
Tentigo . *gesoa.
Territoria . loca . modica.
Tesmaforia . legis . latio.
Teres . rotundum.
75 Thedis . aquis.
Tentorium . *geteld.

Teristrum . ligatio . capitis.
Teserois . quadris.
Tempe . *sceadugeardas.
80 Temulentus . uinolentus.
Testudo . *borððeaca.
Territorium . possessio.
Tenus . extrema . pars . arcus.
Tessera . *tasul.
85 Tertiana . *lenctinald.
Teris . distulis.
Terebellus . *nabogaar.
Tenticum . *sprindel.
Telum . *peb.
90 Textrinum . *pcbb.
Termofilas . *faesten[2].
Terpore . calore.
Terrigenae . gigantes.
Terminet . finiat.
95 Tempe . silua.
Temerari . pollui.
(61ᵇᵃ) Temonibus . *þixlum.
Tetrum . nimis . odorem . pesti-
ferum . nigrum.
Tenore . ordine.
100 Teres . *siunhuurful.
Teges . ategendo . dictum.
Testa . testu.
Terminus . lapis . ipse . atribus pe-
dibus minus . habens.
Toereumata . qui torno . rosa[3] sunt
105 Tenarum . aditum . inferorum.
Termodum . mons . siciliae.
Tenor . texus . epistulae.
Tendit . nititur.
Teterani . tenebrosi.
110 Tedae . lampades.
Tesserarius . praepositu . curro-
rum . qui bella . nutriunt.
Tenelis . qui potest . teneri.
Tedae . fasces . nuptiales.
Tectoriatus . tecto . opertus.
115 Terminate . exultate.
Teretrum . mafortio.
Terribula . formidolosa.
Temetum . uinum.
Tetricus . tristes.

---

[1] MS. teretis, but *i* altered to *e*.   [2] The *s* has been added above the *t*.
[3] See Hildebrand's *Glossarium Latinum*, p. 285.

120 Terido . uemis . in ligno.
Temperiem . *uueder.
Tetaustus[1] . bilinguis.
Tentorium . casamilitar*is*.
Terimentum . nutrimentu*m*.
125 Tetricus . obscurus.
Tegit . eelat.
Tendit . dilegit.
Tebis . *tegu*m* . *fodru*m*.
Teloniaris . *uuicgeroebum.
130 (61^bb) Temere . tam facile.
Testor . *praedicor.
Territ . formidat.
Teruus . ferus.

Theos . contemplator.
135 Thitis . mare.
Theda . lignum luminarib*us* op-
tu*m*.
Theologia . dei genelogia.
Thorax . pectus.
Thia . amita . soror patris.
140 Thermas . colores.
Thiriacae . medicinae ignit*ę.
Theoriea . contemplatiua[2].
Theologica . in diuinis . reb*us*.
Thorax . undethus . facitur.
145 Theodranius . co*n*sentia . euange-
liorum.
Thema . figura.
Thiaras . laudes . uirginum.
Thorociclas . scluptae . imagines.
Theman . auster.
150 Thyesteas . comesatione*s.
Thya . matertera.
Thymus . *haet.
Tholus . *hrof.
Thersicorem . musa.
155 Thadalus . *brooc.
Thessera . *beeme.

Titania . sideralia.
Titica . *uuefl.

Tisifone . *uualcyrge.
160 Titio . *brond.
Tilia . *lind.
Tiara . frigium . pillium[3]·
(62^aa) Tinniens . sonans.
Tiro . ignarus . nonus.
165 Tipum . forma . simili*tudinis*.
Tignarius . *brofuuyrbta.
Timpana . tecta . uehicu*lorum*.
Titurus . hircus.
Tincti . *sli.
170 Tilio . *baest.
Tignum . *tin.
Titule . *gataloc.
Tibialis . *baanrist.
Titerani . proni.
175 Timiamate . odor . suauitatis.
Tibicen . qui *cum* tibia canit.
Titulat . significat.
Titon . sol.
Tilares . *lauricae.
180 Tironibus . militib*us.
Tippula . uermis . aquatio*us.
Tipo . *draca . *uel* inflatio.
Tirocinia . initia . rudimenta.
Tigillum . *first.
185 Tinnulus . atinniendo . d*icitur* . id
est *eran.
Tipsina . grana . ordei.
Titerani . tenebrosi.

Torpet . stupet.
Torpuit . obmutuit.
190 Torrere . cremare.
Tongillatim . singillati*m.
Toga . pulla . nigra.
Tonsi . remi.
Topus . locus.
195 Tot casus . tantas . calamitat*es.
Torax . lurica.
Torpet . languet.
(62^ab) Toffus . lapis . oculosus.
Tollit . exaltat.
200 Tocoria . hospitia.

---

[1] The first *s* has been added above the line.
[2] The *ti* added above the line.
[3] MS. pillium, and *e* added above the second *i*.

Torpor. segnities.
Torreuit. siccauit.
Toparca. loci. princeps.
Tonica. polimita. *hring faag.
  arotund*itate* circu*lorum.*
205 Torta. *auunden.
Tonsa. *roðr.
Toetriymyteo. deresurectione.
Tomum. libru*m.*
Tos huius. dy d*ei.*
210 Topazion¹. ut aqua. micat. ut *est*
  porrus.
Tolor. hasta.
Tortu*m.* *coecil.
Torquet. *uuraec.
Toreuma. *eduuaelle.
215 Torax. *feoluferð.
Torrentib*us* *streamu*m.*
Tollit. sustulit.
Torua. horrenda.
Togatus. togacircu*m*datus.
220 Togipurium. toga. pura.
Toga. palmata. qui palmas. habet.
Toruus. asper.
Tori. lacerti. brachiorum.
Torrens. fluuius. conceptus.
225 Toles. membra. sunt. circa cauam.
Tori lecti. quod indurat. in hu-
  meris. tauroru*m.*
Torosa. *sionuualt.
Toga. *goduuebbe.
Torquent. *þrungun.

230 (62ᵇᵃ) **T**ropus. mensura. dic-
  tionis.
Troiae. ab oris. afinibus. Troiae.
Trubidus. iratus.
Tronus. sedes. excelsa.
Transitu*m.* trans mutatum.
235 Trudit. excludit.
Trursus. clusus.
Tritor. ab eo. q*uod* est. tritus.
Trapetae. molae.

Trucis. asper.
240 Truculentus. senns.
Tripudiare. laetare. et exultar*e.*
Trans. permediu*m.*
Tragicus. comitus. ut motus. ut
  gressus.
Tropologia. moralis. explanatio.
245 Tribunalia. cathedra.
Trax. dirus.
Trux. *unhiorde.
Tres. artabae. x. modios. faciunt.
Trochus. genus. roti. ad ludum.
250 Trorsus. inpulsus.
Tropus. sonus.
Trossulae. aequites.
Trieris. magna. nauis. tribus.
Treracsy. audiuitu*m.*
255 Tropicon. moraliu*m.*
Trofon. conuersatione*m.*
Tripudium. uictoriae. gaudiu*m.*
Trutina. *heolor.
Triclinium. anteusus. topadio-
  rum. in tribus. lectulis. recum-
  bebatur.
260 Trapetis. molis. oliuaru*m.*
Traductus. *georuuyrde.
(62ᵇᵇ) Tripudiantes. exultantes.
Tragoedia. *bebbi. cautio.
Tropea. *sigebecn.
265 Tripudiare. uincere.
Trocleis. *stricilum.
Triplia. *lebl².
Truditur. inseritur.
Traducere. dehonestare³. defa-
  mare.
270 Translaticius. quitrans. mutetur.
  deloco. adlocu*m.*
Tropeum. pr*ae*da. hostibus. facta.
Trige. ubi. iii. equi. sub curso.
  sunt.
Tropea. spolia. punitorum.
Trenis. lamentationib*us.*
275 Trapizeta. mensularius.
Troclinus. sectae. genus.

---

¹ *zi* on an erasure.
² The upper stroke of the *b* appears to have been erased, wherefore the word reads
leol.
³ MS. dehonestore, but the second *o* altered to *a.*

Tramitum. niae. trans uersae.

Tritonia. genus est. ferri. in mare[1].

Tritili quod teri. pot. est.

280 Traiectus. *ðorhbrogden.

Truncatus. decolatus.

Triclinium. ubi tria lecta sternuntur. uel tertia. cenaculum.

Trudit. processit.

Truditur. impellitur.

285 Triuere. tornauere.

Tridens. *auuel. *meottoc.

Tremulus. *aespe.

Trufulus. *feluspreci.

Transtrum. *saes.

290 Trulla. *cruce. *turl[3]. *scofl.

Triuerunt. scripserunt.

Triquadrum. *ðrifeoðor.

(63ᴬᴬ) Trans. *bigeonan.

Triumur. dignitatis nomen.

295 Tragelaphus. *elch.

Triunda ligurgite. quasi triplici
unda.

Trabea. uestis. regia. toga. purpurea.

Trulla. *poune.

Traiecit. transmisit.

300 Tractata. tangi.

Trabs. trabis.

Tripodia. mensa. apollonis.

Trudes. fustes. ferratae.

Transfert. *geuuendit.

305 Truncus. sinecapite.

Tribuli. *braere.

Traiectis. congregatis.

Tranant. *ðorhsuiummað[3].

Tripes. *stool.

310 Tria. *huice.

Tractibus *naescum.

Tragoediae. miseriae.

Trita. *ðrostle.

Truitius. *ðraesce.

315 Traigis. *higrae.

Trietherica. post triennia.

Tricent. *aelden[4].

Tubera. *clate.

Tugurium. hospitium.

320 Tubo. *ðruh.

Tubolo. *fala.

Tugurium. ategendo. quasitego-
rium.

Turdella. *ðrostle.

Turdus. *seric.

325 Tuta. *orsorg.

Tuber. tumor. *asuollen.

Tubicen. qui cum tuba canit.

(63ᵃᵇ) Tudicla. *thuaere.

Tutellam. *scildenne.

330 Tutius. securius.

Tus. incensum.

Tuber. *hofer.

Tunditantes. sepetundentes.

Turma. ordo.

335 Tuetur. custoditur.

Turpisculum. turpe. diminutiuum.

Turbinae. rotae. uentorum.

Turget. crescere. incipit.

Tumulum. sepulchrum.

340 Turbor. perturbatio.

Tuere. defendere.

Turbo. uentiuorago.

Tumultus. seditio.

Turmalis. ordinalis.

345 Tumida. irata.

Turbo. tempestas.

Turbulentus. obscurum.

Turris. aedificium. altum.

Turificaturus. sacrificaturus.

350 Tumba. nauis. uel sepulchrum.

Tylae. insula. in ociano. calidonco[5].

Tyri. afri.

Tyrsis. hasta.

---

[1] The a has been added above the line, written in the same way as the contraction for ua.   [2] This word appears in the Epinal Glossary (27. a. 25) as trulla, glossed by scofl. The Erfurt MS. has (l.c., p. 382, no. 105) trulla, scolf.   [3] The i has been added beneath the u.   [4] The l is added over the first e.

[5] The n has been added above the line between the first o and c.

Tybris . tiberis . atibero . rege.
355 Tyberinus . ut amor.
Tyrsus . acta . cum panpino.
357 Typsonas . faciunt . deordeo . de-
    corticant . ipsa . grana . in pilo .
    id est in ligno . cauato . deinde
    coquentur[1] . in quo uolunt.

U aticinatio . nere . praedicit.
(63[ba]) Uadimonium . sponsio.
Uadimonia . iudicia . sunt . uel
    officium.
Uastitas[2] . interitus.
5 Ualba . *durberi.
Ualbas . modicus . murus . ante
    portam
Uatilla . *gloedscofl.
Uarix . *ampre.
Uallum . murum.
10 Uaporat . inurit.
Uacillet . tremulet.
Uaricat . *stridit.
Uangas . *spadan.
Uadimonium . *borggilefde[3].
15 Uatilla . *isern scobl.
Uasa . corpora.
Uades . fideiussores.
Uadatur . litigat.
Uaricat . deflectitur.
20 Uaser . uersutus.
Uauer[4] . callidus.
Uallos . palos.
Ualensdo . egritudo.
Ualitudinarius . qui frequenter .
    egrotat.
25 Uagurrit . per odium . uagat.
Uarruces . uarruce . facit.
Uaregatam . uariatam.
Uallauit . puplicetur[5].
Uadimonium . iurgium . lite.

30 Uaccanalia . patris . liberi . stu-
    pram.
Uallauit . circum dabit.
Uagius . qui genibus . iunctis .
    ambulat.
Uastitas . interitus.
Uadatur . ligatur.
35 (63[bb]) Uaccatur . insanit.
Uanus . *gemaeded.
Uaglebat . uigebat.
Uapore . *aethme.
Uanna . *fon.
40 Uadatur fide . datur.
Uas . fideiussor.
Ualetant . sani sunt.
Uastus . profundus.
Uacillat . nutat . titubat.
45 Uagus . qui uagatur.
Uates . diuini.
Uaticanus . locus . ubi . uates . se-
    debant.
Uadatur . sponte . promittit.
Uacca . *cuu.
50 Uadabreuia . *geuueada.
Uasa . castrorum . arma . exerci-
    tuum[6] . id . est militiae . caeli .
    dicuntur.
Ualedicunt . salutant.
Uastat . spoliat . expugnat.

U ber . uberrima.

U ector . portor.
55 Uergentia . loca . humilia.
Uesperescit . sero fecit.
Uertex . summa . pars . capitis.
Uesanus . minus . sanus.
60 Ueniunt . bona.
Uerrit . mundat.

---

[1] MS. divides: deindeco . quentur.   [2] MS. Uascitas, but the c altered into t.
[3] The Erfurt MS. has as two separate glosses: Verecundiae concesserim gilepdae;
and: Vadi, borg. The Epinal Glossary: uericundię concesserim: gilebdae; uadimonium:
borg.   [4] A later hand has written f above the second u.
[5] A later hand has written b above the second p.
[6] The first u added above the line.

Uesta . numen ignis.

Uer . ipsum . tempus.

Uernus . ut est . dies.

65 Ucritur . timetur.

Uenit . distractus *est.*

Uexillum . sig*num* militiae.

(64ᵃᵃ) Ueneratur . adorat . colat.

Uecta . portata.

70 Ueronis . gregis.

Uerbotenus . uerbigratia.

Uegent . nalent.

Uehor . portor.

Uetuli . antiq*ui*.

75 Uehit . uexit.

Uerberetorto . *ap*undere   suiopan.

Uerruca . *pearte.

Ueretrum . uirilia . masculi.

Uenabula . *eoborspreot.

80 Uegetus . fortis.

Uentriculu*m* . uen*ter*[1] no*men* di-
minut*iuum*.

Uentriculus *ceōsol[2].

Uescada . *mundleu.

Ueror . *pitro.

85 Uexilla . *seign.

Uestibulum . *caebrtuun.

Uenetu*m* . *geolu.

Uespelliones . fossarias . qui . corpora . humant[3].

Uertigo . *eduuelle.

90 Uectis . *seng.

Uectandi gratia . exercendi.

Uespas . *uuaefsas.

Uerberatorum . *corthr.

Uerberatrum . *flete.

95 Uesica . *bledre.

Uesta . deaignis.

Uerbenaca . suramagna.

Ueneria . *smeorupyrt.

Uetusta . olitana.

100 Uertiges . fortes.

Uegros . demone . insanus.

Uehemoth . animal.

Ueneo . uenundabor.

Uerber . uerbicis.

105 (64ᵃᵇ) Uespertilio . *hracðemuus.

Uegent . nalent.

Uersant . uertant.

Uescitur . pascitur.

Ueterauit . antiquauit.

110 Uelantur . teguntur.

Uenis . uenderis.

Uenit . uendit*ur*.

Ueniit . uenditus est.

Uenalicium . quicquid pot*est* . uen-
di.

115 Uergit . declinat.

Uersutus . astutus[4] . callidus.

Uellere aedificare.

Ueredari . ueloces[5] . nunti d*icun*-
t*ur*.

Ueneo . uendor.

120 Uernaculus . *frioleta.

Uernans . uirens.

Uecors . *gemaad.

Uernacula . *menen.

Uenustus . formosus.

125 Uenaliciarius . qui uendit.

Uerrit . percutit.

Uerbonutus . sicut . dicit.

Uernans . laetans.

Ucreatur . confundatur.

130 Ueterator . stroffosus.

Uesperugo . stella . uesperi.

Uerrunt . supertrahunt . ueluti .
scopant.

Uetellus . *sueor.

Uertix . barba.

135 Uexillatio . certamen.

Uertigio . tempestas . auert*endo*.

Uehemens . ferox.

Uena . in domo natus.

(64ᵇᵃ) Uestiarius q*ui* uestibus .
praeest.

140 Uestiarium . erogatio . uestis . q*uod*
accipit . miles.

Uesteplicia . femina . quae nestes.
plicat[6].

Uertil . *huerb.

---

[1] MS. uenẻ.   [2] MS. ceosol, with sign of contraction over the first o.

[3] The *a* added above the line.   [4] The *stu* over an erasure.

[5] MS. uelocis, but the *i* altered into *e*.

[6] The MS. has plicat, with the usual sign of abridgment over the *t*, therefore plicat*ur*.

Ueniculum. *pægn.
Uertiginem. *suinglunge¹.
145 Uesper. *suansteorra.
Ueterno. *faecnum.
Uermis. *eorðmata.
Uemiculus. *cornuurma.
Uerbi gratia. *uuordes. intinga.

150 U i superum. uiolentia. deorum.
Uirulentus. uenenosus.
Uirus. uiolentia. ueneni.
Uicisitur. conpensatur.
Uirago femina. fortissima.
155 Uinum. conditum. piperatum. et melleatum.
Uinciri. ligari.
Uirguncula. uirgo.
Uirgula. uirga.
Uiscum.. conpositio. quo. aues. capiuntur.
160 Uindunt. diuidunt.
Uibrat. micat.
Uiriuola. maritalis. conplexus.
Uirecta. quae inagris. nirent.
Uinolentia. uininimia. potam.
165 Uicissim. in uicem.
Uictrix. uictor. femina.
Uiolenter. *roeðelice.
Uitiginem. *bleci.
Uigorem. potentiam.
170 Uigor². uirtus.
(64ᵇᵇ) Uiso mihi. placito mihi.
Uindicamus. donamus.
Uibex. libor. uirgę.
Uia secta. *iringes uueg.
175 Uicatum. *libr.
Uittas. *thuelan.
Uitelli. *sueoras.
Uictima. quod uictis. hostibus. fit.

Uillis. *uuloum.
180 Uitiligo. *blectha.
Uitricius. *steopfaeder.
Uicium. *fugles bean.
Uiperina. plato filum.
Uillosa. *rye.
185 Uiscus. *mistel.
Uilla. *lininryee.
Uiburna. *uuduuuinde.
Uirecta. *quicae.
Uitiatum. *aperded.
190 Uibrat. *brogdetteð³
Uitiato. oculo. *unðyhtge. egan.
Uihabundans⁴. metuens.
Uiritim. singillatim.
Uiri⁵ cordati. bono corde.
195 Uilis. pestis.
Uimentibus. amoreplenus.
Uirgultum. *gerd.
Uilicos. custos. nocturnos.
Uirga quod ui sua. regat.
200 Uirisat. uiriliter. facit.
Uicatim. per uicos.
Uilicat. hellicat.
Uiocorus. nomen. aloco. appellatum.
Uisceratosta. *gebreded flaesc.
205 Uibice *lelan.
(65ᵃᵃ) Uinco. *obersuiðo.
Uiresceret. *greouue.
Uiscellum. *broht.
Uitalia. uiscera.
210 Uiscera *tharme⁶. thumle.
Uiblę. planta.
Uimen. *pearp.
Uillus. *uuloh⁷.
Uisendi. uisitandi.
215 Uirgo. *unmaelo⁸.
Uis. uiolentia.
Uitulus. *caelf.
Uitula. *cucaelf.

---

¹ The first g added below the line, between the n and l.
² The i added below the line.
³ The first t added above the first e.
⁴ The h added above the line between the i and a.
⁵ The first i added below the u.
⁶ tharme is joined to Uiscera in the MS.
⁷ The second u added above the line.   ⁸ The n added above the line.

Uisibus. obtutibus.
220 Uiridus. fortissimus.
Uiritim. nominatim.
Uistula. *sugespeard.
Uilicus. auctor.
Uitta. cingulum.
225 Uillicat. uillam. agit. uel colle-
git.
Uibrat. *borettið. uel *diregað.

Ulna. spatium. unius. brachi.
Ultatus. damnatus.
Ultroque citroque *hider. ond
hider.
230 Ulciscitur. defenditur.
Ultro. uindex.
Ultus significat et defendit. et
puniuit.
Ulnum. brachium.
Ulignosus. pinguis.
235 Ulignosum. pinguae.
Uligo. humorterrae.
Ulmus. *elm.
Ulula. *ulae.
Ulterior. nouissimus. longe. (65ᵃᵇ)
et prope.
240 Ultro. interius.
Ultroniam. uoluntariam.

Umbonem. buccula.
Umbilicus. *nabula.
Umquam aliquando.
245 Umbo. media. pars. scutis.
Umecta. *gibrec.

Unorum. multorum.
Uncis. incuruis.
Unice. prime. optime.
250 Uncus. ancora.
Uniones. margaritę.
Unibrellas. *stalutofuglum.
Unci. curui.
Unci. alibus. longos.
255 Ungulaferrum. curbunt. digiti.

Uncat. curbat.
Unguentum. *smeoru.
Undecumque *huonan huegu.
Unde. delator. dicitur.
260 Unguana. *naegl speru¹.

Uortex. uorago. aquae.
Uotiuum. immolatiuum.
Uorax. sorbens.
Uocis. praeconio. laudem.
265 Uoluere. concitare.
Uolutat. cogitatione. repetit.
Uoti compos. noto. ornatus. id
est *fægen.
Uola. palma. manus.
Uoluola. *uuduuuinde.
270 Uorago. *hool.
Uoragine. *suelgendi.
Uoluitas. praetermodum.
Uoleat. nolat.
(65ᵇᵃ) Uolubilis. quid quid. uidit.
totum. desiderat.
275 Uolucres. ueloces.
Uorrielones. edaces.
Uoluter. cupido.
Uotium. *oest. ful.
Uortex. flustra.
280 Uoluma. *gorst.
Uordalium. *laesti.
Uox. *stebn.

Urciolum. *paetercruce.
Urido. uentus. urenis.
285 Urna. *amber.
Uris. *urum.
Urgere. propere.
Urbs. ciuitas
Urticeta. loca ubi urticae. nas-
cuntur².
290 Uerticeta. *netlan.
Urguet. *threatade.

Usitatum. consuetudo. dini-
narum.

¹ This word is written after gloss 258, with a line to separate it from that gloss.
² The first u added above the line.

Usus . consuetudo.
Uscide . *tohlicc'.
295 Usta . *conbusta*.
Usion . substantia.
Usurpauit . *agnette.
Ustrina . ubi porcos . tolluntur.
Usia . *suernit.
300 Ut pote . ut forsitan
Usurpat . *prae*sumit.
Ut putu . q*u*asi qui.
Utensilia . ustibus . necessaria.
Utiofesion . instructionum.
305 Utrum uis . uterque.
Utensile . *geloma.
Utensilia . uiatici . sumtus.

Uulnus² . dolor.
Uulgus . uilis populus.
310 Uulgo . passim . *oeghuer.
Uulgatum . manifestatu*m*.
Uua . passa . desiccata.
Uuldac . uetustas sola.
Uultuosus . tristis.
315 (65ᵇᵇ) Uulcerosi . scabiosi.
Uultus . contemplatio.

317 Uxorius . *ceorl.

1 Xenodociorum . collectionu*m*.
2 Xenodochia . susceptio . peregrinorum.

Ypoteseon³ . dispositionum.
Ypotouyan . disputationu*m*.
Ytitopytioacaen . disputationu*m*.
Ytiafesion . structionum.
5 Ypallage . uerbum . *pro* uerho.
Yryscon . heresearum.
Ytres . yposeon . disputatio*nis*.
Ymnus . *loob
9 Ytio eseon . exequiarum.

Zotiacus . animalis.
Zodiacus⁴ . xii . signa . contiuens.
Zabarras . areas.
Zyphei florentes.
5 Zizania . *laser⁵.
Zotiacum . siderale*m*.
7 Zitis . inquire.

---

¹ This whole gloss written over an erasure.
² The second *u* added above the line.
³ MS. Yposeon, and *te* added above the line.
⁴ MS. Zothacus, but *th* altered to *di*.
⁵ *laser* is a well-known Latin word, but does not seem to mean anywhere *tarc*. In other glossaries we find *lasor, lasur* in this sense; see Leo, *Angels. Glossar,* 664. 23; Bosworth-Toller, *A. S. Dictionary,* in voce *laser*.

LATIN INDEX.

N.B. The references are to the initial Letters of the Glossary. For instance: "Abaeta, A 21" means that the word is the 21st of the glosses commencing with A (on p. 9). "Abdicatio, E 46" is the 46th of the glosses commencing with E (on p. 45), and so on.

Int. before figures refers to the first Glossary, printed on pp. 3—8, and entitled: *Interpraetatio nominum ebraicorum et grecorum.* For instance: "Aaron, Int. 13" indicates that this word is the 13th gloss of the "Interpretatio" (on p. 3).

A few references to the *pages* of the work are given. For instance: "Achanthos, p. 1"; "Aurium, p. 91, note 3".

Where the division of words is wrong in the MS., it has been so reproduced in the text, but not in the Index. For instance: "pro . auns" of gloss A 25 will be found under "proauus", and C 373 is divided into and indexed under *Cheroche; lini; in; mallo; nauis;* though *inmallones,* and two or three other similar compounds, have also been indexed.

Abolenda, A 14
Abolere, A 36
Aboleri, A 90, 91
Abolet, A 85
Aboleta, A 83
Abolita, A 65
Abolitio, A 84
Aborsus, A 94
Abortus, A 12
Abra, A 10
Abraham, Int. 8
Abram, Int. 7
Abrasa, A 53
Abrepticius, A 19
Abreuiata, E 243
Abrisit, A 29
Abristit, A 28
Abrizium, A 20
Abrogat, A 63
Abrogata, A 26
Abruptus, E 59
Abscondens, Int. 293 ; A 16
Abscondit, A 54 ; C 446 ; S 619
Abscondita, A 79
Absconditum, A 73
Absconsa, D 351
Absconsis, A 690
Absconsum, A 74
Abscultat, E 384
Absedas, A 61
Absens, A 82, 366
Absida, A 4
Absinthium, A 9
Absistere, A 43
Absistit, A 67
Absit, A 78
Absoluta, A 38
Absolute, E 471
Absoluto, C 216
Absonus, A 56
Absordium, A 44
Absorduum, A 95
Abspernit, A 41
Abstans, A 59
Abstemus, A 17
Abstenus, A 35
Abstinens, A 17
Abstirpat, A 23
Abstrusa, A 79 ; I 227
Abstrusum, A 74
Abstulit, E 99
Absurdus, A 76
Abtabiles, A 13
Abtauit, A 42, 75
Abtemus, A 58
Ahtet, A 64
Abunde, A 39
Abusitatus, A 50
Abutitur, A 86
Ac, A 865 ; I 384
Acatasticus, A 169

Accape, A 119
Accearium, A 127
Accedeatur, A 141
Accedit, R 78
Acceditur, A 389
Accelerat, M 14
Accensi, A 142
Accentus, Int. 258, 315 ; A 151
Accepit, R 39
Acceptator, A 163
Acceptum, R 2
Accersiui, A 144
Accessabilia, I 276
Accessio, A 161
Accetum, A 136
Accidia, A 165
Accidiosus, A 137
Accidit, E 437
Accintu, A 172
Accio, A 144
Accipe, A 112
Accipiendo, C 971 ; I 252
Accipit, C 38 ; I 403 ; R 249 ; U 140
Accipitur, R 32
Accipiunt, C 912
Accire, A 148, 153
Acciti, A 128 ; C 618
Accitor, A 126
Accitulium, A 131
Accitus, A 98
Acciui, A 144
Acclinis, A 152
Accola, A 171
Accolitus, A 173
Accumbere, A 155
Accussat, D 110 ; I 82
Accussationes, Q 36
Accussatiuos, Int. 126
Accussauit, Q 13
Acega, A 125
Acegia, A 138
Aceodo, A 139
Acephalon, A 140
Acer, A 100
Acerbatur, A 162
Aceron, A 116
Acerra, A 97
Aceruat, G 107
Acerue, A 103
Aceruitas, A 164
Aceruus, A 108, 109, 147 ; C 850 ; G 12
Aceti, A 158
Acetum, S 102
Acenou, A 156
Achab, Int. 40
Achalantis, A 121
Achanthos, p. 1
Achaz, Int. 38 ; A 99

Achialon, Int. 25
Achimenia, A 110
Acholothus, A 107
Achus, A 122
Acidus, A 124
Acie, A 101, 376
Aciem, A 106 ; P 681
Acies, A 117, 159
Acinaces, A 118
Acinum, A 132
Acisculum, A 115, 168
Acitelum, A 130
Acitula, A 129
Acitum, A 858
Aclides, A 154
Acnonitus, A 150
Acognitum, A 104
Aconito, A 102
Acre, A 157
Acremonia, A 166
Acrifolus, A 123
Acris, A 133
Acroceria, A 143
Acrore, A 124
Acta, A 149, 170 ; T 356
Acti, A 105
Actigeni, A 649
Actio, O 138
Actionabatur, A 134
Actionaris, A 114
Actionator, A 96 ; L 215
Actiones, E 341
Actioni, L 223
Actionis, A 911
Actionum, P 682
Actotum, A 167
Actu, A 30, 145
Actuariis, A 170
Actuarius, A 135
Actus, P 199, 234
Acu, P 421
Acuatem, B 132
Aculeus, A 145
Acuit', Int. 286
Acumen, A 117, 166
Acumina, A 146
Acus, A 160
Acussationes, C 105
Acuta, Int. 237 ; M 56
Acutam, P 430
Acute, A 737 ; N 89 ; R 172
Acutus, R 229 ; S 387
Ad, A 47, 168, 178 (bis),
    200, 227, 229, 260 (bis),
    263 (bis), 278 (bis), 457,
    818 ; C 217 (bis), 418
    (bis), 848, 932, 964 (bis) ;
    D 18 ; E 51, 420, 563 ;
    L 269 ; M 62, 75 ; N 35 ;
    O 223 ; P 729 (for ars ?),
    772 ; R 100, 127 ; T 249, 270

Agrarius, A 391
Agrę, A 400
Agreste, A 395; M 271
Agrestes, A 382
Agrestis, A 48, 788; D 13
Agretis, A 396
Agricola, A 385
Agrippa, A 392
Agris, U 163
Agro, B 204
Agrorum, R 82
Agundis, A 393
Agunt, A 464 (bis)
Agustę, A 380
Ain, A 411, 412 (bis)
Aiocten, A 410
Aiumenta, A 409
Ala, A 488; P 436
Alabastrum, A 442
Alacer, A 446
Alacrimonia, A 469
Alacris, A 445
Alaphis, F 247
Alapiciosa, A 459
Alaris, A 472
Alatis, A 485
Alba, A 421; S 473
Albae, R 24
Albeis, A 499
Albescit, F 252
Albet, A 484
Albipedius, A 436
Albo, A 495
Albulo, A 417
Albus, A 499, 771
Alcanus, A 482
Alcido, A 478
Alcion, A 422
Alę, A 942
Alea, A 414, 465
Aleator, A 416, 466
Alectat, A 470
Alendo, A 415
Alerius, A 452
Ales, A 431
Alga, A 434, 440
Algidus, A 449
Algit, A 475
Algor, A 423
Ali, A 922
Alia, S 66
Aliam, C 418
Alibre, A 454
Alicui, E 22
Aliena, A 383, 426; E 473; I 138
Alienat, A 51, 947; E 381
Alienę, E 486
Alienigena, A 426
Alieno, A 321
Alienorum, P 476

Alienum, A 33, 338 (bis), 471; E 516
Alienus, A 171
Alietibus, A 429
Alietum, A 432
Aligeri, A 438
Alii, C 435
Aliis, O 16
Alimenta, E 43
Alimentum, A 454
Alioquin, A 461
Alipedes, A 489
Aliqua, R 27
Aliquae, S 623
Aliquam, Q 26
Aliquandio, A 462
Aliquando, T 10; U 244
Aliquantesper, A 462
Aliquas, Q 10
Aliquem, E 13
Aliquid, B 60; E 21, 114, 172, 276; N 30, 52; P 343, 367; R 211
Aliquin, S 315
Aliquis, E 20; N 96, 128, 166
Aliquod, E 338
Aliter, H 34; I 224; S 37, 256
Alites, A 483; P 646
Alitudo, A 491
Alitus, A 448, 486
Aliud, A 301, 413 (bis)
Alium, A 419; B 102; C 521; P 661
Aliunde, C 750
Allata, N 181
Allauda, A 497
Allegare, A 457
Allegat, A 473
Allegoria, A 413
Alleluia, Int. 19
Alliciat, A 425
Alliciunt, A 480
Alligat, A 425; N 87
Alligeo, A 492
Alligit, E 87
Alligorrit, A 456
Allisus, A 481
Alloquitur, C 657
Allox, A 494
Alluuies, A 424
Allux, A 427
Alma, A 498
Almas, A 487
Alneta, A 433
Alneum, A 430
Alnus, A 428, 441
Aloae, M 313
Alogia, A 420
Alphei, A 500
Alsiosus, A 458

Alsit, A 474
Alta, A 151, 754; M 70
Alter, A 463, 476 (bis)
Altera, D 37
Alteram, D 37
Altercator, A 453
Alteri, C 523
Alterius, A 464
Alterna, A 451
Alternantium, A 444
Alternatur, A 451
Alternis, A 477
Alterum, A 451
Altilia, A 467
Altilis, A 415, 418
Altionatur, L 230
Altiore, E 39
Altis, F 90
Altissima, I 226
Altitude, C 279; F 28
Alto, E 38; I 458
Altor, A 493
Altores, A 468
Altrinsecus, A 435
Altrix, A 496
Altum, A 479; E 40, 180; F 114; T 348
Altus, C 35, 843; G 178; I 54
Aluearia, A 460
Alueum, A 490
Alueus, A 447
Aluiola, A 443
Aluiolum, A 439
Alumnae, A 450
Aluuium, A 437
Alnus, A 455
Amalech, Int. 29
Amalehc, A 507
Amandat, A 541
Amanet, A 552
Amans, A 244; P 477
Amant, A 527
Amare, P 382
Amari, A 506
Amaritudinem, B 129
Amarum, Int. 6; B 133; M 374
Amasias, Int. 36
Amasse, C 819
Amat, A 286; E 172; P 343
Amata, A 518
Amator, P 389; S 156
Amatores, A 527; F 160; P 381
Amatoris, A 231
Amatus, D 171
Amauit, A 370
Ambacuc, Int. 15
Ambages, A 522, 553, 554
Ambagiosus, A 523

Aquis, T 75
Ara, A 823
Aranearum, C 60
Arantes, L 216
Arator, G 122
Aratri, B 210
Aratur, A 728
Araxis, A 760
Arba, A 728
Arbatę, A 769
Arbina, A 770
Arbitrabantur, R 75
Arbitrandum, R 26
Arbitrare, R 143
Arbitrati, R 18
Arbitratio, C 716
Arbitratur, C 499
Arbitratus, R 6
Arbitrio, N 193
Arbitriorum, A 781
Arbitrium, A 780
Arbitus, A 808
Arbor, A 531; B 66, 98, 203;
   E 8; H 111, 129; N 19;
   R 206
Arbore, C 222, 324
Arborem, C 982
Arbores, A 816; S 638
Arboris, A 342
Arborum, C 174; F 339; S
   561
Arbusta, A 816
Arbutus, A 735
Area, A 97
Arcœ, P 481
Arcarius, A 814
Areas, G 17; Z 3
Arcę, A 792
Arcebat, A 733, 791
Arcem, A 776
Arcesi, A 775
Arcesiendos, A 761
Arcessite, A 128
Arcessitus, A 176, 807
Arcet, A 767
Archangelus, Int. 3
Archia, A 724, 762
Archiatros, A 773
Archioretis, A 779
Archioritas, A 725
Archipirata, A 727
Archisynagogus, A 750
Archius, A 749
Archontes, A 745
Archtoes, A 743
Archturus, A 742
Arci, A 804
Arcis, A 815
Arcister, A 810
Arcistis, A 758
Areit, A 819

Arcitriclinium, A 797
Arcius, A 820
Arcontvs, A 746
Arcoretos, A 812
Arens, I 482, 485; T 83
Arcuum, C 685
Ardebat, A 801
Ardens, Int. 277
Ardentes, A 739; F 226
Ardentior, I 38
Ardentissimus, S 323
Ardet, F 309
Ardia, A 729
Ardor, F 361
Ardua, S 318
Arduum, A 747
Arectas, A 805
Arefacta, A 362
Arena, S 714
Areoli, A 723, 726
Areolus, A 778
Arepticium, A 795
Arestis, A 777
Argella, A 730
Argenteus, A 771
Argenti, T 8
Argentum, E 118
Argilla, A 748
Argolicam, A 803
Arguere, A 786
Arguit, A 799; F 418
Arguitur, F 78
Argumento, S 374
Argumentum, A 806
Argute, A 737
Argutiae, A 731, 736
Argutus, A 825
Arida, A 766; C 52; G 163;
   L 51
Ariolatus, A 721
Arioli, A 823
Ariolus, A 800
Ariopagita, A 787
Ariopagus, A 774
Aripagita, A 750
Aris, H 13
Aristes, F 350
Arma, A 154, 581, 734, 822;
   C 202, 913; D 351; F 88;
   P 412, 482; U 51
Armatis, F 29
Armatura, A 824
Armellae, A 722
Armellu, A 782
Armenias, A 738
Armenta, B 222; P 333
Armentarium, A 734, 741
Armentarius, P 346
Armentum, A 741, 783
Armi, A 798
Armiger, A 798; C 839

Armilausia, A 755
Armillas, P 303
Armilosa, p. 1
Armonia, A 720
Armorum, A 741; S 202
Armus, A 765
Aromatum, A 723
Arpa, A 759
Arpago, A 756
Arpia, A 764
Arrabonem, A 809
Arram, A 809
Arrepit, A 784
Arreptus, C 842
Arridit, A 785
Arrius, A 732
Ars, A 772
Arsis, Int. 23
Artaba, A 813
Artabæ, T 248
Artat, A 802
Artauit, A 790
Artem, A 375
Artemon, A 753
Artemta, A 752
Artes, G 192
Arthimetica, A 719
Articos, A 826
Articulatum, C 622
Articulatus, A 817
Articulis, A 817
Articulorum, A 143
Artifex, O 178
Artis, A 374, 793; S 80
Artium, M 203; P 66
Artoa, A 754
Artum, A 757
Artura, A 744
Artus, I 264
Artussum, A 794
Artuus, A 789
Arualis, A 788
Aruina, A 796
Arula, A 751, 768
Arundo, A 48
Aruspex, A 818
Aruspices, A 821; H 128
Arx, A 740, 815
Arxhotavian, A 811
As, A 854
Asa, Int. 28
Asapa, A 863
Ascalonium, A 841
Ascella, A 837
Ascemor, A 834
Ascendere, A 306
Ascendit, G 124
Ascensio, C 452
Ascensum, P 247
Ascensus, C 465, 474, 479, 623
Ascesi, A 851

Bianor, B 114
Bibarius, B 109
Bibatur, B 121; C 689
Bibens, D 3
Biberatas, E 495
Bibliopola, B 120
Bibliotheca, B 101
Bibliothicatrix, B 122
Biblos, B 120
Bibo, A 655
Bibrantia, B 139
Bibulta, B 141
Bibulus, B 121
Bicellinm, B 124
Biceps, B 104, 107
Bicipitis, F 372
Biclinium, B 124
Bicoca, B 96
Bidellium, B 98
Bidentes, B 134
Bifaria, B 126
Bifarius, B 112
Bigae, B 115
Bigimen, B 106
Bilance, B 140
Bile, B 108
Bilem, B 133
Bileso, B 129
Bilices, B 105
Bilinguis, B 109; T 122
Bilustrum, B 99
Bimatur, B 119
Biothanatas, B 118
Bipedalis, B 125
Bipennem, B 132
Bipertitum, B 128, 138
Bipertitus, B 127
Birbicariolus, B 136
Biremis, B 102
Birillus, B 97
Birrica, B 110
Bis, B 132; C 520; M 56
Bisaltim, B 131
Bisarius, B 127
Bisulcum, B 130
Biti, B 123
Bitiligo, B 103
Bitorius, B 137
Bitricius, B 135
Bitulus, B 111
Bitumen, B 100
Bitumine, I 224
Biuium, B 116, 117
Blandere, P 32
Blanditor, A 258
Blanditur, G 13
Blandus, G 34
Blattis, B 143
Blessus, B 144
Blitum, B 142
Blohouicula, B 147

Boa, B 156
Boautes, B 172
Boaptis, B 154
Boare, B 153, 168
Bobinatores, B 158
Bobis, P 276
Bobulcus, B 164
Bobulinum, I 224
Bobulum, B 170
Bocolicon, Int. 320
Boetes, B 157
Bofellum, B 148
Bofor, B 167
Bogias, B 174
Bolia, B 160
Bolides, B 178
Bolimides, B 161
Bolitat, B 162
Bollas, B 169
Bombicini, B 151
Bombosa, B 171
Bombus, B 155
Bona, Int. 117; A 856; B 150, 177; C 964; D 23; N 159; R 37; U 60
Bonae, I 272
Bouam, E 127
Boni, C 982; D 111
Bonis, C 721
Bonitas, C 802; M 119
Bono, M 308; U 194
Bonos, P 784, 787
Bonum, E 346
Bonus, B 175
Borea, A 92
Boreus, B 152
Borrum, B 173
Bos, R 105
Bosboris, B 145
Bothonia, B 146
Botitium, B 159
Botrum, B 176
Bones, I 524
Bouestra, B 165
Bouinum, B 170
Bouon, B 163
Bouulci, B 149
Bouum, A 940; B 149, 160; I 524
Brachi, U 227
Brachia, Int. 191
Brachialia, A 722; D 178
Brachicatalecticus, Int. 51
Brachiorum, T 223
Brachis, L 52
Brachium, L 71; U 233
Brachus, B 184
Braciae, B 189
Bradigabo, B 183
Bragas, P 241
Brahiale, B 181

Bratium, B 182
Brattanea, B 193
Braugina, B 196
Brebiter, C 795
Bresith, Int. 52
Breue, C 291; E 222
Brenia, I 276; U 50
Breuiarum, E 237
Breuiata, E 240
Breuiatio, E 261
Breuis, Int. 49; B 184; C 817, 890, 896; L 123; M 102, 281; S 141
Breuitas, B 180
Breuiter, C 818
Breuium, C 867
Briensis, B 179; L 93
Brittaniea, B 192
Brittia, B 195
Broel, B 185
Broellarius, B 186
Bromosus, B 194
Bruchus, Int. 42; B 187, 190
Bruma, B 180
Brumalia, B 191
Bruncus, B 188
Brute, H 68
Bubalis, B 213, 217
Bubla, B 229
Bubo, B 206
Bubulum, C 956
Buccis, B 200
Buccones, B 219
Buccula, B 223; U 242
Bucelatori, P 159
Bucerum, B 217
Bucitum, B 226
Bucolicon, Int. 50
Bucula, B 218
Buculus, B 208
Bulimus, B 209
Bulla, B 197
Bullae, B 205
Bullantes, B 221
Bullit, B 216
Bumaste, B 214
Bumbus, B 225
Bunia, B 228
Burdones, H 152
Burgos, B 220
Buricus, M 57
Buris, B 210
Burrum, B 202, 211
Burrus, B 212
Busta, B 203
Bustantes, B 215
Busticeta, B 201, 204
Bustum, B 224
Buteriae, B 222
Butio, B 199, 227

Butum, B 207
Bux, B 198
Byrsa, B 234
Byrseus, B 232
Byssum, B 113, 230, 233
Bythalasma, B 231

Caballarus, P 808
Caballi, L 29
Caballus, C 155; M 57
Cabbaalarius, A 472
Cabellatione, S 374
Cabillatio, C 26
Cabillatur, C 42, 248
Cabo, C 155
Caccabum, C 6
Cacihinnatio, C 35
Cacomicanus, C 123
Cacorum, I 446
Cacula, C 52
Cacumen, C 163, 661
Cada, C 153
Cadauera, F 424
Cadax, C 157
Cadendo, E 323
Cadex, C 253
Cadit, C 764; D 113
Cadonca, C 67
Cados, C 9
Caduca, B 177
Caduceum, C 168
Caducus, C 212
Caedit, C 54
Caelatum, C 249
Caelatura, C 251; D 200
Caeles, C 221
Caeleste, C 1
Caelesti, N 99
Caelestia, A 581
Caelestis, C 169; I 485; N
　　111
Caeli, A 339, 355, 685; C
　　159; U 51 (?)
Caelibatus, C 79
Caelibem, C 215
Caelibies, C 169
Caelicola, C 43
Caeliculae, C 221
Caelo, A 794; S 281
Caelum, A 340, 479, 840;
　　C 43, 855; E 132; O 144;
　　P 546
Caementum, C 90
Caenum, C 29, 128
Caeporicon, C 71
Caeraitae, C 203
Caerealia, C 202
Caeruchi, C 222
Caesaris, F 183
Caesarium, C 170
Caesios, C 200

Caesura, C 90
Cain, Int. 55
Calamitas, Int. 98; E 275
Calamitates, T 195
Calamitatibus, C 238
Calamizare, C 187
Calamum, S 509
Calamus, H 1
Calcar, C 93
Calcare, M 307
Calcem, C 4
Calces, S 148
Calcesta, C 118
Calciameuta, O 293; S 76
Calciamenti, C 844
Calciculium, C 121
Calcido, C 77
Calcis, C 3, 142
Calculator, C 24
Calculum, C 127
Calculus, C 5, 12
Caldaria, C 197
Caldei, Int. 56
Caldeorum, A 110
Caldeos, S 74
Calecantum, p. 26, n. 5
Calens, A 674
Calentes, C 30
Calestra, C 191
Calicis, F 177; P 106
Calida, S 520
Calidonco, T 351
Caliga, C 141
Caligaris, C 480
Caligat, C 345
Caligo, A 300
Calips, C 145
Calix, C 919, 972
Calla, C 104
Calleo, C 261
Calles, C 232
Callide, I 348
Calliditas, A 855
Callidus, Int. 58; M 187; U
　　21, 116; p. 78, note 3
Callis, C 259
Callos, C 161
Callus, C 255; D 72
Calmetum, C 140
Calomachus, C 124
Calones, C 190
Calor, A 312, 675; C 347
Calore, T 92
Calpes, C 17
Calta, C 116
Caltulum, C 165
Caluaria, C 654
Caluarie, Int. 57
Caluarium, C 257
Caluiale, C 256
Calumniatur, S 367

Caluus, G 109
Calx, C 142
Camaenae, C 34
Camellea, C 27
Camellorum, B 205
Camellum, C 184
Camera, C 56; L 28
Camisa, C 109
Campania, S 218
Campestre, S 287
Campi, A 315; N 3
Campis, B 65; I 51(bis)
Campus, A 314; C 227
Cana, C 87
Canalibus, C 111; I 76
Canalis, C 922
Cananeus, Int. 65
Cancellatas, I 353
Cancelli, C 173, 214
Cancer, C 120
Cancri, C 214
Canda, C 225
Candes, C 18
Candet, C 40
Candidi, C 376
Candidus, Int. 188
Candins, C 209
Cane, Int. 192; C 11; L 338
Canes, C 28, 347; Q 65
Cani, H 166
Canibus, Q 42
Canicula, C 11
Canis, L 338; M 215; N 89
Canistrum, C 132
Canit, C 751; F 180; L 179;
　　T 176, 327
Canitur, C 754
Canna, H 20
Cano, C 57
Canon, Int. 60
Canonum, C 72
Cantare, C 187
Cantarus, C 44, 86, 151
Cautat, M 280
Cantatio, E 487; M 157, 279
Cantationes, A 897; E 104;
　　H 2
Cantatrix, P 839
Canthera, C 252
Canti, C 92, 135
Canticiscent, C 94
Canticum, C 55; E 417
Cantilena, C 365
Cautio, T 263
Cantos, A 821
Cantu, C 34
Cantus, C 362, 562; H 41
Caotostrifon, C 84
Capacitates, C 41
Capaciter, C 172
Capax, C 162, 206

Capellę, A 306
Caper, C 156
Caperata, C 37
Capessit, C 38, 205
Capido, C 183
Capiendas, C 80
Capiens, P 711
Capillatio, L 3
Capillatis, C 210
Capillatur, C 99
Capillis, C 210
Capillum, C 170
Capissendas, C 80
Capissendo, I 252
Capistrinum, C 241
Capistro, C 260
Capistrum, C 117
Capit, A 958; C 206
Capita, B 104
Capitale, C 310
Capitas, C 235
Capite, A 140; C 171(bis), 216, 217; T 305
Capitella, E 235; P 397
Capiter, O 118
Capitis, A 685; C 216; D 98, 301, 313; F 330; T 77; U 58
Capititantium, D 363
Capitium, C 107
Capitolinus, C 211
Capitolio, C 211
Capitolium, C 231
Capitulum, E 222
Capiuntur, U 159
Capoth, Int. 66
Cappa, C 108, 112, 137
Capra, D 13
Caprae, S 523
Caprarum, B 110
Capria, C 189
Caprioli, D 13
Capscllum, C 133
Capais, C 100
Capsula, C 108
Captae, M 23
Captant, I 234
Captio, C 167, 180
Captiuitas, I 501
Captiuitatem, P 543
Captu, P 598
Captura, C 181
Capturarius, C 181
Capulum, C 236
Capulus, C 47
Caput, C 217, 231, 322, 407, 753; L 29; M 310; S 343, 481
Caraborum, M 221
Caracter, C 68; S 555
Caracteres, C 226

Caractis, C 103
Caradrion, C 148
Caragios, C 223
Carauma, C 13
Caraxatis, C 228
Carbasus, C 229
Carbo, C 143
Carbunculus, C 15
Carcer, C 347
Carcere, I 87
Carceres, L 6
Carceribus, I 335
Carcesia, C 102, 266
Carcura, C 101
Cardela, p. 1
Cardella, C 122
Cardinarius, C 66
Cardiolus, C 258
Cardo, C 247
Carduelis, C 147
Cardui, P 22
Cardus, C 125
Carecta, C 33, 192
Carecter, C 179
Carectum, C 129
Caret, A 847; C 267
Caricas, P 58
Carieis, C 33
Cariel, C 152
Carina, C 134
Carinantes, C 158
Cariscus, C 106, 150
Caristia, C 164
Carix, C 110
Carmelus, C 114
Carmen, Int. 50, 151, 156; E 238, 251, 252; N 54; P 112, 488; S 524; p. 86, note 2
Carmina, P 385
Carminat, P 153
Carminibus, H 2
Carminis, M 134, 157, 179
Carminum, H 165
Carnes, O 205
Carnificum, L 75
Carnis, L 67; O 169
Carpasiui, C 138
Carpebat, C 263
Carpella, C 130
Carpentium, C 398
Carpentum, C 96, 182
Carpsit, C 48
Carptim, C 45
Carptus, C 46
Carra, P 446
Carrum, C 182
Cartaginensem, P 885
Cartago, C 199 (for sartago); P 489
Cartamo, C 265

Cartellus, C 10
Cartem, C 188
Cartice, L 204
Cartilago, C 14, 186
Cartula, C 359
Carubdis, C 7
Carula, C 178
Casa, S 207; T 123
Caseum, C 55, 193
Casei, F 191
Cases, C 154
Caseum, C 267
Casinur, C 19
Casis, C 244
Casla, C 224
Cas.leo, Int. 59
Casma, C 21
Casuomia, C 149
Caspis, A 677
Cassa, S 135
Cassabundus, C 49
Casse, C 160
Cassedis, C 254
Casses, C 60, 254
Cassibus, C 238
Cassidele, C 136
Cassidis, C 242
Cassis, G 19
Cassium, C 246
Casso, C 245
Cassus, C 239
Cassusum, C 194
Castanea, C 115
Castel[li], Int. 120
Castellum, O 202
Castigatio, E 145
Castimonia, C 2
Castorius, C 126
Castra, B 220; H 94; R 98
Castratio,. H 82
Castratus, H 53
Castrorum, U 51
Castum, C 50
Casu, C 83
Casus, C 85, 243; F 258; I 11; T 195
Catabatus, C 89
Cataceseis, C 76
Catacesion, C 62
Catacizati, C 64
Catacizo, C 65
Cataclismum, Int. 67
Catacuminus, Int. 62
Catafrigas, C 63
Catafrigia, C 25
Catagrinas, C 250
Catalecticus, Int. 74
Catalectus, Int. 75
Catalogue, C 208
Catamasion, C 81
Catamo, I 465

Cessere, C 277
Cessit, C 352
Cessores, L 26
Cesuram, C 290
Cesus, F 413
Cetesior, C 354
Cethelis, C 328
Cetra, C 274, 291
Cetretron, C 304
Cetula, C 359
Ceu, C 276
Ceuairistias, P 23
Chaciunant, C 36
Chalibem, C 369
Cham, Int. 58
Chaos, C 367
Chartamo, C 371
Charybdis, C 370
Chaumos, C 368
Chaus, C 361
Chelis, C 378
Cheroche, C 373
Cherubin, Int. 54; C 366
Chiatos, C 363
Chiliarchus, C 377
Chimedẹ, C 372
Chordae, O 129
Chorea, C 365
Chorela, C 374
Chorus, C 362, 364, 375
Chrismalis, M 380
Christallus, C 376
Christos, Int. 214
Chroma, C 360, 874
Chronus, Int. 73
Cibaria, C 429
Cibatum, C 426
Cibi, Int. 247; D 17
Cibo, C 429
Cibos, E 420
Cibri, B 73
Cibricum, B 73
Cibum, B 161(bis)
Ciburium, C 403
Cibus, D 16; S 99
Cicad, C 404
Cicatrices, C 413
Cicer, C 406
Ciceris, F 343
Ciclops, C 414
Cicnus, O 152
Ciconia, C 405
Cicuauus, C 438
Cicur, C 401
Cicurate, C 402
Cicuta, C 391, 397
Ciebo, C 384, 394, 395
Ciomus, C 399
Cient, C 393
Cieps, C 444
Ciere, C 410

Ciet, C 392
Cilex, C 432
Cilindrus, C 422
Cilo, C 407
Cimiterium, C 433
Cingant, S 494
Cingitur, C 979
Cingula, R 124
Cinguli, B 169
Cingulum, P 65; U 224
Cinnamomum, C 437
Cinoglosa, C 411
Ciusores, C 389
Cinthia, C 383
Cinthium, M 230
Circa, A 388; C 92, 381; P 496, 880; S 303; T 225
Circinatio, C 436
Circinni, C 434
Circinno, C 416
Circio, A 113
Circiter, C 381, 390
Circius, C 419
Circuibunt, C 396
Circuit, C 387, 623; L 323; P 251
Circuitis, A 555
Circuito, L 290
Circuitu, H 23; P 249; S 320
Circuitum, L 159, 322; R 84
Circuitus, A 555, 594
Circulator, C 425
Circuli, A 554
Circulorum, T 204
Circulosus, A 523
Circulum, C 425
Circulus, C 388; E 169; G 105; I 34
Circum, C 385; O 60
Circumcelliones, C 396
Circumdabit, U 31
Circumdare, C 788; O 80
Circumdat, O 125
Circumdata, P 750
Circumdatum, H 26, 157; O 13
Circumdatus, M 317; O 52, 57; S 211; T 219
Circumfexus, Int. 259
Circumfusus, O 89
Circumiit, A 549
Circumlocutio, P 299
Circumscribere, C 412
Circumscripta, C 423
Circumspectacum, A 516
Circumspicio, L 281
Circumuenire, C 412
Circumuentus, I 162
Circus, C 421
Circusio, P 365
Circutus, C 417; P 197

Cirris, C 409
Cirsum, C 398
Cis, C 428
Cisculus, C 408
Cista, C 400
Cistula, C 379
Citate, C 427
Citatem, C 420
Citerius, C 415
Cithara, C 328, 378; F 180
Citharae, F 184, 197; P 473
Citharedus, F 198
Citius, O 114
Cito, D 113, 314; M 80; P 816
Citonium, C 439
Citra, C 380
Citro, C 418
Citropodes, C 382
Citroque, U 229
Cittes, C 386
Citus, C 431
Ciuem, C 424
Ciues, P 477; Q 54
Ciuibus, O 189
Ciuile, B 79; I 371
Ciuilia, P 801
Ciuis, A 254; M 319, 321
Cinita, C 430
Cinitas, M 328; U 288
Ciuitat, C 424
Ciuitatem, C 396
Ciuitatis, A 457; G 139; S 273
Clabatum, C 489; L 129
Claciudex, C 463
Cladibus, C 453
Cladica, C 467
Clam, C 448, 462
Clamamus, C 399
Clamantes, B 64, 172
Clamare, B 153
Clamat, Q 31; T 68
Clammum, C 478
Clamo, I 459
Clamor, C 877; F 7
Clanculat, C 446
Clanculum, C 447, 448
Clandire, C 476
Clangor, C 456
Clarissimum, C 478
Claritas, E 336
Claro, N 137, 171
Clarum, P 266
Clarus, I 175, 239
Clasibus, C 457
Clasiea, C 493, 497
Clasis, C 482
Clasma, C 460
Classem, C 796
Classic, C 473

Classica, C 468, 472
Clatrum, C 488
Claua, C 450, 486
Claudens, O 26
Claudentes, O 211
Claudicare, C 476, 483
Claudire, C 483
Claudit, O 71
Clandus, C 157
Clauia, C 449
Clauicularius, C 498
Clanis, Int. 70; C 441
Claumentia, C 486
Clausibile, C 496
Clausis, O 214
Clausit, O 206
Clausula, Int. 263
Clauum, C 485
Clanus, C 480; L 342
Clemax, C 461
Cleps, C 444
Clepsedra, C 477
Clericus, Int. 61; C 440
Cletice, Int. 72
Clibanus, C 459
Clibosa, C 445, 487
Clibosum, C 443
Clibum, C 458, 465
Cliens, A 187; C 469
Clientella, C 475
Clientes, C 464
Clima, C 494
Climax, C 470
Climenæ, F 130
Climmata, C 484
Clinici, C 471
Clinus, C 451
Cliutis, C 474, 479
Cloaca, C 490
Cloacas, C 495; L 30
Cluamentia, C 442
Cluat, C 454
Cludit, O 69
Cluis, C 481
Cluit, C 455
Clunis, C 491
Clus, C 492
Clustella, C 466
Clusus, T 236
Coaceruantes, C 529
Coacti, C 572
Coacto, A 183
Coagolescit, C 671
Coagolum, C 775
Coalescit, C 502
Coalescunt, C 737
Coaluissent, C 591
Coangustare, E 181
Coaptauit, A 181
Coarcuatio, C 685
Coarta, C 732

Coartata, C 730
Coatunat, C 626
Coaucta, C 571
Coecum, C 520, 865
Cocilus, C 866
Coclea, C 623
Cocleae, C 630
Cocleas, C 660
Cocta, C 463
Cocula, C 108; M 65
Cocumum, F 122
Codex, Int. 68; L 9
Codices, B 122; C 545
Codicis, A 630
Coditiana, E 70
Coebriosa, C 705
Coepit, I 430
Coercit, C 556
Coetanis, D 58
Coetanium, C 728
Coeuorum, C 362
Coeuum, C 728
Coffinum, C 582
Coffinus, C 635
Cogebant, A 185
Cogit, N 23
Cogitabaut, C 738
Cogitantes, S 606
Cogitarium, C 797
Cogitat, S 61
Cogitatio, E 308
Cogitatione, U 266
Cogitationes, C 936
Cogitatum, C 332
Cogitauit, C 566; D 45
Cogiter, M 12
Cognata, C 505; I 273
Cognatos, C 164
Cognatus, A 379
Cognitio, C 114
Cognitor, C 675, 827
Cognitum, C 313
Cognosce, A 112
Cognouerat, A 927
Coheres, C 731
Coinquenentur, A 712
Coit, C 692, 693
Coitio, C 769
Coitum, O 130
Coituras, C 691
Coitus, I 75
Cola, Int. 76
Colaphus, C 744
Colat, U 68
Colcorum, F 70
Coleandrum, C 782
Colera, C 619, 834
Colerantes, C 834
Coli, C 634
Colicus, C 749
Coliferte, Int. 69

Colit, A 906; C 43
Collarem, M 215
Collectari, C 697
Collectio, G 132
Collectionum, X 1
Collectum, C 553, 696
Collega, C 695
Collegio, A 780
Collegit, C 628; L 118; P 623; S 707; U 225
Collegitur, C 729
Colligate, O 74
Colligerunt, C 625
Colligit, C 774
Colliguntur, C 477; M 182
Collocatum, S 326
Collocatur, C 787
Collorate, C 713
Colludium, C 643
Colobium, C 514
Colomata, C 783
Coloni, C 631; I 244
Colonum, C 839
Colonus, C 513
Colophus, T 38
Color, A 707; C 648, 701, 874; G 191; H 153; M 130; P 666; R 32, 207
Coloratum, F 188
Colorem, C 886, 977; S 82, 83, 378
Colores, G 61; T 140
Coloris, A 604; H 163; L 305
Colos, C 701
Colostrum, C 658
Coluber, C 753
Coluisse, C 819
Colum, Int. 286
Columba, Int. 184; P 103
Columbae, Int. 48, 171
Columen, C 807
Columnas, C 642
Columnis, F 304
Colus, C 752
Colyre, P 59
Comat, C 641
Comebat, C 790
Comedebant, E 306
Comedia, C 803
Comedo, C 547
Comentarium, C 847
Comentat, C 760
Comesationes, T 150
Comestus, E 534
Comicum, C 759
Comicus, C 803
Comis, C 721, 757, 768
Comitatio, C 802
Comitauere, C 812
Comiter, C 624

Comitiare, C 627
Comitus, T 243
Comma, Int. 77; C 817
Commanipulares, C 856
Commanipularius, C 695
Commasticat, M 77
Commata, Int. 78
Commatice, C 818
Commaticum, C 622
Commeatos, C 534
Commedens, E 34
Commemorabo, C 636
Commendabat, C 824
Commendat, A 541
Commendatum, D 100
Commenta, C 638, 734
Commentari, C 639
Commentariensis, C 637
Commentator, C 825
Commentatus, C 567
Commenti, C 639
Commenticius, C 682
Commentis, C 667
Commentum, C 760, 779; S 416
Commercium, C 564
Commesatio, C 687
Commessatur, C 689
Commestum, C 426
Comminisci, C 559
Comminiscitur, C 760
Comminus, C 663, 864
Commisce, C 600
Commisionibus, C 722
Commissum, I 273
Commisura, C 507, 745
Commiteris, C 650
Commitia, C 647
Committere, C 724
Committitur, P 426
Commixta, C 548
Commixtiones, P 642
Commixtum, M 229
Commoda, C 698
Commodat, C 510
Commodius, C 500
Commodus, C 852
Commolita, C 739
Commolitio, C 776
Commonicarium, C 833
Commonicat, P 90
Commota, C 732
Commotus, C 815
Commonenda, M 305
Commonent, C 393
Commouere, Q 5
Commulsa, C 836
Commune, A 711
Communicat, A 150
Communionem, E 563
Communis, P 693

Communitorinm, C 741
Commus, S 315
Comolus, C 850
Compos, C 755, 838; U 267
Compotem, C 711
Comsumtum, E 520
Comtus, C 794
Con, S 727(bis)
Conabulum, C 508
Conaculas, A 61
Conæuus, A 307, 345
Conando, E 215
Conautes, A 620; C 669
Conatur, A 584; N 126
Conatus, C 733; N 104
Conbibola, C 705
Conburant, B 201
Conburet, C 847
Conbusta, A 539; U 295
Conbustum, B 224
Conca, C 770, 863
Concameratio, C 685
Concauus, C 495
Concedam, C 592
Concedit, C 764
Concentum, C 754
Concentus, C 562
Conceptum, B 106
Conceptus, T 224
Concesserim, C 601; p. 118, note 2
Concessit, C 344, 820
Concha, C 799
Conciderunt, C 589
Concidit, C 586, 702
Conciliabulum, C 804
Conciliantes, L 108
Conciliat, L 153
Conciliatores, L 103
Concinna, C 668
Concinnat, C 646
Concinnis, C 645
Concis, C 758
Concisium, C 777
Concita, P 214
Concitare, U 265
Concitat, M 235
Concitati, A 142
Concitet, C 392
Conciti, C 618
Concitus, E 181
Conclamat, C 761
Conclamatus, C 815
Conclania, C 684
Conclassare, C 796
Conclauis, C 683
Concludere, O 80
Concluditur, Int. 75
Conclusio, S 397, 713
Conclusum, D 47
Conclusus, C 683

Concordi, R 96
Concors, C 851
Concrederis, C 650
Concrepare, p. 1
Concrescit, C 502; I 102
Concreta, C 548
Concretum, C 862
Concubinam, P 372
Conculcat, C 762
Concunctatus, C 511
Concupiscens, A 196
Concursus, C 816
Concussionibus, C 828
Conentere, C 688
Concutiens, C 899
Concutio, C 395
Concutit, C 923
Concutitur, Q 24
Condebitores, C 826
Condemnatio, M 311
Condemnatus, M 365
Condemnauit, M 367
Condensi, C 550
Conderetur, C 780
Condiarium, C 793
Condicio, C 612
Condicione, C 611
Condicionem, S 433
Condiciones, P 44
Condicionis, S 221
Condidit, C 540; F 268
Condita, C 644
Conditum, U 155
Conditur, C 787; S 101
Conditus, C 792
Condubitatus, C 511
Conducuit, C 664
Conduntur, A 734
Conectit, C 861
Conequus, A 307, 345
Concxere, C 788
Confecit, C 633
Confectus, C 649, 786
Conferata, C 593
Conferre, C 579
Confertas, C 614
Confertissimum, C 789
Confertur, C 729
Confesionem, E 505
Confessio, E 1, 463; p. 45, note 2
Confessus, F 64, 68
Confici, C 674
Conficiendorum, P 30
Conficina, C 771
Conficitur, N 37, 49
Conficiuntur, S 623
Confictium, C 727
Confirmare, S 12
Confirmatione, F 182
Confirmator, A 234

Confirmauit, S 411
Conflictationibus, C 722
Conflictum, C 501
Conflictus, A 725, 812; D 262
Configere, C 724
Configit, C 725
Conflixerunt, C 723
Conforaneus, C 806
Confossus, C 785
Confoti, C 829
Confracta, P 349
Confregit, D 225
Confugione, D 60
Confulsus, C 503
Confundatur, U 129
Confunde, C 600
Confundit, C 778
Confusio, Int. 53; B 14; C 361
Confusione, C 599
Confusus, C 528
Confutandum, A 278
Confutat, C 858
Confutatus, C 551
Congeminare, C 772
Congeries, A 372; C 546; R 215; S 492
Congessit, C 628
Congestum, C 553, 696
Conglobat, C 626
Conglutinat, C 671
Conglutinata, C 655
Congregantes, C 529
Congregata, C 814
Congregatio, Int. 288; C 338, 546; F 155; S 253
Congregatis, C 606; T 307
Congregatur, C 495
Congregauit, C 541, 767
Congrego, L 146
Conhibenda, C 706
Conibuli, C 805
Conicem, C 629
Coniciebant, C 738
Conicio, C 506
Conicis, C 765
Conicit, C 561
Conicita, C 499
Coniciunt, C 574
Coniecerentur, C 690
Coniecit, C 504
Coniecta, C 571
Coniectura, C 536, 537, 716; I 154
Coniecturam, A 823
Coniectus, C 659, 694
Conierat, C 791
Conisma, C 512
Coniuentibus, C 709
Coniuentio, C 519; P 25

Coniugis, S 288
Coniuncta, C 505, 668, 730
Coniuncti, C 805
Coniunctio, C 685, 700; G 102
Coniunctum, S 21, 24
Coniuncturae, C 678
Coniunctus, C 731, 821
Coniuncxerunt, C 813
Coniuncxit, C 679
Coniungit, I 125; P 57
Coniuugitur, C 539
Coniunxerat, I 519; L 119
Coniunxerunt, C 617
Coniunxit, A 221; C 538
Coniurat, C 791
Coniurati, A 331; C 594
Coniuratio, F 50
Coniurgium, C 727
Conixi, C 669
Conlatio, Int. 287
Conlatione, C 613
Conlationes, S 731
Conlatis, C 544
Conlato, C 533
Conlatum, C 696, 849
Conlegium, P 164
Conlibum, C 798
Conlidit, C 602
Conligauit, A 790
Conliugunt, C 708
Conlinnuunt, C 718
Conlisio, C 832
Conlisit, C 763
Conlocatus, M 70
Conlocopletatus, C 555
Conlubio, C 726
Conluctatur, C 725
Conludium, C 558
Conmentabor, C 636
Conmentus, C 566
Conmilitones, C 856
Conmulcat, C 762
Conmulcauit, C 763
Cone, S 690
Conopeum, C 531
Conor, E 197
Conpactis, C 577
Conpactus, A 817
Conpagem, C 686
Conpaginasti, C 681
Conpaginauit, C 679
Conpagines, C 678
Conpagum, C 677
Conpar, C 603
Conparantem, C 590
Conparat, L 141
Conparatione, C 613
Conparauit, A 42, 75, 700
Conpediatim, C 620
Conpedium, C 781

Conpegisti, C 681
Conpellat, C 657
Conpendio, C 795
Conpensatur, U 153
Conpentia, C 604
Conperendinat, C 521
Conperire, P 783
Conpertus, C 615
Conpescere, I 441
Conpescit, F 334, 341
Conpetentes, C 676
Conpetis, C 595
Conpetitur, C 800
Conpetorem, C 784
Conpetum, C 748
Conpilat, C 632, 859
Conplectitur, C 554
Conplementum, S 91
Couplet, C 719
Coupletitur, C 549
Conpleuit, O 254
Conplex, C 523
Conplexum, D 47
Conplexus, U 162
Conpliciis, C 707
Conplodere, C 688
Conplosi, C 742
Conpluta, C 743
Conponebat, C 790
Conponere, P 842
Conponit, C 646; E 386
Conportatum, C 849
Conpos, C 665
Conposita, C 644; S 719
Conpositas, C 835
Conpositio, P 509; S 469; U 159
Conposito, M 125
Conpositor, P 459
Conpositum, M 174
Conpositus, C 721; H 64
Conpotrix, C 705
Conpraehendit, C 801; E 470
Conprehensio, C 146
Conprimat, C 811
Conprobamus, C 509
Conpugit, M 236
Conpunxerunt, C 542
Conputatio, E 522
Conputator, C 24
Conquilium, C 530
Conquirentem, C 596
Conrasis, C 606
Considere, C 712
Conscii, S 377
Consciis, C 707
Conscionator, Int. 301
Consciuerunt, C 813
Conscius, C 695
Conscribit, D 165

Decennonenalem, E 201
Decens, D 167
Decepit, F 127
Deceptio, P 697
Deceptor, F 47, 337
Decerneo, C 294
Decerni, D 82
Decernimus, C 349
Decernit, C 285; D 195
Decerpsit, C 48
Decet, A 55
Decidens, D 66
Decidit, P 350
Deciduum, D 113
Deciperat, P 206
Decipere, C 412
Decipula, D 33
Decit, D 106
Declamanda, D 18
Declamat, C 854
Declibium, D 140
Declibius, D 127
Declinans, Int. 187, 242
Declinat, U 115
Decoetanis, D 58
Decolatur, P 442
Decolatus, T 281
Decollatum, D 185
Decor, N 12
Decorat, I 434
Decoriauit, D 129
Decorticant, T 357
Decrepita, D 46
Decrescit, E 8
Decreta, D 187
Decretum, D 146, 209; G 79
Decurat, Int. 92
Decurio, D 170
Decus, C 278
Decussit, D 28
Dedala, D 121
Dedasculum, D 53
Dedecet, D 106
Dedecus, D 91; L 319
Dedicatio, Int. 99
Dedicationes, E 213
Dedichotomatibus, D 58
Dediscere, D 120
Dedit, I 30; N 180; S 661
Dedita, D 35
Dediti, N 3
Dediticius, D 15(bis)
Deditio, D 70
Dedragmae, D 149
Deducere, D 125
Deducit, C 217; D 190
Deduunt, D 117
Deest, Int. 74
Defamare, T 269
Defatiget, D 52
Defecata, E 445

Defecatum, D 79
Defecit, C 662; E 547; H 50; S 596; T 6
Defecta, S 290
Defectio, D 95; E 14; M 136
Defectis, E 404
Defectum, D 137
Defectura, D 65
Defendere, T 341
Defendit, P 733; U 232
Defenditur, D 207; U 230
Defensaculum, L 74
Defensor, S 467
Defentio, A 679
Deferberat, D 175
Deferentes, D 142
Deferre, S 566
Defert, D 27, 92, 110, 122
Defertur, D 104
Defferuntur, D 74
Deffitentur, D 42
Deficilior, F 362
Deficitur, D 309
Definit, D 206
Defisus, D 197
Defitiget, D 51
Defixos, A 276
Deflat, D 128
Deflectitur, U 19
Deflexio, D 172
Defluens, A 682
Defluit, E 438
Defluxit, D 161
Deforat, D 267
Deforatio, B 18
Deforis, C 73
Deformat, D 130
Deformitas, M 269
Defortia, D 172
Defotabat, D 84
Defragore, D 166
Defraudat, D 103
Defrutum, D 19
Defungitur, D 131
Defunxit, D 112
Defusa, F 236
Defusioris, D 158
Degener, D 93
Degenerauerat, D 179
Degeneret, D 202
Degerit, E 92
Degesta, D 94
Degestio, E 93
Degesto, D 114, 186
Degetit, D 165
Degit, D 159
Degladiandi, D 44
Degladiati, D 63
Deglobere, D 83
Degluit, D 129
Degrauidem, D 200

Degustare, L 162
Degustat, A 456
Dehescit, D 194
Dehiscat, D 75
Dehiscens, D 157
Dehiscit, D 76
Dehonestate, T 269
Dei, Int. 30, 37, 61, 79, 80, 103, 107, 112, 116, 131, 138, 163, 166, 179, 264, 266, 269, 330; C 1, 82; D 383; E 122, 137; I 42; P 121, 198, 200, 240; S 347; T 137, 209
Deiecit, D 217
Deiectum, D 185
Deiectus, A 583
Deifica, N 200
Deinceps, I 52
Deinde, P 256; Q 69; T 357
Deiudicans, Int. 180
Deiurare, D 96
Deiurat, D 34
Delabitur, D 134
Delator, C 675; U 259
Delatur, D 104
Delatus, D 101
Delectum, D 126
Delegerunt, D 198
Delenda, A 14
Delens, O 82
Delerat, D 332
Delerent, O 42
Deleres, C 634
Deleri, A 90; O 154
Deleta, A 26; C 423
Deletus, O 27
Delibatis, D 204
Deliberat, C 285; S 61
Deliberatio, D 62
Delibra, D 191
Delibrat, D 45
Delibuit, D 39
Delibutus, D 38, 264
Delicata, B 110
Delicatis, D 64
Delicntus, D 22
Deliciis, D 171
Delicius, D 171
Delimatum, D 47
Deliquium, D 95
Delitere, D 138
Delitescere, D 196
Delituit, D 182
Delubra, D 201
Delumentum, D 56
Demedia, E 183
Demendo, D 102
Demensus, D 160
Dementes, D 147
Demere, D 88

Demit, D 193
Demolitur, D 316
Demone, U 101
Demonia, Int. 56
Demoniacus, C 212
Demonibus, I 301
Demoniosum, A 795
Demoniosus, R 67
Demonstrantibus, P 831
Demonstrare, O 287
Demonstratur, P 494
Demserit, D 269
Demum, D 61
Denique, D 285, 323
Densa, C 192
Densat, F 75, 369
Densitas, T 56
Densum, D 43
Dentalia, D 80
Dentes, B 107; D 102; E 45; M 240; P 481
Dentibus, E 46; F 332
Denumerare, D 284
Denuntiauit, D 188
Deo, Int. 25, 183; D 245
Deoctaua, P 837
Deodoraneos, E 325
Deorsum, P 854
Deorum, C 672; N 75; S 622; U 150
Depeculatus, D 99
Dependeat, D 162
Dependere, D 150, 152
Depensurus, D 151
Deperdens, M 129
Depicta, F 425
Deplere, D 125
Deplorat, D 141
Deponile, D 57
Deportantes, D 142
Deportatus, D 23
Deportauit, D 112
Deposcit, D 141
Depositum, D 100
Depraecatio, D 108
Depraedatus, D 99
Depraehendo, D 109
Depraesi, E 301
Deprecatio, P 709
Depressus, D 139
Depromat, D 133
Depugnat, A 349
Depulit, A 767
Depulso, A 690
Depuplicatus, D 143
Detectum, D 40
Deriuat, D 190
Derogat, A 63; D 97
Descensum, D 140
Descíscimus, D 156
Desciuit, D 68, 115

Deseminat, D 154
Desentiones, S 321
Desentit, D 86
Deseptus, D 174
Deserere, D 213
Deserit, F 76; P 786
Desertinis, D 55
Desertus, D 153
Deseruiens, C 211
Deseruire, M 115
Deseruit, D 163; F 432
Deses, D 107
Deseuit, D 168
Desiccata, U 312
Desicit, D 77
Desidans, D 89
Desidebat, D 48
Desiderabilis, Int. 79; D 6
Desideraret, A 208
Desiderat, A 266, 369; U 274
Desideratis, O 70
Desiderium, L 224
Desides, D 107
Desidescere, D 116
Desidiosus, D 85
Desiduus, D 85
Designat, N 194
Designatur, D 286
Designatus, I 331
Desiit, D 87
Desimiles, D 142
Desimulaui, D 212
Desinat, F 112
Desine, S 426
Desinere, H 110
Desinit, E 176
Desipiscit, D 135
Desis, D 26
Desisse, D 184
Desiste, D 192
Desistit, A 67
Desitescere, D 105
Desolutus, D 29
Desonat, F 116
Desonuit, D 86
Desperat, O 278
Desperatus, O 85
Desperauit, D 197
Despicatus, D 21
Despondet, D 41
Destenta, D 203
Desticare, D 123
Destituit, D 24
Destitutae, D 31
Destitutus, O 249
Destituunt, D 30
Desudare, D 32
Desueuit, D 173
Det, D 377
Detentio, C 167

Determinat, D 206
Detestabilia, S 71
Detestabilis, D 111
Detestare, D 148
Detestatus, D 36
Detractasset, D 73
Detractat, D 145
Detractauere, D 208
Detractauit, D 71
Detrahit, D 190; L 97; O 219; S 665
Detrait, D 97
Detrectauit, D 144
Detrectet, D 145
Detrectus, D 143
Detrimentum, D 177
Detrudit, D 169
Detrudunt, D 132
Detulerat, D 20
Deturbat, D 240
Denaricare, D 90, 124
Deuellunt, D 214
Deuenerauit, D 118
Deuenustat, D 130
Deuertendo, D 172
Deuerticulum, D 37
Deuertuntur, D 172
Deuexu, D 140
Denia, D 72
Deuinctus, D 205
Deuinxit, D 81
Deuitat, D 199
Deum, Int. 164; C 855; H 143
Denota, D 189
Deuotaturi, D 180
Deuotaturus, D 25
Deuotio, D 181
Deus, Int. 105, 119, 152, 200, 281; A 557, 843; D 305; G 59; M 176; P 796
Deuterogamiae, D 164
Deuteronomium, Int. 83; D 155
Deuterosin, D 49
Dentinum, D 183
Deuulgare, D 166
Deuulgatur, D 277
Dexterae, Int. 45; F 185
Dextralia, D 178
Diabulus, Int. 81
Diaconus, Int. 82, 195; D 210; I 10, 475
Diadema, D 221
Diafonia, D 248
Dialectica, D 259
Dialecticus, D 251
Dialeptis, L 186
Dialexis, D 295
Dialis, F 242
Dialogus, D 253

Emulatio, E 189
Emulo, E 187, 188
Emulumentum, E 154
Emulus, E 163
Emunctoria, E 166
Encenia, E 213
Encratitae, E 199
Endecas, E 203
Enebata, E 66
Energia, E 219
Eneruat, E 192
Eneruis, E 210, 350
Eneruum, E 207
Enfaticus, E 220
Eniclia, E 198
Enigma, E 195
Enigmata, E 205
Enim, B 73, 83
Enisus, E 200·
Enitendo, E 215
Enitescit, E 218
Enitor, E 197
Enixa, E 214, 216
Enixe, E 211
Enixius, E 208
Enixus, E 217
Enlencus, E 222
Enneacaideceterida, E 201
Enoch, Int. 99
Enocilis, E 209
Enodabile, E 221
Enodis, E 196
Enormis, E 202
Enucleata, E 212
Enum, E 193, 194
Enumerat, E 206
Enumeratio, C 208
Eo, A 94, 518, 958; C 267; G 101; T 237
Eodem, I 118; Q 48 (bis)
Eoferant, E 228
Eois, E 229
Eoleuit, E 538
Eoo, E 225
Eorcizo, E 406
Eortasitasi, E 226
Eortasticai, E 227
Eortatice, E 223
Eorum, Int. 291; I 472
Eons, E 224
Epemeris, E 261
Ependiten, E 262
Ephebus, E 246
Ephemeris, E 245
Ephiphania, Int. 121; E 230
Ephithalamium, E 238
Ephithonte, Int. 123
Ephitomos, E 240
Ephod, E 233
Ephoth, Int. 110
Ephyria, E 239

Epiabilis, E 464
Epicedion, E 252
Epicoeni, E 263
Epicurei, E 255
Epidaurus, E 260
Epifati, E 250
Epigramma, E 242, 243
Epilenticus, E 249
Epilogi, E 234
Epilogium, E 258
Epimenia, E 259
Epimeri, E 244
Epipendite, E 247
Episcopus, Int. 111, 251; E 254
Epistelia, E 235
Epistola, Int. 123; E 231
Epistolaris, E 256
Epistulae, T 107
Epistularum, E 226
Epitathium, E 251
Epitheton, E 248
Epithoma, E 241
Epitoma, E 264
Epitomem, E 237
Epolitum, E 418
Epome, E 232
Epotata, H 30
Eptafolium, E 253
Eptasyllon, E 236
Eptimemeren, Int. 128
Epulaticius, E 257
Epulis, E 257
Equa, A 290
Equare, H 144
Equatur, H 145
Eques, E 269
Equester, A 332; O 247, 261
Equi, A 489; B 115; C 932; R 25; T 272
Equidem, E 265, 268
Equilibra, S 678
Equiperat, E 267
Equitum, A 333; O 247
Equo, E 269
Equora, E 266
Equorum, F 88
Equus, S 405
Er, E 282, 298
Eradicat, A 934
Eradicata, C 836
Erant, C 642; O 242
Erat, A 82; F 27; P 548
Erata, E 284
Erciscundae, E 302
Erebum, E 277
Erectus, A 789
Eregione, E 282
Erenditen, E 289
Brenis, E 283

Ereon, E 274
Erepsissent, E 270
Erepta, A 924
Erepticius, A 778
Erexit, E 501
Erga, E 273
Ergasterium, E 299; O 216
Ergastulum, E 276, 285
Ergata, E 272, 286
Ergo, E 102; T 11
Ericius, E 303; M 219
Eridanus, E 296
Erigastulo, E 301
Erigens, S 613
Erimio, E 271
Eripit, A 784
Eris, C 420; S 429
Erit, A 366
Ermagoriae, E 304
Erodi, E 290
Erogant, D 312
Erogat, S 660
Erogatio, I 398; U 140
Erogauit, P 790
Erotema, E 280
Erpica, E 293
Erpicarius, E 294
Errabilis, E 300
Errans, E 295
Errantes, F 114; P 68
Erratica, P 277
Erro, N 115
Ersa, E 292
Eructat, E 291
Eruditionem, P 23
Eruditionis, R 61; S 726
Eruditorium, P 268
Eruditas, E 281; S 159
Eruere, E 287
Erugat, E 288
Erugo, E 297
Eruli, E 278
Erumna, E 275
Erumpat, E 174
Eruncare, E 287
Eruperunt, E 467
Erus, E 279
Erutus, C 503; D 230
Esaias, Int. 109
Esau, Int. 104
Escarum, p. 87, note 1
Esculus, E 307
Esebon, E 308
Esitabant, E 306
Esitat, E 311
Esse, E 403, 493; F 283
Essedum, E 312
Essox, E 315
Est, Int. 145, 160, 173, 178, 182, 213, 223 (quater), 263, 301; A 24, 29, 66,

Exportauerat, A 902
Expositio, E 412, 490; S 716
Exposito, E 370, 390
Expositor, C 825
Expraesit, E 507
Expresserunt, E 550
Exprobrat, I 302
Expromet, R 238
Expromit, E 514
Expugnaret, A 899
Expugnat, E 340; U 53
Expugnatio, E 379
Expulit, A 80; I 41
Expulsa, E 494
Expuncta, E 482
Expurgat, E 462
Exquirenti, R 172
Exquisite, E 471
Exquisitio, R 176
Exquisitor, C 675
Exsequenda, O 9
Exsequias, E 423
Exsequor, F 399
Exsoluo, E 441
Exsolutio, F 401
Exsolutus, E 442
Exsortem, E 516
Exstant, E 557
Exstat, E 383
Exstirpat, E 431
Exsumtuauit, E 478
Exsurgaut, E 185
Exsurgit, E 152
Exta, E 439, 465
Extabescit, E 438
Extale, E 419
Extare, E 403
Extaseos, E 402
Extempus, E 481
Extendere, P 833
Extendit, E 445
Extensis, P 53
Extenso, P 768
Extenta, A 159; D 203
Extento, P 792
Extenus, E 476
Exterior, E 562
Exterminat, E 431
Exterminatur, D 316
Externus, E 424
Extimat, E 521
Extimplo, E 429
Extincti, E 363
Extinctis, E 528
Extinctus, E 450
Extinguit, S 414
Extipices, E 484
Extollat, E 426
Extollendum, A 260
Extollere, E 60
Extollunt, E 24, 67, 228

Extorqueretur, E 117
Extorres, E 515
Extorsit, E 544
Extra, A 552, 612; D 111; E 496; I 318
Extraneus, E 424
Extrema, T 83
Extremi, A 626; N 30
Extremus, E 476, 481, 483
Extrimi, M 240
Extrimitas, P 435
Extrinsecus, E 371
Extulit, E 501
Exuberat, E 454, 498
Exubiae, E 524
Exugia, E 543
Exugiae, E 525
Exuiit, S 371
Exul, E 496
Exulcerat, E 436
Exules, E 545
Exultantes, T 262
Exultare, T 241
Exultaret, R 63
Exultate, T 115
Exulterius, C 415
Exumbres, A 838
Exundans, E 560
Exundant, B 221
Exundat, E 498
Exundauit, E 374
Exatas, E 495
Ezechihel, Int. 116
Ezodo, D 59; P 838

Fabari, F 109
Fabor, F 7
Faborum, C 334
Fabrae, F 9
Fabries, M 141
Fabricant, E 385
Fabricat, C 924
Fabrile, F 110
Fabrorum, P 501
Fabrum, F 15
Facendat, F 80
Facere, C 402; D 196; F 17, 98; N 30; P 325
Faces, I 181; L 53, 228
Facessit, F 98, 100, 112
Facetiae, F 65
Facetias, F 54
Facetior, F 62
Facetus, F 35, 63
Facia, S 510
Facias, Int. 132; F 408
Faciat, F 224
Faciens, F 52; M 105; S 109
Facient, I 56
Faciente, A 406
Facies, Int. 131; O 101

Facile, T 130
Facilius, C 500
Facinus, F 56
Facio, F 53
Facis, B 81
Facit, A 170, 290, 451; C 54, 424; D 103; E 288; F 39, 98; G 59; M 345; P 86, 479; U 26, 200
Facitat, F 39
Facitia, F 3
Facitur, T 144
Faciunt, A 823; C 363; P 870; T 248, 357
Facta, L 20, 79; N 123; P 154; T 271
Factio, F 50
Factione, F 96
Factiosus, F 47, 52
Factitare, F 17
Factiunculus, F 96
Factor, M 134, 179
Factum, A 442; F 233; G 27
Factus, D 305; H 55; I 157; M 93; P 35
Facula, F 2; H 29
Facultam, O 196
Facultas, C 950; F 33
Facultates, B 177
Facundus, O 251
Facuntia, F 36
Faecce, F 135
Faestum, F 43
Faex, F 379; M 340
Fafonio, A 360
Fagolidori, F 30
Fagus, F 14
Falangarius, F 61
Falanx, F 91
Falaria, F 69
Falarica, F 66, 67
Falc, F 10
Falcarius, F 79
Falcastrum, F 48
Falcatis, F 29
Falcem, F 79
Faleis, F 32
Falcones, F 51
Falerata, F 113
Falere, F 88
Fallace, P 221
Fallacia, P 731, 734
Fallaciis, I 162
Fallanx, L 321
Fallax, F 47; N 94; P 192
Fallor, N 115, 129
Falsa, P 835
Falsiloquax, F 44
Faleis, P 475
Faleus, S 622

Fama, O 203
Famam, E 127
Famfaluca, F 25, 37
Famidicus, F 77
Familiae, N 159
Familiaris, F 103, 106
Familiaritas, F 105
Familicus, F 40
Familię, F 106
Famis, I 267; S 106
Famosissimo, A 956
Fanatici, F 38
Fanaticus, F 78
Fanda, F 81
Fandi, C 950
Faniticus, F 76
Fano, F 34
Fanogoria, F 34
Fantasia, A 660; F 89
Fanuhel, Int. 131
Fanum, F 74; L 63
Faonius, F 49
Far, F 87
Faragem, F 83
Farao, Int. 130
Farao [for farris], A 243
Farcet, F 57
Farciretur, F 31
Farcit, F 75
Faroum, F 101
Faregem, p. 54, note 2
Farelas, F 111
Faretro, I 467
Fari, F 18
Faria, F 24
Farina, S 345
Farinam, C 425
Fariolus, F 58
Farius, F 99
Farizaei, Int. 134
Farma (for farina), O 131
Farra, F 86
Farrico, F 95
Farrugo, F 93
Farsa, F 102
Farus, F 114
Fas, C 569; F 27, 71
Fasces, A 229; F 11, 13, 107; T 113
Fasciarum, F 26
Fascias, F 23
Fascimen, F 85
Fascinatio, F 4
Fascinus, F 84
Fasellum, F 73
Fasianus, F 22
Fastidiosus, M 254
Fastidium, F 19
Fastigasti, F 90
Fastigium, F 28
Fastis, F 20

Fastu, F 108
Fastus, F 16, 59
Fasus, F 64, 68, 70, 72
Fate, p. 54, note 2
Fatescit, F 46
Fatescuut, F 21, 45
Fatetum, F 83; p. 54, note 2
Fatetur, I 382
Fatidicus, F 8
Fatigata, E 69
Fatiget, D 51
Fatis, A 105
Fatitur, F 82
Fator, F 5
Fatorum, A 105
Fatuit, E 7
Fatum, G 79
Fatur, F 41
Fauae, F 343
Fauces, F 12
Faneis, H 105
Fane, A 619
Faueat, F 42
Fauentibus, C 709
Fauere, F 94
Fauet, P 443; S 625
Fauillis, F 155
Fanis, F 109
Fauisor, F 60
Fanit, A 785
Fauo, F 104
Fauor, F 1; P 444
Fauores, P 445
Faustum, F 43, 92
Faustus, B 175; F 6
Fautor, F 60
Fautores, F 97
Fax, F 2
Faxat, F 53
Faxo, F 53
Fece, F 143
Fecit, U 57
Feculentus, F 143
Fecundus, F 147
Fedus, C 563·
Fefellit, F 127, 137, 364
Fel, B 103
Felicitas, F 149
Felix, F 131, 288
Fellis, M 133
Fellitare, p. 55, note 3
Fellitat, F 141
Fellus, F 148
Feloces, C 312
Felocitas, P 263
Felox, I 5
Femella, F 146
Femina, F 140, 146; H 64; P 502; U 141, 154, 166
Feminarum, P 705

Feminas, D 172
Femini, E 263
Feminini, S 462
Feminino, L 214
Feminis, P 754; S 503
Feminuum, M 158
Femora, F 140
Fenerator, D 11
Fenes[trae], L 27
Fenicium, F 122
Fenum, F 150
Fenns, F 128, 133
Fera, A 382
Ferae, F 117
Ferali, F 145
Feralia, F 144
Ferarum, L 314; R 187
Ferculum, F 118
Fere, F 119; H 46
Ferens, F 79; O 176
Feretrius, F 142
Feretrum, F 124; L 226
Feriae, F 121
Feriatus, F 125, 126
Ferinum, F 120
Fe[r]ire, G 172
Ferit, F 320
Feriunt, P 864
Ferme, C 390; F 123
Fero, F 151
Ferox, E 80; F 117; U 137
Ferramenta, L 65
Ferratae, T 303
Ferreae, A 298
Ferrei, P 259
Ferreis, I 85
Ferri, A 117; F 154; T 278
Ferro, A 245
Ferrugine, F 153
Ferruginem, F 154
Ferrugineus, G 191
Ferrugo, F 139
Ferrum, Int. 100; C 92, 145, 369; H 16; M 96; S 121, 633; U 255
Fert, F 124
Fertile, A 521
Fertilis, F 142
Feruentissime, C 713
Fernet, B 216
Feruginius, F 115
Feruidae, L 12
Feruidus, F 132
Feruit, I 184
Ferula, Int. 135; F 138
Ferum, A 395
Ferunt, L 228
Feruntur, C 165
Ferus, T 133
Fespa, F 136
Fessat, F 116

Froute, P 240
Frontuosus, F 358
Fronulus, F 314
Fructices, S 561
Fructificatio, E 77
Fructuosus, F 147
Fructurus, F 353
Fructus, H 129; M 18
Frugalis, F 317, 333
Frugalitas, P 114
Frugalitatem, F 315
Frugi, F 93, 354; S 103
Frugifer, Int. 97, 114
Frugum, I 91; S 629
Frugus, F 324
Fruitur, N 29
Fruiturus, F 353
Frumenta, F 350
Frumenti, A 243; F 87
Frumentum, F 351
Frumine, F 351
Fruniscantur, F 349
Frunite, F 366
Fruor, P 484
Frusta, F 338
Frustatur, F 337
Frustratus, F 364
Frutectum, F 339, 342
Frutex, C 287; H 111
Frutice, F 352
Frutina, F 365
Fruuntur, F 349
Fuas, F 408
Fneat, A 648
Fucata, F 425
Fucatum, F 188
Fucinus, F 420
Fucus, F 379
Fudit, F 391, 406
Fuert, A 70
Fuga, T 50
Fugiens, F 410
Fugitifarius, F 410
Fugitiuus, F 367
Fuisset, F 281
Fuit, N 168; R 127
Fulcimenta, F 400
Fulcire, F 95
Fulcra, F 389
Fulgatores, F 421
Fulgentia, B 139
Fulgetum, F 409
Fulgine, F 427
Fulgor, F 409
Fulgurans, Int. 46
Fulice, F 397
Fulmine, A 403
Fultare, F 416
Fultum, E 154; F 398
Fultus, F 392
Fulunm, F 214, 435

Fuma, F 417
Funalia, F 377, 419, 426
Functio, F 393, 401
Functoria, F 415
Functus, F 380, 402
Fonda, F 385, 422
Fundat, F 390
Fundi, F 375
Fundit, L 192
Fundo, F 439
Fundus, Int. 136; F 376, 411
Funebraticius, F 423
Funebre, F 394; N 54
Funem, C 184
Funcra, F 437
Funeratus, F 368
Funere, F 395
Funes, C 346; R 232
Funesta, F 438
Funestare, F 405
Funestauere, F 387
Funestissima, F 388
Funestus, F 395
Fungitur, F 432
Fungor, F 399
Fungus, F 387
Funiculum, F 412
Funix, F 382
Funus, F 424, 428, 433
Fur, C 444
Furatus, P 245
Furbum, F 374
Furca, F 372
Furcifer, F 373
Furcimen, F 371
Furcit, F 369
Furent, S 674
Furente, S 294
Furentibus, F 431
Furfures, F 386
Furia, E 283; F 434
Furibundus, F 429
Furie, E 353
Furiosus, A 19; L 231
Furit, B 12
Furta, I 107
Furtine, F 396
Furtum, P 339
Furum, L 70
Furunculus, T 3
Furuncus, F 383
Fusa, F 407
Fusarius, F 381
Fusca, P 530
Fuscinula, F 370
Fuscum, A 714; R 224
Fustarins, F 414
Fustatus, F 413
Fustes, M 182; T 303
Fustibus, F 413

Fusum, F 378, 430
Fusus, F 440
Futat, F 418
Futile, F 403, 404
Futnra, F 38; P 490
Futurus, A 366

Gabalacrum, G 33
Gabar, C 190
Gabarnas, G 17
Gabea, G 29
Gabrihel, Int. 138
Gabulum, G 9
Gacila, Int. 146
Gaeometrica, G 1
Galaad, G 12
Galea, G 19
Galeae, C 17, 822
Galearia, L 222
Galeatus, C 918
Galeras, G 11
Galilaei, Int. 141
Galla, G 7
Gallacia, T 59
Galli, B 73, 83
Gallia, A 254
Gallicum, B 73, 83
Gallis, A 254
Gallorum, G 37
Gallus, G 191
Galmaria, G 18
Galmilla, G 22
Galmulum, G 21
Galmum, G 20
Gamus, G 26
Gane, G 24
Ganea, G 5
Ganeo, G 8
Gannatura, G 6
Ganniret, G 2
Garbas, G 15
Gargarizet, G 3
Garilum, G 27
Garret, G 25
Garriens, S 418
Garrit, G 4, 13; N 89
Garro, G 10
Garrulitas, G 31
Garrulus, G 10, 34; Q 35
Garula, G 14
Garus, G 32
Gastrimargia, G 28
Gat, Int. 144
Gaude, E 327; M 117
Gaudentes, O 292; P 63
Gaudere, G 78
Gaudet, A 933
Gaudium, T 257
Ganisi, G 66
Gauli, G 30
Gaza, G 16

Gazofsilacio, P 55
Gebellicum, F 201
Gedeon, Int. 140
Gehenna, Int. 145
Gehennon, Int. 145
Gelidum, G 57
Gelum, G 69
Gemellus, Int. 142
Geminae, B 82
Geminatus, G 71
Gemini, A 318
Gemitus, Int. 326; G 71
Gemma, A 442; D 365; O 171
Gemmae, H 78; I 3; S 94
Gemmasium, G 47
Gemnasia, G 74
Genas, G 63
Genealogia, G 35
Genelogia, T 137
Geneo, G 23
Gener, G 86
Genera, B 88; F 181
Generatio, G 35, 82; P 390
Generationem, P 775
Generator, G 60
Genere, L 214; N 137, 159, 171
Generibus, B 106
Generis, S 461
Generositas, G 81
Generosus, G 42
Genesis, Int. 52; G 72, 79
Genetrix, C 869
Genialis, G 50, 80
Genibus, P 344; U 32
Genice, Int. 143
Genimina, G 82
Geniminae, P 77
Genisculus, G 55
Genista, G 52
Genitalis, G 59
Genitiua, G 61
Genitiuum, N 42
Genitiuus, Int. 143, 238; G 61
Genitor, G 60; P 664
Genitura, C 769
Genitus, I 108
Genium, G 38
Gennomae, G 75
Gens, B 131; E 295, 331
Gente, G 53, 68
Gentes, C 982
Genthliatici, G 56
Gentiles, E 317; G 56
Gentilium, S 422
Gentis, S 92
Gentium, Int. 8
Genu, G 67
Genua, G 67

Genuino, G 62
Genuinum, G 76
Genuit, E 216; P 742
Genus, A 104, 184, 243, 245, 342, 515, 544, 686, 752, 854; B 82, 190; C 25, 51, 86, 116, 191, 376, 844, 928, 980; D 292, 357; E 125, 130, 255; F 73, 87, 93, 372, 397; G 30, 135; H 25, 52, 74; I 266, 525; L 134, 309; M 2, 58, 120, 158, 171, 209, 221, 312; N 28, 140, 161; O 153, 169, 173, 248, 288; P 7, 17, 81, 146, 156, 252, 354, 514, 547, 558, 674; R 111, 259; S 103, 151, 195, 334, 354, 360, 363, 369, 539; T 249, 276, 278; p. 87, note 1
Genusia, G 64
Geometra, G 39
Geometricus, G 40
Gere, G 83
Gerens, F 402
Gerit, C 171
Geritur, D 375; G 84
Germen, Int. 229; G 49; S 219
Germinat, P 856
Gerula, G 46
Gerulus, G 73
Gesa, G 37
Geseire, G 78
Geserat, G 58
Gesiae, G 70
Gestamen, G 36
Gestant, P 260
Gestat, G 85
Gestatio, G 43
Gestatus, G 44
Gestibus, N 177
Gestit, G 65
Gestitis, G 66
Gestorum, A 84
Gestu, N 185
Gestum, G 45
Gestus, G 41, 54
Gesum, G 48
Geth, G 51
Geumatrix, G 87
Gibra, G 96
Gigans, C 414; G 90
Gigantes, T 93
Gigantomacie, G 98
Gigantum, G 98
Gigneceum, G 97
Gignendarum, G 38
Gignentia, O 45
Gignit, S 30

Gignitur, G 95
Gilbus, G 99
Gillus, G 91
Giluus, G 88, 94
Gingria, G 100
Gippos, G 93
Gipsus, G 92
Girum, L 159
Girus, C 388, 417, 421
Git, G 89
Glaber, G 109
Gladia, A 154
Gladiator, P 872; S 335
Gladiatores, G 120; L 18
Gladiatorum, L 14
Gladiaturae, Glatiaturae, A 349
Gladii, A 106 (bis), 118; F 66; M 310
Gladiolum, A 598; G 113
Gladius, F 61; M 222; R 229
Gladonamur, G 130
Glandes, G 101; I 509
Glandi, H 129
Glandula, G 118
Glans, G 101
Glarea, G 111
Glatiaturae, see Glad-
Glauco, G 125
Glaucoma, G 108
Glaucum, F 436; G 117
Glaucus, C 233
Glaunis, P 847
Gleba, G 103
Glebo, G 119
Glebra, G 122
Glebulum, Int. 147
Glescit, G 123
Glis, G 104
Gliscit, G 124
Glitilia, G 114
Globat, G 107
Globosus, G 126
Globus, G 105, 106, 110, 132
Glomer, G 115
Glomerat, G 127
Glomoramur, G 131
Gloria, Int. 66; C 275
Gloriae, H 150
Glorificans, Int. 159
Glorificat, I 281
Gloriosi, O 227
Gloriosus, Int. 31
Glos, G 129
Glosa, p. 9 (heading); G 128, 134
Glosema, G 121
Glumula, G 112
Glus, G 116
Gluten, G 133
Glutinum, G 102

Hel, Int. 152
Heliaeus, H 66
Helice, H 77
Helidres, H 114
Helleborus, H 86
Helluo, H 61, 72
Helson, H 76
Heluo, H 47
Helus, H 79
Hemorres, H 74
Hera, H 59
Herba, B 95; C 964; D 368; G 152; S 39
Herbae, D 368; M 312, 313
Herbę, A 104
Herbis, L 137; N 49
Herbum, H 63
Herculaneus, H 81
Hercule, H 46
Herculus, H 54
Hereditas, C 440; H 70
Hereditatis, E 486
Heredium, H 80
Hereon, H 71
Heresearum, Y 6
Hereses, T 13
Heresis, H 69; S 210
Heretici, I 16
Hereticorum, C 25
Hereticus, E 295
Hereum, H 45
Heri, P 789
Heribefonticon, H 67
Heries, H 44
Herinis, H 87
Herma, H 82
Hermafroditus, H 64, 88
Hermafrodus, H 53
Hermon, H 65
Hero, H 70
Herodius, H 83
Heroicometron, Int. 151
Heronalacah, H 68
Herrę, H 62
Hersutum, H 85
Herugo, H 75
Herumna, H 48
Herus, H 42
Hesperias, H 43
Heuotropeum, H 78
Hens, H 51
Hiadas, H 104
Hiameo, H 98
Hiantes, H 112, 122
Hiatos, H 100
Hiberna, H 94
Hibernus, H 93
Hibiscum, H 101
Hic, H 97, 107, 111; I 14, 492; S 564
Hicine, H 127

Hiemant, H 94
Hiemen, H 117
Hieremeas, Int. 149
Hieronia, H 120
Hierusalem, Int. 145, 148
Hiis, E 261
Hilarior, F 62
Hilaris, F 251
Hilarus, C 768
Hilicus, H 129
Himeneos, H 113
Himosus, H 109
Hino, C 754; H 115; S 551
Hincire, H 115
Hinnitus, H 126
Hipocrisin, H 92
Hircus, A 551; T 168
Hirobi, H 121
Hironiam, P 239
Hirribile, H 118
Hirsi, H 103
Hirsuti, H 103
Hirsutus, H 91
Hirtus, H 123
Hirundo, H 106
Hiscire, H 110
Hiscit, H 102
Hiscitur, H 99
Hispani, C 274
Hispida, H 90
Hispidum, Int. 93
Hispidus, H 91
Hisseire, H 116
Hister, H 124
Historias, H 119
Historicus, H 119
Histrio, A 870
Histriones, H 95
Histrionum, M 212
Histrix, H 108
Hiulca, H 96
Hiulcas, H 105
Hiulcum, H 125
Hoc, H 132, 152; I 17, 18; L 269; M 15
Hoc est, C 977; O 271
Hoctatus, H 141
Holeris, F 73; I 266
Holet, H 27
Holido, H 146
Holioglapha, H 139
Holitor, H 151
Holocaustum, Int. 150; H 138
Holor, H 134
Holus, H 63; L 46; S 336
Homicidia, C 343
Homicidium, C 54
Hominem, D 292
Homines, C 495, 804; E 162; R 163

Hominibus, P 447
Hominis, A 822; B 209; S 273
Hominum, A 821; C 576; D 170; F 174; S 74
Homo, A 56, 611; C 407, 979; D 292, 367; E 269; G 80 (bis); P 450; p. 92, note 4
Homulis, H 149
Homuncio, H 149
Honera, S 66
Honeraria, H 147
Honesta, L 5
Honor, D 325; F 240
Honorat, A 370; E 426
Honore, I 435; N 165; R 163
Honorem, C 217
Honores, C 647; P 810
Honorificus, M 347
Hora, H 136
Horam, P 281
Horę, C 477
Horno, H 137, 142
Horomatis, H 131
Horrenda, T 218
Horreum, A 662
Horribile, M 222
Horridus, R 85
Hortator, A 308, 384
Hortulanus, H 151
Hortus, C 964
Horus, H 150
Hos, H 135
Hosce, H 133
Hoseine, H 135
Hospitalitas, F 159
Hospitia, T 200
Hospitium, T 319
Hostia, A 387; H 140, 143
Hostiae, H 148
Hostiarii, A 325; E 42
Hostiarum, E 469
Hostibus, T 271; U 178
Hostimentum, H 145
Hostire, H 144
Hostis, P 288
Hostispicis, H 128
Hostium, M 74
Hrema, H 153
Huc, C 418
Huius, S 544; T 209
Huiuscemodi, H 158
Humanis, S 620
Humanitas, L 173
Humant, U 88
Humanus, P 738
Humase, H 159
Humatum, H 157
Humatus, H 156

Humeri, S 331
Humeris, T 226
Humida, M 84
Humidum, M 52; R 200
Humilia, U 56
Humiliatus, D 139
Humilis, E 440; G 176; S 693
Humor, A 449; U 236
Humorem, S 30
Humores, C 875
Humum, H 160; S 84
Humus, L 197
Hunc, H 155
Hunccine, H 155
Huncine, H 161
Huscide, H 154
Hyadas, H 162
Hyalinum, H 163
Hydropicus, I 345
Hydrops, I 346
Hymeneos, H 164
Hymnus, H 165
Hyna, H 130
Hynę, H 166

Iacea, I 4
Iacintini, A 356
Iacintinis, P 561
Iacit, I 7
Iacob, Int. 158
Iacobi, Int. 223
Iactant, C 574
Iactantiae, P 389
Iactare, I 4
Iactatus, I 11
Iacturas, I 6
Iactus, I 11
Iacula, B 139
Iacularis, P 364; p. 92, note 4
Iaculum, G 48; I 8
Iafeth, Int. 153
Iair, Int. 154
Iam, I 2; L 269
Iambri, Int. 181
Ianitor, A 871
Ianua, P 500
Ianus, F 179
Iapix, I 5
Iaram, I 10
Iasitrosin, I 1
Iaspis, I 3
Iaspix, I 9
Iatha, Int. 175
Ibe, M 265
Ibi, B 117
Ibices, I 12
Icist, I 14
Iconisma, I 13
Ietum, M 242

Ictus, I 15
Id, I 18; L 27; T 31
Id est, p. 1 (bis); Int. 223 (bis); A 25, 51, 158, 165, 290, 296, 593, 821; B 60; C 185, 642, 676, 879, 971; D 12, 83, 292; E 216, 511; F 98, 154; H 64; L 93; M 71, 203, 321; N 56; P 30; T 185, 357; U 51, 267
Ideas, P 466
Idem, Int. 223; G 60; I 17, 22; N 116; T 9; p. 82, note 2
Identidem, I 26
Idi, I 16
Idicon, I 20
Idida, Int. 301
Idioma, I 19
Idiota, I 21
Iditun, I 23
Idoli, Int. 279
Idolis, P 162
Idolorum, D 201
Idolum, D 4
Idoneus, I 25; S 80, 95
Idonius, A 223
Idumea, I 24
Iechonias, Int. 179
Iecit, I 41
Iectato, E 370
Iemini, F 185
Ieortasticai, I 40
Iepte, Int. 168
Ierion, I 43
Ieroboam, Int. 180
Iesne, Int. 165
Iesus, Int. 167
Ieu, Int. 182
Iezrahel, I 42
Igitur, I 28
Ignarium, I 35
Ignarus, I 21, 33; T 164
Ignanus, D 326; I 31, 36
Ignea, I 29; S 495
Iguem, L 61
Iguens, R 109
Ignibus, F 280; S 47, 73
Ignis, Int. 124, 330; C 77; E 298; H 5; L 48; M 326; U 62, 96
Igni sacrum, I 27
Ignita, I 29
Ignitę, T 141
Ignitior, I 38
Ignobilia, D 93; I 37
Ignominiosa, F 360
Ignosce, I 32
Ignouit, I 30
Igrius, I 34
Iir, I 39

Ilia, I 44
Ilia, I 47
Iliacis, I 51
Iliacus, I 53
Ilibus, I 48
Ilicet, I 46, 49
Ilium, I 45
Illam, A 375
Ille, E 268; P 555
Illic, I 50; L 9
Illinc, I 52
Illius, A 374
Illo, A 442
Illud, A 477
Ima, F 439; S 121
Imaginarie, P 335
Imaginarium, F 424
Imagines, T 148
Imago, C 179, 512; E 54; I 13
Imbricibus, I 57
Iminant, I 56
Imitator, A 241, 293
Imitatrix, E 158
Immo, A 930; Q 51, 56 (nimmo); S 243
Immolate, A 70
Immolatiuum, U 262
Immolor, P 815
Immunis, I 55
Imnum, Int. 156
Imo, L 129
Impeditus, P 756
Impellitur, T 284
Imperat, F 27; I 443
Imperator, D 282, 305; I 286
Imperatoris, A 457; C 797
Imperio, D 239
Impetu, A 398; I 65
Impetus, B 225
Impie, I 273
Impiger, N 24
Impleat, A 64, 698
Implet, A 903; F 57; H 39
Imus, I 54
In, Int. 74, 279; A 50, 251, 346, 353, 376, 392, 426, 427, 530, 598, 653, 794, 823, 831, 875; B 65, 94, 128, 163, 192, 204, 209, 214; C 8, 25, 171, 185, 218, 222, 232, 322, 324, 370, 373, 413 (bis), 495 (bis), 497, 521, 659, 753, 774, 804, 890, 905, 964; D 23, 37, 54, 171, 173, 368; E 8, 104, 417, 487, 502; F 20, 78, 236, 239, 343; H 2; I 65, 76 (bis), 85 (bis), 86, 87 (bis), 88, 99 (bis), 118, 138, 142 (bis), 143 (bis),

145 (bis), 154 (bis), 167,
195, 196, 198 (bis), 223,
224 (bis), 226, 227 (bis),
228, 234, 246 (bis), 252
(bis), 255 (bis), 276 (bis),
324 (bis), 335 (bis), 353
(bis), 414, 418 (bis), 440
(bis), 446 (bis), 454 (bis),
458 (bis), 465, 467 (bis),
468; L 52, 88, 124, 129,
141, 204, 269, 342; M 207;
N 37; O 102, 145, 207,
220, 282; P 55, 240 (bis),
246, 249, 260, 271, 303,
426, 463, 481 (bis), 577,
620, 660, 661, 665, 689,
696, 754, 794, 802, 862,
882; Q 8, 79; R 37 (bis);
S 39, 47, 66, 73, 121, 218,
281, 341, 490, 567, 620,
682, 731; T 38, 120, 143,
226, 259, 278, 351, 357
(ter); U 138, 163
Inaccessu, I 253
Inalator, I 292
Inane, C 160
Inanem, I 489
Inanes, F 403
Inanis, Int. 272
Inat, I 338
Inauspicatus, I 332
Inbecillis, I 431
Inbellem, I 460
Inberbes, E 83; I 200, 202
Inberbis, L 142
Inbit, I 303
Inbuit, I 401
Inbutum, B 207
Incaluit, I 184
Incanduit, I 411
Incantata, I 367
Incantator, M 67
Incantatores, I 368
Incedens, A 376
Incendimur, A 526
Incendit, A 195
Incendium, F 262, 361
Incendunt, A 886
Inceniae, I 81
Incensum, T 331
Incensus, R 35
Incentiua, I 71, 453
Incentiuum, I 387
Incentor, I 363
Incentores, I 70
Incerta, P 837
Incerti, I 73
Incerto, S 463
Incessere, I 452
Incessit, G 171; I 448
Incessum, I 295

Incestare, I 172
Incestum, I 273
Incestus, I 75
Inchoata, O 244
Incibus, I 329; P 161
Incidere, I 462
Incidit, H 102
Incidunt, L 2
Incilat, I 302
Incipiam, O 235
Incipiente, Int. 183
Incipit, O 117; T 338
Incipiunt, O 119
Incisa, B 203
Incisiones, Int. 78
Incisum, Int. 77
Incisura, F 338
Incitamenta, I 141
Incitet, S 508
Inclamitans, I 459
Inclibata, C 445
Inclinata, C 487; S 610
Inclinatum, S 586
Inclinatus, D 127; P 769;
S 611
Inclitum, I 436
Inclusi, A 311
Inclusit, A 32, 88; O 56
Inceat, I 169
Incola, I 138
Incolae, C 631
Incolome, R 79
Incommodum, I 89
Incommodus, C 852
Incompti, I 389
Inconditus, I 391
Inconpositi, I 389
Inconpositus, I 391
Inconsissis, I 339
Inconstans, F 232
Inconstantes, B 158
Inconsuetare, I 289
Increbruit, I 156
Increpare, O 49
Increpat, E 206
Increpescit, I 102
Increpitans, I 127, 230
Increpuit, I 116
Incuba, I 225
Incubat, I 158
Incubet, I 250
Incubuit, P 772
Incuda, I 137
Inculcat, I 243
Incumbens, A 152, 203; I
322; N 106
Incumbere, I 277
Incunabulum, I 309
Incuria, I 330
Incurrentes, I 445
Incurrit, I 448

Incurrus, I 378
Incursantes, I 445
Incursantibus, I 69
Incursat, I 105
Incursati, I 312
Incursatione, I 65
Incursus, E 339
Incuruis, U 248
Incusa, I 379
Incute, I 279
Indagat, I 183
Inde, A 712; C 754; D 172;
I 52, 108
Indecorum, I 370
Indefensus, I 428
Indefferens, I 433
Indegina, I 108
Indeginus, I 118
Indemnis, I 182
Indens, I 316
Indeptus, I 133
Indere, I 296, 349
Inderet, I 439
Indesertum, I 249
Indesinentes, B 161
Index, C 306; I 120, 216
Indicat, O 86
Indicibilis, I 354
Indiciis, I 67
Indicio, I 154
Indicit, I 125
Indicium, A 941; I 386; M
239
Indidem, I 344
Indidit, I 153
Indigeries, I 91; S 629
Indigesta, I 91
Indigestae, I 206
Indigestas, I 263
Indigetes, I 328
Indignans, D 353
Indigne, A 299, 400
Indignum, A 95
Indignus, A 76
Indigus, F 40
Indipiscitur, I 323
Indit, I 130
Inditas, I 213
Inditum, I 163
Indolem, I 208
Indolis, I 260, 272
Indoluit, I 359
Indomatus, M 306
Indomitam, C 527
Indomitus, I 427
Indruticans, I 77
Indubiae, I 358
Indultum, I 404
Indumenta, I 358; P 495
Induperator, I 286
Indurat, T 226

Industias, I 406
Industria, I 191
Industrius, I 171; N 25
Indutae, C 736; P 495
Indutiae, I 405
Indutium, I 407
Indutor, N 94
Induxit, P 271
Inebitabile, Int. 309; S 713
Inebriari, S 351
Inedia, I 267, 270
Inefficax, I 36
Ineffrenatę, F 366
Ineluctabile, I 176
Inenarrabilis, I 354
Inenodabile, I 450
Inepte, I 399; S 283
Inepti, I 449
Ineptia, I 419
Ineptias, I 155
Ineptus, I 412
Inergiae, I 457
Inergumenis, I 301
Inergumenos, I 74
Inermis, I 59
Iners, I 170, 197
Inertis, I 438
Ineunte, A 6
Inexorabilis, I 392
Inexpertum, I 104
Inexpiabile, I 426
Inextricabilis, I 80
Infactus, I 157
Infamis, I 435
Infando, I 222
Infandum, I 134, 393
Infans, P 862
Infantes, G 46; S 116
Infantia, A 6; S 465
Infanticulus, I 395
Infantię, I 309
Infantium, C 968; P 794
Infantum, C 954
Infastior, I 83
Infastum, I 408
Infaustus, I 237
Infectum, I 422
Infectus, N 134
Infelicior, I 83
Inferaces, I 365
Infere, H 71
Inferi, H 45
Inferiae, I 265, 305, 320
Inferiorem, R 99
Inferit, I 61, 177
Inferni, Int. 252; M 108
Infernum, E 277
Infernus, A 920
Inferorum, I 305; T 105
Inferos, A 116
Infessisti, I 364

Infestat, I 105
Infestatio, I 97
Infestationes, I 369
Infestauit, I 114
Infestissimo, I 100, 337
Infestus, I 106, 129, 325, 400
Infesus, I 325
Infici, I 214
Inficio, I 417
Inficise, I 278
Infidens, I 307
Infima, A 18; I 122
Infimus, I 306
Infinitum, H 118
Infirma, A 31
Infirmitas, C 127
Infisor, I 307
Infit, I 463
Infitetur, I 382
Infitia, I 333
Infitiae, I 402
Infitiandi, I 189
Infitior, I 284
Infixis, I 86
Inflase, I 278
Inflase (= infra se?), I 282
Inflatio, T 182
Inflexibilitas, R 197
Inflexuosus, I 381
Inflictu, I 304
Infortunus, A 337
Infractus, I 211
Infridat, I 268
Infrigidat, A 475
Infructiueras, I 365
Infructuosa, S 77
Infruere, I 341
Infrunitas, I 263
Infula, I 98, 117, 420
Infulae, I 425
Infundere, I 311
Infunderet, A 271
Infusa, N 37
Infusceretur, I 95
Infusus, D 38
Ingeni, A 851
Ingenia, A 146
Ingeniosa, D 121
Ingeniose, F 9
Ingeniosus, D 354; S 7, 391
Ingenium, C 537
Ingens, E 202; S 458
Ingentes, I 72
Ingentia, C 234; O 222
Ingenua, I 356
Iogerit, I 61
Ingesta, I 110
Ingluuies, I 385
Ingratus, I 136
Ingredior, A 252
Ingressu, I 454

Ingressum, I 295
Ingruentia, I 238
Ingruerit, I 149, 242
Inhibentibus, I 455
Inhiebant, I 140
Inhonestum, A 834; I 370
Iuians, I 78
Inibitum, I 94
Iniere, C 410; I 441
Iniit, I 169, 430
Inimica, A 348
Inimicatrix, A 348
Iniqui, N 84
Iniquitas, S 11, 198
Iniquum, P 757
Initia, C 968; E 213; I 60;
     R 217; T 183
Initiantes, A 894
Initiatum, I 466
Initiatus, E 455
Initium, A 724, 911; G 49
Iniuria, P 746
Iniuriam, I 269; R 163
Iniuriosum, I 180
Iniuriosus, M 277
Iniurium, I 180
Iniusti, N 132
Iniuum, I 269
Inlauare, I 341
Inlecebra, I 384
Inlecebris, I 135
Inlecebrum, I 249
Inlectus, I 162, 201, 447
Inlegale, A 565
Inlesum, I 361
Inlex, I 124
Inlibare, I 311
Inlibat, I 362
Inlicebra, I 91
Inliciendo, I 384
Inlicis, I 67
Inlicitum, N 102
Inlidit, I 248
Inlisus, C 207
Inludentes, C 158
Inludere, I 424
Inludit, D 128
Inluminans, Int. 154
Inluminatio, L 302
Inluminatrix, Int. 204
Inlusor, F 337; P 66
Inlustare, I 424
Inlustrat, I 281
Inluuies, I 88, 165, 232
Inmaculatus, p. 1
Inmallones (for: in mallo
     nanis), C 373
Inmaturi, A 191
Inmaturus, A 109, 877
Inmederatio, I 383
Inmensa, C 21

Inmensae, C 367
Inmensum, I 429
Iumerito, N 141
Inminente, I 101
Inminentia, I 238
Inminere, I 93
Inmitte, I 279
Iumoderatus, E 59; I 280
Inmoratur, I 421
Inmunditia, C 495; S 446
Inmuudus, E 464
Iumunes, I 152
Inmunit, I 334
Iumutare, A 110
Innectitis, I 319
Innitentes, I 207
Innitimur, I 314
Innitor, I 416
Innixus, I 322, 410; P 647
Innobiliter, I 109
Innocentem, I 396
Innocentia, C 802
Innotuit, I 350
Innuba, I 388
Inobliuit, I 350
Inobs, E 321
Inola, I 111
Inolescere, I 321
Inolescit, I 315
Inopiae, P 662
Inopię, P 840
Inopiuum, I 212
Inopinato, I 220
Inops, I 390
Inorma, I 342
Inormes, I 72
Inormia, I 444
Inous, I 329
Inpactae, I 205
Inpactu, I 304
Inpantensium, I 298
Inpatiens, I 247, 280
Inpedimentum, O 73
Inpedit, O 134
Inpediuit, I 68
Inpellunt, D 132
Inpendebat, I 194
Inpendebatur, I 188
Inpendenis, P 751
Inpendere, I 251
Inpendit, I 66, 317
Inpendium, I 398
Inpenso, M 181
Inpeusum, I 258, 429
Inpensus, I 432
Inperator, M 278
Inperimente, I 423
Inperitat, I 443
Inperitus, I 237
Inpertit, I 66, 293; P 98
Inpertitum, I 258

Inpetendum, I 375
Inpetere, I 462
Inpetigo, I 79
Inpetrat, I 403
Inpetu, I 242
Iupetuunt, I 262
Inpingit, I 352
Inpinguit, I 248
Inpletum, F 101
Inplicamur, I 314
Inpluraberis, I 64
Inplurat, I 308
Inponente, I 423
Inponit, I 274
Inpopulabile, I 361
Inportunus, I 432
Inposterem, I 217
Inposterio, I 290
Inpostor, S 507
Inpostura, S 540, 567
Inposuit, I 153
Inpraessit, P 755
Inpraesumptum, I 215
Inprobat, I 283
Inprobus, I 148
Inprofidus, P 585
Inprouiso, E 427
Inprouisu, I 96
Inprouisus, I 415
Inpuberes, I 200
Inpubes, I 202
Inpugnare, I 452
Inpugnatio, A 159
Inpulor, I 62
Inpulsi, A 105
Inpulsor, D 250
Inpulsore, I 210
Inpulsus, C 694; T 250
Inputare, S 621
Iuque, I 377
Inquid, I 463
Inquiens, I 247
Inquietudo, I 84
Inquietus, A 137
Inquilini, I 244
Inquilinis, I 245
Inquinat, A 867; P 31
Inquinatio, C 518
Inquinatus, C 515
Inquire, Z 7
Inquirit, R 189
Inquisitor, D 211
Inquitis, I 297
Inrationabilis, O 12
Inrequiuit, I 313
Inridunt, C 36
Inrigatur, P 278
Inripere, I 300
Inritamentum, I 387 -
Inritas, A 642
Inritatus, I 139

Inrogat, I 177; P 478
Inruens, I 150
Iuruenti, S 248
Inruissent, E 270
Inruit, A 402; I 299
Inruptio, I 409
Iusanit, U 35
Insanus, F 330; P 723; U 101
Insauciabilis, I 360
Inscitia, I 326
Inscius, I 33
Insecabilia, A 865
Insectari, I 121
Insedit, I 158
Insegniter, I 109
Inseminata, I 357
Inseminatum, I 327
Insequi, I 121
Inserens, I 316
Inserere, I 296
Insereret, I 439
Inserit, I 130
Inseritur, T 268
Inserta, I 357
Inseruit, S 246
Insidiae, C 180; P 813
Insidias, I 107
Insignis, I 175, 309
Insignit, I 434
Insilitus, I 239
Insimilae, O 140
Insimulat, I 82
Insimulatione, I 187
Insinuat, A 473; I 243
Insinuo, I 351
Insitum, I 327
Insolens, I 92, 221
Insolenter, I 289
Insolentia, I 84
Insolentione, I 257
Insolescentibus, I 112
Insolescere, I 58
Insolesceret, I 209
Insonans, I 230
Insontem, I 396
Insonuit, I 116
Insperato, E 427; I 220
Inspicare, I 181
Inspirator, I 292
Iuspuri, I 73
Instar, I 374
Instare, I 93
Instincta, I 442
Instinctu, I 253
Instites, I 119
Institutor, I 233
Institutum, D 146; I 163
Iustruat, I 380
Instructi, C 64
Iustructio, A 741

Ioachas, Int. 177
Ionchim, Int. 178
Ioas, Int. 174
Ioatham, I 471
Iob, Int. 162; I 473
Iocatur, D 311; G 25; I 477
Iocista, I 477
Iocundissime, S 451
Iocundum, A 521; F 187
Iocundus, F 6
Iocus, F 54; I 483
Ioel, Int. 183
Iohannes, Int. 166
Iolia, I 476
Ioluerunt, I 470
Iona, Int. 184
Ionatha, Int. 171
Ioram, Int. 173; I 475, 478
Iordanis, I 472
Iosaphath, Int. 172
Ioseph, Int. 161
Iosias, Int. 176
Iota, I 474
Iouem, I 479
Ioues, I 509
Iouis, F 242
Iperbolicus, I 480, 481
Ipochrita, Int. 155
Ipsa, D 292; F 85; G 43; I 529; L 336; Q 67; T 357
Ipsae, Int. 78; P 481
Ipse, Int. 182, 189, 223; A 611; D 251, 292; I 22; T 103
Ipsi, A 25; H 152
Ipso, S 417
Ipsum, M 189; T 31; U 63
Ir, I 486
Ira, G 2; I 484
Iracunde, S 674
Iracundia, I 488
Iracundiam, E 502
Iracundas, F 132
Iracuntia, D 168
Irarum, C 139
Irascens, S 663
Irascetur, S 607
Irascitur, R 182
Irata, T 345
Irati, A 142
Iratus, F 429; M 213; S 271; T 232
Iris, I 482, 485
Ironia, I 483
Irridabant, I 487
Irritum, I 489
Isaac, Int. 157
Isachar, Int. 160
Isai, Int. 169
Isca, I 491
Iscit, I 492

Isic, I 490
Isignit, I 495
Ismahel, Int. 163
Israhel, Int. 164
Iste, Int. 119, 213; H 127; I 22
Istic, I 493
Istino, I 494
Isto, I 494
Istos, S 544
Istuc, I 496
Isymerinos, A 296
Ita, I 498; P 370
Italia, A 952; S 105
Italiae, E 296; F 420; S 108
Italicum, B 76
Itane, I 498, 500
Itaque, I 28; P 256
Itararium, C 71
Itenerarium, I 499
Itenere, A 376, 398
Iter, A 657; B 116; H 107; I 499; O 128
Iterarium, E 320
Iterata, P 111
Iteratio, D 155, 349; M 54
Iteratum, P 72, 112, 151
Iterum, C 495, 677; D 61; I 26 (bis); R 35
Itore, I 497
Iubar, I 521, 531
Iubilati, C 742
Iubilum, I 503, 520
Iucundus, H 15; L 111
Iuda, Int. 159
Iudas, Int. 223
Index, C 340; E 41
Iudicalis, C 270
Iudicanis, S 279
Iudicaret, A 230
Indicaria, P 622
Iudicat, C 761, 854; I 443
Iudicatur, P 620
Iudicem, A 457
Indices, A 499; C 389; L 228; P 576
Iudici, S 238
Indicia, U 3
Iudicibus, A 111
Iudicio, S 678
Indicium, Int. 80, 84, 172; P 151, 620; S 164, 441
Iudico, C 294, 330
Iudith, Int. 170
Inga, I 502, 524
Iugarat, I 519
Ingem, A 410
Iugia, I 517
Iugis, I 515
Iuglantes, I 509

Iugulat, I 514
Iugum, I 501, 522
Iulius, Q 53
Iumperum (for iuuiperum), I 525
Iunctis, U 32
Iunctura, I 523
Iuncus, I 530
Iungetum, I 510
Iungit, I 315; P 153
Iungula, Int. 185
Iunguntur, B 115
Iuniperum, I 508
Iunxerunt, C 356
Iura, P 543
Iuramenta, M 154
Iurare, D 96
Iurat, D 34
Iuratio, F 266; I 513
Iure, I 504
Iurgat, I 516
Iurgium, I 518; U 29
Iuris, C 804
Iurisconsultus, I 507
Iurisperiti, I 512
Iurisperitus, I 507
Ius, C 569; M 322
Iusiurandum, E 47; I 513; P 550
Iussit, S 28
Iuste, I 504
Iustificati, Int. 297
Iustificatus, Int. 339
Iustum, N 57
Iustus, Int. 209, 295; C 302
Iuuat, F 267; I 506
Iuuauit, I 511
Iuuenalia, I 528
Iuuencus, I 505
Iuuenilia, I 528
Iuuenis, G 47; P 858, 863
Iuuentus, I 526, 527, 529; P 857
Iuuentutem, I 208
Iuuenum, I 527
Iuxta, Int. 145; C 663; E 273; F 114; P 518, 564, 719

Kalende, N 53
Kyrieleison, Int. 186

Laban, Int. 188
Labat, L 81
Labentium, A 669
Labes, L 62
Labiles, L 320
Labitur, L 78, 193
Labo, L 83
Labor, H 48; L 38
Laborare, D 32; N 95

Lahore, M 181
Laboriosa, Int. 193
Laboris, E 155
Laborum, O 200
Labos, L 38
Labrum, L 4
Labrusca, L 51
Lacenosa, L 1
Lacerat, L 17, 97
Laceratum, L 89
Lacerna, L 15; P 246
Lacerta, L 45
Lacertae, B 209
Lacerti, L 52; T 223
Lacertor, Int. 191
Lacertum, L 71
Lacessere, L 96
Lacessit, L 19
Lacessitus, L 32
Lacesso, L 34
Laciniosum, L 89
Lacinosum, L 57
Lacisca, Int. 192
Lacte, E 126
Lactescit, L 97
Lactis, M 370
Lactuca, L 39
Lacunar, L 40
Lacunaria, L 28
Lacns, N 50
Ladascapiae, L 93
Laena, L 80
Laeta, C 187
Laetans, U 128
Laetare, T 241
Laetitia, A 469
Laetus, G 34
Laguncula, L 41
Laici, E 6, 250
Lambens, Int. 29
Lambiens, A 507
Lamentationibus, T 274
Lamentatur, H 9
Lamen[tum], S 524
Lamia, L 29
Lamina, B 193; P 240
Lampades, L 53; T 110
Lampadis, Int. 241
Lampas, H 29
Lamsta (for lanista), L 14
Lana, B 110; L 64, 84
Lanae, L 3; P 289
Lances, L 13
Lancinat, L 58
Lancis, L 42
Lancola, Int. 197
Lanę, H 25
Languens, L 282
Languescens, E 438
Languet, M 104; T 197
Languida, E 66

Languor, M 103
Laniat, L 22
Lanio, L 17
Lanioses, L 2
Lanistae, L 18
Lanistarum, L 75
Laninas, L 22
Lanterna, L 23, 95
Lanternum, L 63
Lanncar, L 37
Lanugine, L 64
Lanugo, L 3; P 22
Lanx, L 36
Laogoena, L 21
Lapanas, L 43
Lapatium, L 44
Lapicedina, L 72
Lapidaria, D 355
Lapide, A 442; M 342
Lapidem, E 8
Lapides, A 168; P 505; S 66
Lapidis, A 245, 442; C 90
Lapidum, A 147, 879; C
    320; L 26
Lapillus, S 140
Lapis, C 127; H 145; L 72;
    M 11, 96; O 22; P 17; S
    17, 633; T 103, 198; p.
    72, note 2
Lappa, L 54
Laptucae, P 432
Laquear, L 35
Laquearia, L 7, 27, 87
Lar, L 5
Larba, L 69
Larbula, L 11
Larem, L 61
Lares, L 60
Largioris, D 158
Largitas, M 333
Largius, E 208
Largus, F 333; L 185; P 583
Laris, L 48, 59
Laruae, L 221
Larus, L 50
Las, L 47
Lasciuae, C 673; L 12
Lasciuia, L 67, 279
Lasciuiosum, P 81
Lasciuus, P 226
Laser, L 46; (see Z 5)
Lassatus, M 53
Lassus, A 820
Luta, p. 1; L 66
Latas, D 10; E 233
Latebra, L 82
Latens, A 74
Latere, A 66; D 138; E 409;
    L 20, 77, 124, 208; M 129
Latericia, L 20, 79

Latescere, L 77
Latet, L 88
Latex, B 22; L 56, 88
Latibulum, L 74
Laticis, L 73
Latine, p. 1; E 209
Latini, D 359; R 223
Latinum, A 451; D 15; I
    395
Latiores, A 61; D 17
Latitiae, L 140
Latitude, Int. 153, 249, 265
Latomi, L 26
Latona, L 94
Latorum, I 502
Latrant, B 41
Latratus, Int. 227; L 90
Latrina, F 301; L 30, 85
Latrinas, F 301
Latro, N 120
Latrocinium, R 112
Latronum, L 65
Latuit, D 182; O 67
Latum, S 121
Latumis, I 335
Latur, L 76
Laturus, L 8
Latus, L 49, 55
Lauacrum, G 179
Laudabilem, P 23
Laudabilibus, P 77
Laudae, L 31
Laudando, E 24, 228
Laudandum, A 260
Laudans, Int. 170
Laudant, E 67
Laudariulus, L 91
Laudate, Int. 19
Landauit, P 798, 799
Laude, P 767
Laudem, D 18; U 264
Laudes, T 147
Laudis, I 520
Lauerna, L 65, 70
Lauescit, L 68
Lauriatus, P 105
Laus, H 150, 165; P 83, 317,
    836
Lauticiae, L 24
Lautissime, L 86
Lantum, L 10
Lautumiae, L 6, 25
Lautuminia, L 92
Laxhe, L 16
Lazarus, Int. 190
Lebes, L 101
Lebetas, L 102
Lecebra, L 112
Lecta, T 282
Lecti, G 50; T 226
Lectica, L 151

Lectidiclatum, L 133
Lectio, P 235
Lectorum, P 694
Lectulis, T 259
Lectulum, S 522
Lectulus, C 451
Lectum, F 124; O 176; P 866; S 471
Leotus, L 137
Ledo, Int. 196
Legat, L 144, 145
Legati, P 727
Lege, A 105; F 291
Legem, P 748
Legendi, A 960
Legentium, L 271; N 26
Legerat, L 119
Leges, S 109
Legimus, S 197
Legio, L 131; P 379
Legis, D 155; P 385, 732
Legislatio, T 73
Legit, L 118
Legitima, P 857
Legitimo, Int. 75
Legitimos, Int. 333; P 858
Lego, L 146
Legula, L 122
Legumen, L 128
Leguminis, L 134; M 209; S 334
Legunt, L 202
Leguntur, G 192
Lembum, L 121, 129
Lembus, L 123, 154
Lemocibiat, L 153
Lemurium, L 140
Lena, L 105
Lenam, L 125
Lendina, L 127
Lenirent, L 155
Lenit, L 152; M 350; P 716; p. 97, note 2 (bis)
Leniter, M 298
Lenitur, D 168
Leno, C 152; L 141
Leno, L 139
Lenocinantes, L 108
Lenocinium, L 117, 143 ·
Lenones, A 250; L 98, 103
Lens, L 134
Lenta, L 107, 110
Lenticula, L 147
Lenticulum, L 124
Lentis, L 128, 134
Lentum, L 138
Leo, M 379
Leonis, H 105; R 248
Leopardus, L 227
Lepidum, L 126
Lepidus, L 99

Lepor, L 100
Leporis, L 135
Leptis, L 149
Lepus, L 111, 135
Lermentum, L 152
Lerna, L 104
Lesia, L 136
Lesta, L 150
Lesus, L 106
Letamen, L 120
Lętitia, G 31
Leuem, L 109, 266
Lenes, F 403
Leui, Int. 194, 223
Leuiathan, L 115
Leuigatis, L 132
Lenir, L 130
Lenis, L 142
Lenita, Int. 195
Lenitas, I 166, 285
Leuius,.E 208
Lennis, S 146
Leuum, L 113
Lex, Int. 83; A 110, 827; L 116; P 575
Lęx, Int. 323
Lexis, L 114
Lęxiua, L 33
Lexos, L 148
Lia, Int. 193
Libae, L 157
Libamina, A 238
Libare, L 162
Libat, L 192
Libauit, L 206, 207
Libbeus, Int. 223
Libenter, C 38
Liber, Int. 68, 255; B 1; C 682; D 253; L 186 (bis), 204
Libera, A 38; I 356
Liberales, L 202
Liberalis, L 185
Liberalitas, L 173, 244
Liberandum, A 263
Liberatorum, L 205
Liberatus, C 216; F 380
Liberi, L 202; U 30
Libertabus, L 177, 214
Libertatem, A 616; L 245; R 249
Libertini, L 205
Libertis, L 214
Libertus, L 233
Liberum, B 5; S 95
Libidines, A 227
Libitina, L 226
Libitorium, Int. 198
Libor, L 165, 184, 189; U 173
Libramentum, L 163

Librant, M 268
Librantes, L 216
Librarios, L 246
Librat, L 188
Libratio, L 163
Librato, S 678
Libratores, P 248
Libri, Int. 256; C 82; F 11, 20
Librorum, Int. 257; B 101
Libros, A 779; D 348; L 246
Librum, T 208
Liburna, L 252
Liburnices, L 164
Lice, L 223
Licensiosum, P 81
Licentem, L 199
Licentia, F 71
Licet, L 225; Q 9
Licetur, L 181, 232
Licia, L 250
Liciatorium, L 178
Licidus, L 210
Licitatio, L 225
Licitator, L 215, 230
Licium, L 249
Lictores, L 167, 228
Lidiae, L 194
Lidoria, L 175
Lien, L 172
Ligant, E 245
Ligantur, R 101
Ligaretur, F 31
Ligari, U 156
Ligata, N 88
Ligatio, T 77
Ligatum, N 93
Ligatur, U 34
Ligatura, A 143; N 90
Ligatus, D 205
Ligna, C 52; H 97; R 210; S 66
Lignarium, Int. 199
Ligneum, L 270
Ligni, C 928; F 372; H 52; I 525; L 309; O 153, 248, 288; S 360, 539
Ligno, I 85; L 290; S 531; T 120, 357
Lignorum, L 236; R 215
Lignum, E 292; R 253, 255; S 639; T 136
Ligones, L 161
Ligustrum, L 169
Lihargum, L 247
Liis, L 212
Lima, L 152, 251
Limatum, P 521
Limax, L 180
Limbum, L 159
Limbus, L 243

Mandatum, S 332
Mandatur, p. 30, n. 1
Mandauisit, M 61
Mandet, M 77
Mandibula, M 75
Maudit, M 76
Mandragora, Int. 207; M 18
Mandras, M 26
Mandrat, C 248
Manducandum, C 964; E 51; M 75
Manducantem, E 32
Manducantes, F 30
Manducat, H 148; M 76
Manduco, F 269; M 123
Mane, C 907; M 183
Manere, M 91, 110
Manes, M 10, 108
Manet, A 552; I 250; M 59, 70 (bis)
Mango, M 39, 48
Manibus, P 479
Manica, M 16
Manicas, D 10; E 233
Manichei, I 117
Manifestari, D 341
Manifestatum, P 614; U 311
Manifeste, A 614
Manifestins, E 208
Manifestum, C 837; P 266
Manifestus, O 218
Manile, M 17
Manimae (for mammae), P 172
Manipula, M 55
Manipulatim, M 1
Manipulos, M 167
Manipulus, M 88, 102
Manitergium, M 19
Manna, M 15
Mannolus, M 57
Manserunt, I 470
Mansitare, M 110
Mansuaeuit, M 93
Mansuete, C 402
Mansuetum, C 401
Mansuetus, M 93
Mansyr, M 31
Mantega, Int. 215; M 118
Mantica, M 56
Manticulare, M 6
Manticum, M 32
Mantilia, M 86
Mantyrium, M 22
Mann, A 349; M 23
Manna, M 55
Manuale, M 66
Manubiae, M 23
Manubium, M 30, 74
Manubla, M 54

Manubrio, S 121
Manubrium, A 598; C 485
Manufortis, D 6
Manum, E 177; M 123; S 661
Manus, C 975; L 29; P 699; U 268
Mapalia, M 46
Mappa, Int. 220
Mappae, M 86
Mappalia, M 63
Marasmon, M 7
Marcidus, M 53
Marcor, M 103
Marcuet, M 104
Marcus, Int. 206
Mare, A 351, 479, 509, 529, 609; B 94; C 7, 370, 447, 473; E 162; F 114, 336; G 96; O 125, 282; P 802; S 85; T 135, 278
Margareta, H 98
Margarite, U 251
Margo, M 20
Margor, Int. 208
Maria, Int. 204
Maria, A 315, 330; B 231; E 266
Marina, P 402
Marinae, F 397; S 732
Marini, C 347; M 182, 190
Maris, A 153; B 90; P 638
Maris, M 50, 71
Maritabatur, M 95
Maritalis, U 162
Mariri, L 307
Maritima, N 22
Maritimum, B 94
Maritudo, M 50
Marmor, P 17; S 344
Marmora, E 276
Marmoris, O 173
Marruca, M 37
Mars, M 49
Marsi, B 67
Marsiculum, B 67
Marsopicus, M 35
Marsupium, M 89
Marsuppia, M 36
Marsus, M 67; O 94
Martis, A 787; M 49
Martyr, M 25
Martyrium, M 101
Marubium, M 43
Mas, M 50, 82
Masca, M 33
Masculi, U 78
Masculini, E 263
Masculus, M 71, 82
Mascus, M 34

Masitat, M 59
Massa, M 45, 97; P 54
Mastice, M 41
Mastigat, R 223
Mastigium, M 29
Mastruca, M 65
Matalis (for maialis), M 69
Matella, M 58
Mater, L 94
Materia, M 97
Matertera, M 73; T 151
Mathematici, E 245
Mathematicus, F 8
Matheum, C 81
Matheus, Int. 205, 223
Matricis, O 88
Matrimoniorum, P 727
Matrimonium, C 699
Matris, A 955; M 73; O 130
Matrix, M 44
Maturat, M 14
Maturauimus, M 113
Maturescere, A 222
Maturius, M 80
Maturus, A 192
Matusalem, Int. 202
Matutina, F 298
Matutinos, P 203
Mauens (for manens), M 107
Maulistis, M 40
Mauult, M 111
Maxima, I 444
Maxime, Q 60
Me, M 189; P 799(bis)
Mea, Int. 278; M 180, 183; N 59
Meantes, M 156
Meapte, M 180
Mear, M 178
Meatim, M 140
Meatus, M 143
Mec, Int. 219
Mecanicia, M 141
Mecenus, M 145
Medella, M 193
Medemnum, M 131
Medentes, M 194
Medetur, M 147
Media, Int. 219; I 192; P 854; U 245
Mediatas, I 486
Mediatrix, I 397
Medicalis, S 39
Medicamenri, F 296; P 165
Medicamentum, C 88
Medicator, M 186
Medici, M 194
Medicina, Int. 264; F 284
Medicinae, T 141
Medicinam, C 964

Medicos, P 861; S 459
Medictas, C 280
Medii, R 96
Medio, A 598; L 269; M 135, 191
Mediocris, G 159
Mediotollonium, M 135
Meditor, M 155
Meditullium, M 191
Meditus, M 186
Medium, M 172; T 242
Medius, E 167; I 63
Mediusfidius, M 154, 176
Medulla, M 195
Megale, M 166
Mei, Int. 108, 112; A 7
Meio, M 163
Mel, N 58
Melarium, M 142
Melchizedech, Int. 209
Melfoben, M 183
Melinus, M 130
Meliora, P 525
Meliorem, P 523
Melito, M 155
Melius, P 735; S 69
Meliuscula, M 158
Meliuscule, M 159
Melle, M 334
Melleatum, U 155
Melodiam, M 190
Melodium, M 150
Meloncolia, M 133
Melopeum, M 174
Melopeus, M 134, 179
Melops, M 173
Melos, M 157
Melotis, M 129
Membra, T 225
Membranaticius, L 9
Membranum, P 394
Membrorum, C 678; M 269; P 127
Membrum, Int. 76
Memet, M 189
Meminit, R 155
Memor, Int. 338; A 586
Memoria, Int. 306; A 85, 91; E 232, 237; M 238
Memoriam, S 682
Memoriem, P 162
Mendacio, M 125
Me[n]dacium, C 332
Mendacium, I 333
Mendax, F 44, 312, 404; I 483
Mendicitates, S 541
Mendicus, S 542
Mens, O 59
Mensa, T 302
Mense, M 148

Mensis, H 93; M 149
Menstrua, M 148
Monstrum, M 136; S 285
Menstruum, M 149
Mensularius, T 275
Mensum, M 185
Mensura, Int. 304; D 255; M 225; P 773; T 230
Mensurae, D 149; P 173
Mensuras, G 39
Mensurat, M 184
Mensuratio, G 1; L 42
Mensuratum, M 185
Mensurauit, D 160
Menta, Int. 222
Mentagra, M 198
Mente, A 137
Mentis, A 157 (bis); E 23
Mentitur, E 179
Mentitus, C 567
Mento, P 276; S 417
Mentor, M 168
Meo, M 140
Mercando, M 164
Mercatis, N 174
Mercatur, N 189
Mercedarius, M 181
Mercedis, M 164
Merces, M 164
Mercidem, M 181
Mercimonia, M 153
Mercis, Int. 160; E 155; M 164
Mercuri, C 168
Mercurium, M 197
Mereo, M 162
Merepsica, M 132
Meretrices, L 283; P 689
Meretriciae, P 642
Meretricis, M 31
Meretricius, S 464
Meretricum, C 687; L 103; S 156
Meretrix, L 285; P 641, 644
Merga, M 199
Mergae, M 182
Mergisco, p. 78, note 3
Mergisso, M 187
Mergite, M 167
Mergulus, M 160
Merit, M 177, 192
Meritricum, L 143
Mero, M 188
Meror, M 196
Merore, A 632
Merorem, Int. 292
Merorum, E 308
Merotetes, M 138
Merothece, I 142
Merui, E 134
Merula, M 165

Merum, M 144
Merx, M 161, 164
Mesias, Int. 214
Mesopicatum, M 172
Mesores, M 152
Messalia, M 175
Messem, C 305
Messes, M 182
Messor, M 175
Mestificis, A 636
Mestificum, M 196
Meta, M 127
Metadictio, M 170
Metafora, M 139
Metafrasin, M 124
Metallaris, R 149
Metallo, I 87
Metallum, A 883; E 285
Metas, M 126, 137
Metendo, M 152
Meticulosus, M 146
Metit, M 151
Metitur, M 184
Metonomia, M 169
Metra, M 171
Metricius, M 200
Metrum, D 230; M 128
Metuendus, M 146
Metuens, I 18; U 192
Meus, Int. 105, 119, 203, 235; B 69
Micat, T 210; U 161
Micha, Int. 213
Michael, Int. 200
Migare, C 127
Migma, M 229
Mihi, U 171 (bis)
Miles, A 376; U 140
Milia, L 131
Milis, O 266
Militare, E 176
Militaris, T 123
Militat, O 266
Milite, M 228
Militiae, M 348; U 51, 67
Militiam, M 216
Militiarum, S 54
Militibus, D 312; T 180
Militis, A 824
Militum, A 117, 159; C 17, 190, 670; F 88; G 148; H 94; M 102, 331; O 207, 293
Milituum, O 189
Milium, M 202, 209
Millenam, C 377
Millum, M 215
Miluus, I 303; M 201
Mimo, I 228
Mimographus, M 212
Mimopora, M 208

More, M 140; N 157; R 193; S 631
Morenula, M 288
Mores, P 787
Morgit, M 257
Moribus, M 275
Morigeri, M 275
Morio, H 44
Moritur, D 131, 292; O 54
Morosus, M 254
Morotonus, M 260
More, E 556; L 259; N 81
Morte, C 304
Mortem, D 305
Mortiferis, L 263
Mortifero, F 145
Mortiferum, L 267
Mortis, Int. 306
Mortui, C 165; E 62
Mortuis, E 423; I 320
Mortuorum, E 524; F 124; I 265; N 83; S 30
Mortuus, Int. 202
Moses, Int. 201
Mosiclum, M 258
Mosicum, M 289
Motatio, D 366
Motus, G 54; T 243
Mouebor, M 270
Moneri, A 91
Monet, C 392
Mox, A 213
Moysica, M 233
Mucro, M 310, 327; P 873
Mufex, M 361
Mugil, M 332, 339
Muginatur, M 349
Mulcare, M 307
Mulcat, M 320
Mulcatur, M 308
Mulcauit, M 300
Mulcendis, M 373
Mulcere, M 372
Mulcet, M 316, 326, 350
Mulcido, M 190, 247
Mulcifer, M 326
Mulcit, M 354
Mulcra, M 370
Mulgarium, M 370
Mulgatores, M 299
Mulgit, M 341
Mulier, E 69
Muliere, R 190
Mulieris, L 29
Mulierum, N 54
Mulio, M 338
Mulsum, M 334
Multa, M 318
Multabitur, M 344
Multae, S 731
Multarum, Int. 8

Multat, M 363
Multata, M 330
Multatio, M 311
Multatur, M 369
Multatus, M 365
Multauit, M 367
Multi, C 804; D 302; N 132; P 510
Multifariam, M 359
Multifarius, M 357
Multiloquax, M 357
Multimoda, M 293
Multiplex, M 293
Multiplicem, M 359
Multis, I 293; P 90
Multitudo, Int. 54; C 366; F 89, 316; G 150; I 527; S 222
Multo, O 286; P 579
Multorum, Int. 257; A 591, 781; C 562; E 161; G 132; U 247
Multos, C 774
Multum, C 206; D 304; I 359
Muluctra, M 314
Munda, M 364
Mundandos, P 505
Mundantur, C 495; R 257
Mundat, E 462; U 61
Mundi, O 289
Munditiae, L 24
Mundorum, C 70
Mundum, L 10
Mundus, I 55
Munera, S 491
Munerarius, M 361
Munerum, D 263; M 331
Munia, M 348, 353
Municeps, M 294, 319, 321
Municipalis, M 321
Municipatum, M 303
Municipatus, M 322
Municipia, O 191
Municipii, M 319
Municipium, M 328
Munifex, M 345
Munifica, M 295
Munifice, M 371
Munificentia, M 333, 362
Munificus, M 347
Munila, M 315
Munit, I 334; S 262
Munitionem, C 741
Munitoria, M 323
Munitus, M 317
Munus, M 345; N 45
Murons, M 304
Murenula, M 302
Murex, M 329, 342
Muria, M 340

Murica, M 296
Murice, M 306, 342, 352, 375
Murices,•L 52
Murilium, M 355
Muris, M 343
Murmur, R 242
Murmurat, M 346, 351; O 48; S 604
Murmurator, p. 78, note 3
Murmuratum, M 187
Muros, P 496, 880
Murra, M 313
Murrat, M 351
Murratum, M 374
Mursus, O 137
Murum, Int. 145; I 366; L 269; P 61; U 9
Murus, M 234, 378; N 15; U 6
Mus, M 343
Musa, E 284; M 183; P 404; T 154
Musae, E 347
Musarum, H 76; O 205
Musat, M 351
Musca, C 149, 150; M 358, 376; S 452
Muscarium, F 248
Muscarum, C 531, 980
Muscellas, G 55
Muscipula, M 324
Musculorum, D 294
Muscus, M 312
Museum, O 205
Musica, M 368; P 549
Musicanter, M 298
Musiranus, M 336
Musitat, M 309
Musorum, p. 86, note 2
Mussitatio, p. 91, note 3
Mustacia, M 335
Muste, M 297
Mustela, M 337
Mustelis, B 32
Mutare, M 366
Mutatio, I 179
Mute, E 123
Mutilanda, M 305
Mutilantur, E 5
Mutilare, M 366
Mutilat, M 325, 346, 356
Mutilum, M 301
Muto, M 301
Mutuli, M 377
Muturat, M 360
Mutus, B 11; E 121
Myrmicaleon, M 379
Myro, M 380
Myrtus, M 381
Mysticae, S 731

Obtutus, O 101
Obuallatum, O 13
Obuiantes, A 821
Obuibulare, O 80
Obuiet, O 55
Obuix, O 41
Obumbrat, C 811
Obunca, O 39
Obuncans, O 25, 36
Occa, O 111
Occabat, O 123
Occasi, O 179
Occasum, I 246
Occasus, H 66
Occide, O 238
Occidendi, D 44
Occiderent, E 369
Occidit, I 514
Occiditur, M 369
Occiduae, H 43
Occipit, O 117
Occipitium, O 118
Occipiunt, O 119
Occiput, O 113
Occisi, D 320
Occisus, F 440
Occubuit, O 112
Occulta, A 689; L 82, 112; O 98
Occultat, R 146
Occultauit, A 88
Occulto, C 462
Occultum, C 448
Occulunt, O 122
Occuluntur, O 115
Occupata, O 72
Occupatum, P 720
Occupauit, C 269, 355; O 109
Occurrere, O 120
Occusare, O 120
Oceanum, O 125
Ocearium, O 124
Ochazias, Int. 233
Ociano, T 351
Ocior, O 116
Ocius, O 114
Ocreis, O 110
Oculo, U 191
Oculorum, A 117; P 681
Oculos, C 200, 323
Oculosus, T 198
Ocultant, O 122
Ocultantur, O 115
Oculum, M 232
Oculus, O 116
Ocurris, O 121
Ocursauis, O 121
Odas, O 129
Odio, E 541; H 109
Odiosum, P 223

Odiosus, O 127
Odiporicum, O 128
Odit, P 231
Oditur, O 127
Oditurus, O 285
Odium, F 19; U 25
Odo, O 126
Odor, N 114; P 352; S 370; T 175
Odorem, A 712; F 329; R 147; T 98
Odorifer, N 51
Odoris, N 28; S 39
Odus, S 727
Oephi, O 131, 132
Oethippia, O 130
Offa, O 137
Offecit, O 134
Offendit, O 133
Offensus, L 106
Offici, N 161
Officia, E 423; M 348, 364
Officialis, A 378
Officii, N 140; P 674
Officio, O 138
Officit, O 136
Officium, N 43; U 3
Offirmans, O 135
Offocauerit, E 4, 349
Offucat, A 648
Ogastrum, O 139
Olastrum, O 157
Oleaster, O 153
Olei, A 540; L 124; M 340
Olentes, O 142
Olera, O 148
Olet, R 50
Olfactoriola, O 140
Olfactum, O 150
Olgastrum, O 149
Oligia, O 147
Olim, O 155
Olimat, O 146
Olimphum, O 144
Olimpus, O 145
Olioquin, S 317
Oliri, O 154
Olitana, U 99
Oliuarum, T 260
Ollae, A 530
Ollas, L 102
Ollim, S 260
Ollita, O 143
Olocaustomata, O 151
Olor, O 141, 152
Olores, O 156
Olus, G 89
Olustri, O 148
Omasum, O 169
Ombri, Int. 235
Omelias, O 159

Omen, O 160, 170
Omena, O 163
Omenstrum, O 165
Omentum, O 166
Omer, O 170
Omina, O 161
Ominans, A 885
Omisa, O 167
Omitta, O 168
Omitto, O 164
Omne, O 980
Omnem, O 125
Omnes, G 61; T 13
Omnia, Int. 301; E 82; F 350; G 59; M 326; P 804; S 61
Omnibus, E 211; O 218
Omnimodo, O 162
Omnipotens, Int. 282; P 50
Omnis, C 495; S 351
Omnium, C 361; G 38; P 66, 120, 127
Omonima, O 158
Omusium, Int. 4
Onerosus, F 84
Onesiforus, O 176
Onestus, O 172
Onichinus, S 466
Onix, O 171
Onocentaurus, O 177
Onocratallus, O 175
Onomastice, Int. 238
Ontax, O 173
Outigometra, O 174
Opacum, O 192, 209
Opansum, O 220
Ope, I 390; O 180, 197
Opem, O 190
Opera, D 35
Operam, E 257
Operata, E 286
Opere, F 121; N 171; O 212
Operentur, E 276
Operepretium, O 182
Operi, O 179
Operiebamur, O 183
Operiens, O 195
Operientes, O 188
Operior, O 198
Operis, D 250; O 200
Operiunt, O 187
Operosa, O 222
Opertus, T 114
Opes, O 196
Opessulatis, O 214
Opibus, O 194
Opido, O 185
Opifex, O 178
Opificium, O 216
Opilauit, O 186
Opima, O 184, 219

Particeps, C 755
Participat, P 90, 98
Particulatim, P 6, 29
Partim, P 4
Partitudines, P 170
Partu, E 69; P 170
Partum, P 516
Parua, C 32
Paruata, P 158
Paruca, P 176
Paruipendens, P 40
Paruisse, P 181
Parula, P 128
Parumper, P 92, 96, 152
Paruulus, I 88
Parnum, P 290
Pascha, Int. 244, 245; P 102
Pascitur, U 108
Pascsos, P 118
Pascunt, C 737
Passa, U 312
Passim, P 187; U 310
Passio, P 102
Passionis, P 171
Passum, B 129
Passus, P 134
Pasta, A 415
Pastellus, P 137
Pastiarium, C 833
Pastinaca, P 122
Pastinare, P 13
Pastofolia, P 55
Pastoforia, P 79
Pastor, Int. 266; A 940
Pastorale, Int. 50
Pastoralem, G 27
Pastores, B 149; P 260
Patalogia, P 171
Patefactio, H 100
Patens, D 335; H 125
Patentem, P 97
Pater, Int. 7, 8, 32, 33, 35; A 25; B 63; P 30 (bis), 671, 712; S 9
Patera, P 106, 160
Patescit, D 194
Patet, L 242
Pathos, P 141
Patibulum, G 9; P 37
Patientia, Int. 268
Patitur, P 367
Patrafocaria, P 313
Patrate, P 93
Patratum, P 84
Patrauit, P 9
Patre, S 463
Patrem, B 5
Patres, I 328
Patri, P 144
Patria, A 344; P 580
Patriam, R 100

Patriarcha, P 1
Patrici, P 139
Patrimonia, C 331
Patrimonium, P 2, 309
Patris, Int. 40; A 7, 277, 513; P 534; T 139; U 30
Patrissat, P 144
Patrocinium, P 10; S 580
Patronus, S 579
Patruelis, C 857; P 95, 104
Patrum, P 1
Patruus, P 30, 94
Patulum, P 97
Paturia, P 121
Paturum, P 253
Paucissimus, P 142
Paucorum, Int. 125
Pauculus, P 142
Pauimentum, H 22
Panit, P 133
Paulatim, C 318; G 186; P 29, 340; S 627
Pauli, P 199
Paulisper, P 92
Paulo, D 382
Paulus, Int. 240; P 100
Pauo, P 131
Pauone, I 467
Pauper, I 390
Pauperauit, E 478
Paupercula, Int. 86; D 2
Paupertas, E 96
Paupertate, P 195
Pauperum, G 177
Paupilius, P 76
Pausans, L 116
Pausatio, L 114
Pax, C 460; Q 62
Paxillum, P 107, 173
Pean, P 317
Peccando, P 870
Peccatis, R 246
Peccatum, A 272; M 172
Peccauit, L 191
Pecodum, P 476
Pecorum, C 104
Pecten, P 319
Pectica, P 376
Pectit, P 257
Pectora, R 199
Pectus, T 138
Pecu, P 321
Pecuarius, P 346
Pecude, P 321
Peculator, P 327
Peculatus, P 245, 339
Peculium, P 309
Pecunia, A 338, 346, 354, 471, 783; O 89; P 333
Pecuniam, P 327
Pecunię, S 293

Pecunis, S 75, 353
Pecus, A 33; B 217; M 69, 301; P 321; R 223, 247
Pedagogum, P 268
Pedatum, P 347
Pede, Int. 74; A 427; D 367
Pedem, D 115
Pedes, Int. 128, 253, 319, 320, 333; A 392; D 292; L 29; R 32; p. 99, note 2
Pedeum, Int. 317
Pedibus, P 303; T 103
Pedis, Int. 218
Pedisequa, P 190
Pedisequi, A 250
Peditatus, A 333
Peditemtim, P 340
Peditum, A 333
Pedo, P 253
Pedor, P 275, 352, 353; p. 91, note 3
Pedora, p. 91, note 2
Pedore, P 269
Peducla, P 312
Pedum, Int. 78, 96; B 125; P 260
Peduum, Int. 262, 318
Pegaso, P 364
Pegnius, P 332
Peius, S 291
Pelagicus, P 342
Pelagus, A 314
Pelenum, P 360
Pelept, P 362
Pelex, P 355
Pelicem, P 372
Pelices, P 209
Pella, P 315
Pellace, P 221
Pellax, P 192, 274
Pelleum, G 27
Pellexerat, P 206
Pellexit, P 271
Pellibus, M 65; R 83
Pellicanus, P 498
Pellis, C 386; M 129; P 276, 371
Pelltaria, P 276
Peluis, A 443
Pena, C 146
Penates, P 228, 361
Pendens, P 308
Pendent, P 276
Penduloso, P 210
Pendulus, P 314, 358
Penetissima, P 363
Penetralia, I 159; P 338
Penetrauit, A 919
Peniculo, P 230
Penis, P 351
Penitus, I 381; M 70; P 310

Penix, P 252
Penna, A 495
Pensa, P 696
Pensationes, P 294
Penses, A 200
Pensiculatores, P 248
Pensio, D 69; P 261
Pensum, P 289
Pentametron, Int. 262
Pentecostes, Int. 246
Penticotarchus, P 348
Pentimemeren, Int. 253
Pentomen, P 365
Penula, P 246
Penum, P 316
Penuria, P 115, 285
Penus, P 297
Peperit, F 391
Pepigere, P 325
Peplum, P 224, 359
Per, A 351; C 425, 477, 855;
    D 34, 119; F 114; I 91,
    234; P 207, 217, 229, 239,
    247 (bis), 281 (bis), 283
    (bis), 550; R 84; S 304,
    629; T 242; U 25, 201
Per (for peri), P 196, 198
Peragit, S 61
Perago, F 399
Peragrat, L 313; P 251
Percatapsat, P 350
Percellit, P 320
Percellitur, P 287, 329
Percensit, P 233
Percensuit, P 304
Percinit, P 257
Percita, P 214
Percitus, P 208
Percommoda, P 203
Percrebuit, P 204
Perculit, P 284
Perculsa, P 194
Perculsus, P 193
Percurre, P 282
Percurritur, P 280
Percussa, M 330; P 194
Percusserit, D 292; H 36
Percussit, D 28
Percussor, E 156
Percussuit, I 15
Percussura, N 192
Percussus, B 33; P 455
Percutit, D 292; U 126
Perdere, A 543
Perdidit, L 68
Perditio, E 394; S 547
Perditus, P 754
Perdix, P 377
Perduellis, P 288
Perduellium, P 205, 218
Perduit, P 293

Pere, P 366
Peregrinatur, E 496
Peregrini, E 545
Peregrinorum, E 519; S 728;
    X 2
Peremit, O 90
Peremtores, M 299
Perende, P 265
Perendie, P 298
Pereperocenes, P 242
Perexiguum, P 290
Perfecit, E 53
Perfecta, A 681; E 61; G
    140; R 14; S 601
Perfecte, P 93
Perfecti, S 34
Perfectio, E 57
Perfectum, F 15; P 324
Perferre, A 256
Perficaciter, P 262
Perficit, P 9
Perficitur, P 830
Perfidia, P 202
Perfidiosus, P 369
Perfidus, P 368
Perflictio, P 243
Perfunctis, P 270
Perfunctoriae, P 335
Perfunctum, P 243
Perfunditur, P 278
Perfungit, P 222
Pergendum, P 772
Pergenuat, P 344
Pergit, P 344
Perhiodas, P 300
Peri, P 195, 201
Peribulus, P 249
Pericapis, P 235
Pericope, P 225
Periculo, C 216
Periculosa, M 100
Periculum, D 227; E 16,
    510, 556
Periddon, P 236
Peridoy, P 200
Peridoyn, P 199
Perifgetosias, P 234
Perifrasticus, P 299
Perinde, P 256
Periodoias, P 197
Periodos, Int. 263
Peripitegi, P 354
Periscelidus, P 330
Perite, I 40
Peritesyon, P 237
Peritia, M 141
Peritus, F 310; G 137
Perizomata, P 241
Perlata, P 296
Perlatum, P 324
Perligata, P 267

Perlustrat, P 280
Permalus, F 275
Permisit, N 186; S 372
Permittas, R 86
Permitte, S 307
Permittes, A 564
Permixtum, O 177; P 211
Permotatio, E 466
Permotus, P 193
Permulcit, p. 97, note 2
Permulserit, P 318
Permultos, C 982
Perna, P 250
Perniciosum, P 279
Pernicitas, P 263
Perniciter, P 227
Pernitidis, P 373
Pernix, P 216
Pernox, P 273
Pero, P 306
Perorans, P 302
Perornans, D 303
Perossum, P 223
Perosus, P 231
Perpendiculum, P 232, 264
Perpendit, P 356
Perpera, P 277, 328
Perperam, P 238, 322
Perperimus, P 323
Perpes, P 374
Perpessum est, P 191
Perpetem, P 378
Perpetuum, P 378
Perpinguem, O 199
Perplexa, P 267
Perplexus, P 254
Persarum, S 34
Persas, M 2
Perscelides, P 303
Persecuti, D 63
Persequendum, I 375
Persequens, A 894
Persequere, P 282; S 236
Perseueram, O 31
Perseuerant, O 51
Persictius, P 367
Persolla, P 345
Persoluebant, L 318
Persoluere, D 150
Persoluio, P 337
Persolutio, P 261
Persona, D 307; P 345
Personarum, D 366
Perspectans, P 258
Perspicuum, P 266
Perstant, P 336
Perstrenue, P 189
Perstromata, P 301, 357; p.
    92, note 3
Pertegmina, P 301
Perterritus, E 355

Platisa, P 464
Platofilum, U 183
Platonis, P 466
Platus, Int. 249
Plaudet, P 479
Plaudit, P 443, 452
Plausibilis, P 445
Plaustra, P 446
Plaustrum, P 481
Plausus, P 444, 472
Plantis, P 470
Plautus, P 471
Plebem, P 480
Plebescat, P 480
Plebs, E 562; H 143; P 448, 478 (bis)
Plectator, P 454
Plectere, P 441
Plectitur, P 442
Plectra, P 465
Plectrum, P 473
Plena, C 33
Plenissimum, C 789
Plenitudo, C 850
Plenum, I 372; O 194, 223
Plenus, F 143; U 196
Pleuicola, P 477
Plexus, P 455
Pliadas, P 451
Plicat, U 141
Pliosperus, P 458
Plomonion, P 453
Plorat, H 9
Pludit, P 452
Pluit, G 186
Plumae, P 463
Plumaria, A 772
Plumario, O 212; P 463
Plumis, C 743
Plumum, P 456
Plunas, P 449
Plures, O 158; S 341
Pluribus, P 793
Plurimis, M 83
Pluris, P 469
Plus, A 257, 584; F 123; I 342; N 39; P 222, 696, 713, 716; p. 97, note 2 (bis)
Plus minus, P 474
Plusculum, P 468
Plusquam, P 468
Pluueius, P 450
Pluuia, B 191
Poalauentium, P 501
Pocerus, P 545
Pocillus, P 514
Pocula, P 106
Podorem, P 499
Poema, Int. 256; P 488, 509
Poena, P 489

Poessis, Int. 257
Poeta, C 844; P 502
Poetae, P 488
Poete, D 230
Poetici, P 427
Poeticus, Int. 255
Pol, P 550
Polarchia, A 591
Polenta, P 497
Polentae, O 131
Polentum, P 562
Poleo, P 539
Policem, P 550
Poliendos, P 505
Polimita, T 204
Polionima, P 510
Polippus, P 558
Politica, P 494
Politis, P 511
Politissimis, P 561
Politum, P 521
Polix, C 441
Polla, P 530
Pollemma, P 549
Pollens, P 529, 551
Pollere, P 522
Pollex, C 481
Pollimus, P 487
Pollinctor, P 512
Pollinis, P 540
Pollis, P 541
Pollit, C 455
Pollui, T 96
Pollutam, L 301
Polluti, S 630
Pollutus, F 395
Pollux, A 427; P 538
Polum, A 340; P 546
Polumnum, P 554
Polus, P 526
Poma, L 64; M 60; S 476
Pomerium, P 496
Pomi, M 18
Pomorum, M 120
Pomum, Int. 207
Pondus, H 145; T 8
Pone, Int. 292; P 518, 557
Ponebus, P 485
Ponire, P 441
Pons, P 563
Pontiae, P 556
Pontiani, C 433 (bis)
Pontifex, Int. 251; A 558
Pontius, Int. 242
Pontus, N 8
Ponunt, F 342
Ponuntur, A 669; S 479
Popa, P 508
Popauer, P 542
Popellus, P 553
Poplites, A 600; P 552

Populares, L 308
Populatus, P 528
Populi, Int. 265; B 67; C 218, 340, 841
Populorum, A 593
Populum, Int. 36, 180; C 848; E 563; O 277
Populus, Int. 29; A 507; P 448, 507, 553; U 309
Porcaster, P 520
Porcellus, P 537
Porcopiscis, P 519
Porcos, U 298
Porfyrio, P 517
Porfyrionis, P 498
Porgere, P 548
Porias, P 200
Porrectis, C 210
Porrigunt, C 708, 718
Porro, Q 69
Porrus, T 210
Porta, C 736; S 162
Portae, P 495
Portam, U 6
Portans, R 226
Portant, H 152
Portantur, L 151
Portarum, P 495
Portat, E 344; G 36, 46, 85; S 314
Portata, U 69
Portator, A 798; S 202
Portatus, E 269; G 44
Porte, I 502
Portenderent, P 492
Portendit, P 490, 527, 536
Portentum, P 513
Portio, P 506
Portione, P 800
Portior, P 484
Portis, A 677
Portitores, L 166; P 483
Portitorum, P 482
Portiunculas, C 676
Portor, U 55, 73
Portum, S 497
Pos, Int. 261
Positio, N 178; S 132, 366
Positis, I 86
Positisculo, P 503
Positura, Int. 314
Positus, S 717
Possessam, P 486
Possessio, Int. 55; F 393; P 119; T 82
Possessiones, F 411
Possessionum, C 171
Possessor, A 171; F 199
Possibilitas, F 33
Possidens, Int. 65
Possidere, T 54

Pragmatica, P 655, 658
Prancatarius, P 715; p. 97, note 2
Prancatiarius, P 849
Prancatrius, p. 97, note 2
Prasinum, C 77
Praua, H 69
Praue, P 322
Praxeon, P 682
Praxinus, P 666
Preces, E 505
Precibus, I 392
Precinentes, F 38
Precis, P 709
Preco, R 107
Pregnans, F 274
Premit, P 786
Prendit, C 269
Pres, P 668
Prescio, P 565
Prestat, G 147
Pretersorim, P 670
Pretienormis, P 809
Pretio, A 96; L 181·
Pretiosius, Q 30
Pretium, O 200 (bis); P 261
Prex, P 709
Prexeos, P 662
Priapus, P 796
Pridem, I 2; P 788
Pridie, P 789
Prifeta, P 672
Prifignus, P 675, 677
Prima, C 361; L 3; P 19, 684, 711
Primari, P 758
Primarius, C 66
Prime, U 249
Primiuirgius, P 808
Primo, A 950
Primores, I 218; P 758
Primus, P 588, 881
Princeps, Int. 278, 280; A 374, 727, 746; D 257; N 2; P 1, 711; T 203
Principale, A 904
Principalis, P 655
Principatu, A 591
Principatum, A 811; M 303; S 642
Principatus, A 624, 762
Principes, A 745; S 557
Prineto, P 652
Prinionis, P 704
Priorgeni, A 649
Priscelli, P 705
Priscos, P 828
Pristina, Q 34
Priuaretur, I 95
Priuata, P 575
Priuigna, P 604

Priuilegarius, P 812
Priuilegio, P 812
Priuilegium, P 575
Priuor, P 762
Pro, A 508; D 280; E 219; M 181, 309; N 168; P 598, 608, 741, 773 (bis), 800 (bis); S 197, 215; Y 5
Proagit, P 733
Proauus, A 25; P 671
Probate, C 584
Probati, P 779
Probatio, A 668
Probatum, I 104; P 781
Probatus, E 377; S 456, 460
Probe, P 640
Probi, P 779
Probitas, P 732
Problesma, P 685
Problesmata, P 780
Probrat, P 760
Probrosa, P 645
Probrosus, P 771
Probrum, P 814
Probum, P 572
Probus, P 611, 787
Procacitas, P 746
Procanas, P 803
Procax, P 571, 585, 724
Procella, A 324
Proceres, P 827
Proceritas, P 643
Procerum, P 635
Procerus, P 657
Processit, T 283
Proci, P 727, 806
Procinctu, I 167
Procliuius, P 769
Proconsul, P 602
Procrastinat, P 661
Procreauit, P 742
Procubuit, P 718
Procul, A 357; H 3
Proculum, P 691
Proculus, P 712
Procuratio, P 592
Procus, P 676, 817
Prodigium, P 753
Prodigunt, P 639
Prodigus, A 465; P 583, 747, 754, 821
Prodimur, P 702
Proditus, D 101
Producere, E 533
Producit, E 444; M 316
Producta, A 151
Productalem, P 794
Productio, E 18
Proelium, N 22; P 660
Profana, P 749

Profanat, P 679
Profecta, P 617
Profecto, P 725
Profectus, P 759, 766
Proferat, E 29
Proferentur, E 30
Profert, P 748
Proferunt, P 736
Proficiens, P 759
Proficisci, B 123
Profiteor, P 589
Proflicta, P 706
Profligatis, P 609, 637
Profligauit, P 790
Profligetur, P 830
Profligit, P 623
Profluit, A 269
Profugus, P 580
Profuit, N 168
Profunda, L 59
Profundit, H 19
Profundum, E 277
Profundus, U 43
Profusis, P 595
Profusus, D 1; P 583, 738, 834
Progeniem, P 774
Progna, P 710
Prohemium, P 625, 745
Prohibebant, I 140
Prohibendi, N 76
Prohibens, A 279
Prohibentibus, I 455
Prohibet, A 767
Prohibitum, I 94
Proiecit, A 3; D 28, 247; E 517
Prolatis, D 204
Prolatum, P 785
Prolem, P 775
Proles, P 574
Prolibor, P 815
Prolixa, P 763
Prolixior, C 917
Prolongata, P 618
Promaean, P 569
Promamus, P 782
Promaritima, P 599
Promatum, P 694
Promeon, P 591
Prometheus, P 619
Prominet, P 737
Promiscui, E 263
Promiscuis, P 777
Promiserit, P 628
Promisit, S 457
Promittit, A 275, 563; D 41; P 527; S 368; U 48
Promontaria, P 638
Promotorum, L 9
Promouerit, E 128

Pulueris, A 875
Puluinar, P 851, 866
Puluinaria, P 859
Puluis, R 27; S 79
Pumerium, P 880
Pumilio, N 38
Puncto, P 865; p. 99, note 2
Punctum, C 280
Punctus, S 519
Punica, M 120
Punicam, P 885
Punicum, B 80
Punitio, D 263
Punitorum, T 273
Puniuit, U 232
Puntus, P 875
Puplica, A 913; P 644
Puplicam, P 327, 870
Puplicani, P 870
Puplicare, P 842
Puplicarum, F 168
Puplicas, S 710
Puplice, A 354, 946; C331;
    L 225
Puplicetur, U 28
Puplico, F 161, 183; I 418
Puplicum, L 306; M 362;
    P 339, 850
Puppis, P 860
Pupulat, P 856
Pura, T 220
Purgam, F 302
Purgare, D 220
Purgata, E 140
Purgatur, E 110
Purificatum, D 79
Puritas, S 149
Pure, S 673
Purporeum, L 129
Purpura, F 139; M 329, 352;
    O 269
Purpurati, Q 79
Purpurea, T 297
Purulentis, S 583
Purum, Int. 260; S 83
Pus, P 869
Pusillos, P 861
Pusio, P 881
Pussillanimis, C 838
Pustula, P 868
Putabam, R 106
Putamina, P 843
Putando, D 345
Putas, H 127; I 500; N 143
Putatiuum, N 154
Putauero, E 310
Putens, B 69
Puto, E 309
Putrefacta, T 30
Putrido, T 7
Putridum, P 201

Putu, U 302
Pyramides, P 889
Pyrgras, P 888

Qua, L 151; P 240; Q 1,
    79
Quacumque, Q 17
Quadrangulum, L 124
Quadrangulus, P 59
Quadrans, Q 15
Quadrare, Q 27
Quadratum, A 376
Quadratus, O 22
Quadripedum, D 357
Quadripertitum, Q 16
Quadris, T 78
Quadrupedum, P 146
Quae, Int. 145; A 70, 349,
    598, 695; B 31 (bis),
    177, 192; C 497; D 359;
    F 240, 350; G 46, 101;
    I 320, 388, 450; L 88,
    152, 195; M 62; O 158,
    219; P 174, 276, 426,
    641; R 27, 260; S 30, 66;
    U 141, 163
Quae (for qua), C 879
Quaecumque, A 704
Quaedam, G 129; I 117; P
    377; Q 6
Quaerela, Q 29
Quaerella, Q 8
Quaerelus, Q 8
Quaeremoniae, Q 36
Quaeremonis, Q 29
Quaeremonus, Q 7
Quaeritat, Q 31
Quaeritur, C 201
Quaerulus, Q 33, 35
Quaesita, Q 34
Quaesitor, Q 14
Quaessionum, E 412
Quaestio, Q 37
Quaestionum, S 420
Quaestiosius, Q 30
Quaestiosus, Q 32
Quaestor, Q 14
Quaestorio, Q 38
Quaestuor, Q 11
Quaestus, L 217
Quaestus est, Q 13
Qualibet, F 338; Q 4
Qualitas, C 612
Qualus, Q 12
Quam, A 110, 257; E 245;
    P 713
Quamdiu, D 344, 380
Quamuis, Q 3
Quanam, Q 26
Quando, D 172, 202; E 194;
    S 66, 654

Quanquam, Q 9
Quantisper, Q 18
Quantocius, Q 25
Quantulum, Q 2
Quaque, Q 6, 21
Quare, Q 57, 78
Quarta, A 568; Q 15; T 35
Quartana, A 568
Quas, B 47; P 168
Quasdam, Q 10
Quasi, Int. 56; A 25, 168,
    527; B 124; C 127, 276;
    D 305; E 44, 181, 281; F
    106; G 2, 38, 71; H 7; I
    49, 509; L 3; M 179; N
    178; O 89, 116; P 432,
    699, 711; R 249; S 102,
    285, 417 (bis); T 296,
    322; U 302
Quasilum, Q 22
Quassat, Q 23
Quasum, Q 20
Quatenus, Q 1
Quatere, Q 5
Quaterna, A 376
Quaternio, Q 19
Quatitur, Q 24
Quauis, Q 4
Que, A 728, 916; P 543; S 35
Quędam, Q 21
Quem, C 912; D 23; P 260;
    R 37
Querella, Q 7
Querulis, D 64
Questione, I 332
Questo, Q 38
Quęstores, Q 28
Queue, A 204, 881
Qui, Int. 173, 200; A 24, 33,
    96, 150, 170, 375, 383,
    392, 426, 477, 499, 527,
    556, 818, 821, 823, 886,
    887, 888, 906; B 16, 45,
    107, 120, 122, 151, 161;
    C 20, 43, 171, 181, 185,
    206, 218, 220, 308, 340,
    396, 425, 433, 751, 753,
    754, 803, 848, 912; D
    107, 111, 251, 305, 311,
    312, 375; E 41, 136, 172,
    176, 209, 246, 257, 496; F
    76, 77, 78, 82, 180, 414;
    G 39, 50, 59; H 41, 64,
    152; I 118, 360, 392, 477;
    L 2, 17, 141, 179, 202,
    217, 228, 246, 280; M 64,
    96, 181, 216, 231, 265,
    267, 345; N 39; O 7,
    12, 125, 127, 189, 257,
    266; P 231, 327, 331, 343,
    367, 368, 369, 392, 447,

Reclamat, R 89
Reclinate, R 53
Reclines, R 69
Reclusum, R 47
Recognitus, R 110
Recolit, R 155
Reconditum, A 73
Reconsiderat, R 140
Recordari, C 559
Recordatus, E 153
Recreate, R 36
Recreatus, F 261; R 41
Rectissimum, C 552
Rectitudo, R 188
Rectius, D 40
Rectus, C 75; M 243; R 156
Recula, R 97
Recumbebatur, T 259
Recuperatis, R 153
Recussasset, D 73
Recussat, A 86; R 154
Recussauere, D 208
Reda, F 201
Redarguit, R 138, 159
Reddere, D 150; R 132
Reddet, R 108
Redditur, E 338
Reddunt, R 147
Redibere, R 40, 129
Redibet, R 108
Redigitur, A 346; R 160
Redimicula, R 101, 124
Redimitus, R 52
Redire, R 84
Redit, R 100, 127
Reditus, R 82, 84, 90
Bediua, R 122
Rediuiuum, R 126
Rediuiuus, R 127
Redius, R 107
Redolent, R 147
Redolentes, H 28
Redoles, R 158
Redolit, R 133
Redoluit, R 94
Reducat, R 144
Reduces, R 79
Redundat, R 125
Refecit, F 278
Refectorium, C 318
Refellere, R 55
Refello, R 136
Refellor, R 135
Refert, F 124; R 77
Refertissimum, R 157
Refertum, R 120
Reficiendis, M 373
Refluit, R 125
Refocilatus, R 41
Refontat, R 115
Refouendi, R 152

Refricare, R 114
Refrigerat, F 313
Refrigerium, A 621
Refugere, A 520
Refugii, A 846
Refugium, R 56; S 651
Refulgenti, R 171
Refutant, R 145
Refutare, A 37; R 55
Refutat, A 51; R 48
Refuto, R 136
Regale, S 518
Regalibus, A 943
Regalis, C 888; D 98, 221;
    M 329; S 152, 153
Regalium, B 205
Regat, U 199
Rege, T 354
Regens, A 390
Regere, M 290
Reges, L 299
Regesta, R 137
Reget, M 64
Regia, C 209; L 139, 342; T
    36, 297
Regiae, R 76
Regiis, A 921
Regimonium, R 104
Regina, B 43
Reginę, E 409
Regione, O 243
Regiones, M 145
Regit, M 158
Regitur, A 377
Regius, R 32
Regni, E 409
Regnum, A 7
Regor, R 92
Regula, Int. 60; N 142
Regulam, P 809
Regularum, C 72
Regulus, B 32
Begum, B 1; M 99
Rei, P 403, 435
Reinclinat, E 356
Relata, R 137
Relatio, R 117
Relatu, R 65
Relegatus, R 37, 74
Relegiones, C 299
Relegiosissimus, S 622
Relicet, I 49
Religatiunes, R 149
Religauit, R 43
Relinquere, A 543
Reliqua, R 166
Reliquid, L 241
Reliquum, P 28
Relisdua, R 166
Reluctat, O 55
Reluere, R 42

Rem, P 510, 870; S 292 (bis)
Rema, R 51
Remanens, Int. 128, 253,
    319, 320
Remanet, I 461
Remeans, R 119
Remeo, R 119
Remes, R 142
Remex, R 73
Remi, T 193
Remigator, R 142
Remordit, R 146
Remota, R 71
Remotio, A 596
Remotis, I 99, 440
Remotius, R 113
Remotum, A 74
Remotus, A 30
Remouit, A 80; R 123
Rempha, R 64
Remugit, R 89
Remunerationes, M 331
Renatum, R 126
Renidet, R 50
Renis, R 121
Renitenti, R 171
Renitet, O 55
Renitite, R 53
Renium, C 58
Rennuunt, R 145
Renocenon, R 105
Renones, R 83
Renunculus, R 33
Beor, R 49
Reorum, D 263; P 275;
    p. 91, note 2
Repagula, R 80
Repandialili, R 66
Repatriat, R 100
Repedans, R 167
Repellebat, A 733
Repellere, A 37; R 46
Repellit, L 276; R 115
Repelluntur, R 163
Rependere, R 132
Repens, R 102, 141
Repensare, R 132
Repentina, I 484
Repertores, H 18
Repetit, U 266
Repetitio, T 14
Repetitionem, A 628
Replent, D 246
Repleta, C 743
Repletas, C 614
Repletum, R 120
Repletus, C 575
Reponile, R 168
Reponuntur, A 741
Reposio, B 101
Repositio, A 662

Ruber, R 240
Bubeta, R 239
Ruboum, F 435; R 244
Rubi, A 184
Rubibundus, R 246
Rubicare, R 235
Rubicundo, C 900
Rubigo, R 236
Rubisca, R 256, 258
Rubius, F 249
Rubor, R 207
Rubore, A 501
Rubrum, R 244
Rubum, B 173; R 255
Rucha, Int. 271
Ructat, R 238
Rudem, R 249
Rudentes, R 221, 232
Ruder, R 218
Ruderisa, R 250
Rudia, R 222
Rudimenta, R 217; T 183
Rudis, N 100; R 233
Rudus, R 257
Ruenis, C 322
Ruere, C 712
Ruerunt, C 589
Rufens, Int. 104
Rufum, B 202; R 224
Rufus, Int. 102; B 46
Rugitus, R 248
Rugosa, C 37
Ruit, D 67
Rumex, R 234
Rumigat, R 228, 241
Rumigerantur, R 230
Rumigerulus, R 220, 226
Rumigerum, R 247
Ruminat, R 241
Rumore, R 230
Rumorem, A 248
Rumoris, R 220
Rumphea, R 229
Rumur, R 242
Runcina, R 231
Rupem, R 237
Rupibus, R 251
Rupit, M 96
Rupta, Int. 87
Ruptis, C 21
Ruptum, S 111
Rupulsi, E 115
Rura, R 254
Rure, E 281; R 252
Ruribus, R 225
Rurigenus, R 252, 260
Ruris, R 243
Rurus, R 227
Rus, R 243
Ruscidum, R 253
Ruscus, R 245

Ruseam, P 15
Rusticana, A 847
Rustici, B 219; E 97; F 421; G 101
Rusticioris, H 84
Rusticitas, I 326
Rusticos, A 385
Rusticus, A 76, 788
Rusulembo, R 259
Rutilare, R 235
Rutilum, R 219
Rutuli, R 223

Saba, S 102
Sabaoth, Int. 282; S 54
Sabbastio, A 914
Sabiat, S 38
Sabiatur, S 81
Sablo, H 40; S 10
Sabunca, S 39
Saburra, S 17, 66
Sacella, S 26
Sacello, Int. 279
Sacellorum, S 46
Sacellum, M 89
Sacer, F 152; S 27
Sacerdo-, Int. 110
Sacerdos, Int. 250; F 242; P 30
Sacerdotale, E 274; I 43
Sacerdotalis, F 192
Sacerdotes, E 97; H 140; L 317
Sacerdotibus, F 221
Sacerdotum, I 425
Sacra, C 296, 672; I 265; L 336; P 361; S 26, 71, 106, 107, 681
Sacrae, M 206
Sacrarium, A 4
Sacrifica, D 191
Sacrificantibus, S 97
Sacrificare, L 190
Sacrificarent, A 194
Sacrificat, A 818
Sacrificatur, L 13
Sacrificaturus, T 349
Sacrificauit, L 206
Sacrificia, O 151
Sacrificiorum, C 297
Sacrificium, Int. 129, 150
Sacrificolis, S 97
Sacrilegus, S 109
Sacrorum, C 299
Sacrum, I 27; M 218; P 554; S 37
Saducei, Int. 297
Saeculi, Int. 122
Saeculum, A 341
Saepis, S 4
Saeuitia, S 11

Saeuo, P 400; S 33
Saenum, p. 95, note 3
Saga, S 94
Sagax, S 1, 7, 41
Saginabant, S 68
Sagita, E 491
Sagitarius, A 758
Sagitta, E 408
Sagittae, S 481
Sagma, H 152
Sagmari, H 152
Sagulum, S 60
Sagum, L 105
Salamandra, S 47, 73
Salamon, Int. 301
Salaris, S 75, 353
Salebra, S 25
Salebrae, S 16
Salebrosus, S 15
Salibaribus, S 44
Salibus, S 101
Salices, S 65, 93
Salicis, A 515
Salicta, S 65
Saliendo, I 424
Salitum, S 21
Saliunca, S 78
Saliuncus, S 93
Salix, S 40
Salmentum, S 101
Salomon, Int. 283
Salpica, S 100
Salpicum, S 42
Salsa, S 86
Salsilago, S 77
Salsum, S 30
Saltatio, C 362, 865
Saltator, S 50
Saltatores, H 95
Saltatorius, E 415
Saltim, S 29
Saltus, P 852; S 36
Saltuum, S 128
Saluator, Int. 161, 165, 167, 236; O 275
Salui, S 6
Saluifica, Int. 232; O 277
Saluite, S 6
Salum, S 59, 85
Salus, Int. 108, 109, 176; R 158
Salutant, U 52
Salutatio, H 12
Saluus, S 381
Samaritani, Int. 305
Sambucus, S 50, 55, 58
Samia, S 79
Samson, Int. 291; S 52
Sancire, S 12
Sanciri, S 8
Sancta, A 381, 498; P 859

Sanctae, A 380
Sancti, A 503
Sanctitas, P 732
Sanctum, I 436; S 37
Sanctus, p. 1(bis); Int. 11, 225; F 126; M 176
Sandalia, S 76
Sandalium, S 57
Sandix, S 70, 103
Sangit, S 23, 89
Sanguilentus, C 895
Sanguine, M 84
Sanguinem, Int. 341; D 3
Sanguinis, C 516; D 3; I 75; S 30, 63, 82, 83; T 12
Sanguis, F 236
Sanguissuga, H 75
Sani, U 42
Sanies, S 30
Sanitate, S 408
Sanus, H 4(bis); U 59
Sanxit, S 28
Sapiens, S 329
Sapientes, S 13
Sapientia, A 654; S 380
Sapit, N 39
Saporem, C 704
Saporis, C 982
Saraballa, S 74
Sarabare, S 96
Sarcinatum, S 19, 53
Sarcio, S 51
Sarcitum, S 32
Sarcofago, S 45
Sarculum, S 20
Sardas, S 72
Sardinas, S 64
Sardins, S 83
Sardonix, S 82
Sardus, S 99
Sarga, S 95
Sarge, S 80
Sariat, S 84
Sarisae, S 48
Sarmenta, M 5
Sarmentum, S 35, 43
Sarnoa, S 108
Sarra, Int. 280
Sarrai, Int. 278
Sarta tecta, S 22
Sartago, S 18
Sartum, S 24
Sat, S 88
Sata, S 49
Satagit, S 61
Satanan, Int. 285
Sategi, S 5
Satellites, S 31
Satiare, S 104
Satic, A 213, 620
Sationis, S 62

Satis, C 305; E 50; P 96, 640; R 85, 94, 133; S 14, 88; T 69
Satisdatio, S 91
Satisfacere, D 152
Satins, S 69
Sator, S 9
Satrapae, S 34
Satrapas, S 13
Satur, S 87
Saturi, S 87
Saturitas, Int. 112
Saturni, B 63; p. 87, note 1
Saturnia, S 105
Sauciatus, S 67
Saucius, S 3
Saulus, Int. 284
Saures, S 2, 98
Sauromate, S 92
Saxa, C 234, 909; F 260; H 62; S 155, 158
Saxea, S 56
Saxi, C 376
Saxit, S 90
Saxum, A 306; R 237; S 485
Scabelli, E 420
Scabellum, S 113
Scabiosi, U 315
Scabiosis, P 704
Scabri, S 174
Scabrida, S 196
Scabro, S 204
Scabrum, S 160
Scafus, S 206
Scalmus, S 182
Scalpellum, S 115, 143
Scalpio, S 194
Scalpo, S 234
Scalpro, S 136
Scalprum, S 121, 125
Scalpula, S 187
Scamma, S 126, 643
Scammatum, S 114
Scande, S 208
Scandit, S 189
Scansio, S 130
Scapha, S 191
Scaphum, S 188
Scapulare, E 247
Scara, S 173
Scarabeus, S 151
Scarioth, Int. 306
Scarpinat, S 142
Seasa, S 178
Scatens, S 167
Scatet, B 216
Scaturit, S 150
Scaurosus, S 184
Scaurus, S 148
Scea, S 162

Seeda, S 183
Scedulae, S 161
Sceleratas, A 695
Scelerato, N 92
Sceleratus, N 56; P 434
Scelesta, F 438
Scelus, C 239, 570; F 56
Scema, C 461; H 120; S 120, 545
Scena, O 220, 237; S 133, 180
Scenici, H 95; L 288
Scenis, S 205
Scenographia, S 124
Scenopagia, S 135
Scenopegia, S 119, 207
Sceptor, S 122
Sceptra, S 131
Sceptrum, S 152
Sceua, S 139
Sceuitas, S 198
Sceuum, S 203
Scident, I 231
Scienices, S 185
Scientia, A 50
Scientibus, S 388
Scientie, C 366
Scientię, Int. 54
Scilicet, I 46; Q 3
Scilla, S 110, 168, 176, 177
Scina, S 137
Scindat, C 884
Scindulis, S 179
Scintella, S 192
Sciphus, S 190
Scipiones, S 138
Scire, R 93
Sciro (?), D 298
Scirpea, S 141, 186
Scirra, S 170
Scisca, Int. 307
Scismum, S 111
Scisurae, C 413
Scit, N 125
Scita, S 127
Scitalus, S 195
Scitat, P 478
Scitum, S 164
Scitus, S 132
Sciui, S 199
Sciunt, N 169
Scius, E 549; S 159
Sclabrum, S 233
Sclactarius, S 202
Scluptae, C 642; T 148
Sclnptor, M 168
Scniphes, S 175
Scobet, S 147
Scola, L 271; S 201
Scolis, P 794
Scolonia, S 112

C. G.

13

Scopa, S 123
Scopant, U 132
Scopon, S 149
Scopuli, S 155
Scopulus, S 110
Scordiscum, S 153, 154
Scorelus, S 166
Scoria, S 163
Scortator, S 156
Scorteas, A 836
Scotomaticus, S 134
Scpupta, A 622
Scriba, S 200
Scribere, I 349
Scribit, A 556; C 803; H 119; S 145
Scribtis, A 793
Scribunt, L 246; P 488
Scripserunt, L 204; T 291
Scripta, C 13; F 209; P 835; S 127
Scripter, S 124
Scriptio, C 975
Scriptis, C 228; P 475
Scriptitat, S 145
Scriptor, M 212
Scriptum, C 91; P 240
Scriptura, A 381; C 883, 896; E 243; H 139
Scripulum, S 197
Scrobes, S 171
Scrobibus, S 117, 181
Scrobis, S 193
Scrofa, S 172
Scropea, S 158
Scrupulator, S 157
Scrupulosiores, S 144
Scrupulum, S 169
Scrupulus, S 140
Scrutantur, S 116
Scrutaretur, R 184
Scrutaris, R 198
Scrutatores, A 718
Scrutatur, R 196
Scrutinium, S 116
Scualore, P 269
Scuporum, S 235
Scurilis, E 487
Scuriora, S 118
Scurra, S 146, 165
Scuta, A 581, 613
Scutis, U 245
Scutum, C 274, 291; P 3
Scylla, S 129
Scynifes, Int. 286
Se, A 81; C 884; D 15; F 350; I 282; P 652, 798 (bis), 800; S 30, 341
Seboim, S 273
Secant, E 276
Secat, B 122; M 151

Secernit, D 315; S 257
Secessio, S 310
Secessum, L 85
Secessus, F 301; S 228
Secreta, A 916; C 340; I 227; P 338
Secreti, S 232
Secretis, I 99, 440
Secretorum, S 377
Secta, H 69; S 210, 422; U 174
Seetae, T 276
Sectans, S 237
Sectare, S 236
Sectator, A 107
Sector, S 239
Secunda, Int. 83
Secundarum, I 88
Secunde, D 164
Secundi, P 810
Secundum, C 63, 81
Secundus, A 487
Secuntur, D 23; L 217
Securem, B 132
Securitas, O 290; Q 62
Securius, T 330
Secus, H 34; N 164; S 256
Sed, A 451; D 15; L 269; Q 43; S 243
Sedat, M 224
Sedebant, U 47
Sedecennalem, E 413
Sedecias, Int. 295
Sedent, Q 79
Sedes, Int. 310; E 562; T 233
Sedet, E 562, 563
Sedis, E 563
Sedit, C 181
Seditio, S 223, 244; T 343
Seducendo, I 384
Seductio, L 112
Sedulium, S 300
Sedulo, S 252
Segetibus, C 879
Segitem, C 305
Segnities, T 201
Selectus, S 274
Selinis, S 289
Sella, Int. 296; E 366; Q 79; S 229
Sem, Int. 290
Semel, P 368
Semen, O 289
Semenstrum, S 285
Semes, D 292
Semetipsum, F 155
Semianimus, S 242
Semicolumneum, C 422
Semicors, S 291, 404
Semidalim, S 275

Semigar, Int. 302
Semigelato, S 265
Seminat, S 84, 245
Seminauit, S 250
Seminis, S 62
Semis, E 169; I 39; S 285, 343
Semispatium, S 214
Semita, C 104
Semiuiuus, S 242
Semper, P 369; R 84; S 325
Sempiternis, M 283
Senator, F 268
Senatores, A 499; P 139, 163
Senatus, G 64; M 47; S 259
Sene, S 320
Senecen, S 278
Senectus, S 290
Senente, S 294
Senex, C 19; G 145; L 282; S 301
Senior, C 786; S 302
Senodus, S 253
Senon, S 277
Sensim, S 276
Sensu, C 1; F 311
Sensum, D 135; F 340; M 70
Sensus, A 634
Senta, S 290, 295
Sentensiosus, S 279
Sententia, Int. 263; A 653; C 12
Sententias, D 383; P 300
Sentes, S 217, 263
Senticosa, H 90
Senticosis, S 225, 227
Sentina, S 216
Sentis, S 269
Sentorium, S 296
Seuum, S 253
Seon, S 219
Sepafratis, S 264
Separare, D 124
Separat, D 224, 238; M 308
Separatio, Int. 94; D 223, 232
Separatis, S 264, 298
Separatum, D 243; E 371; S 251
Separatus, S 274
Separauit, D 163
Sepe, F 52; I 459; T 333
Sepeliant, S 297
Sepeliens, P 512
Sepelientes, B 215
Sepelit, O 50
Seperare, D 90
Seperat, S 257
Sepes, S 284

Sepit, S 262
Seplasium, S 218
Sepone, S 258
Seponitur, S 251
Sepositis, S 298
Sepsit, S 209
Septem, A 742
Septemtrio, B 157; C 976
Septemtrionum, A 713
Septisonium, S 281
Septus, S 211
Sepulchra, B 204; P 889
Sepulchris, P 426
Sepulchrum, T 339, 350
Sepulcrum, B 39
Sepulta, S 212, 409
Sepulto, E 251, 252
Sepultus, C 792; F 368; H 156
Sequester, O 68; S 231, 286
Sequestra, S 258
Sequuntur, R 37
Seram, P 259
Seraphin, Int. 277
Serarium, Int. 127
Serena, S 177
Serene, D 114
Serenum, A 949; P 283
Sererent, S 240
Seres, S 230
Seria, S 254
Seriam, S 292
Seriem, S 260
Series, C 868; S 4, 249, 284
Serio, S 266
Seriou, S 283
Serit, S 245
Sermo, E 359; R 180; S 299
Sermonis, L 264
Sermonum, Int. 87; A 554; G 121
Sero, C 267; S 267, 303; U 57
Serotinum, S 213
Serpens, A 590; B 31; C 315, 753; D 292; L 115; N 36; S 73
Serpentes, C 325; D 365; H 114
Serpenti, S 248
Serpentis, p. 1; B 156; D 292, 368; H 74; S 195
Serpentium, M 67
Serpere, I 300
Serpillum, S 220
Serpit, S 209, 255
Serpulum, S 287
Serta, S 247
Sertis, S 224, 288
Sertor, S 261
Seruant, C 912

Seruat, S 624
Seruientium, A 882
Seruit, O 19; S 250
Seruitium, E 346; L 174; S 222
Seruitus, I 501; S 221
Serum, S 272
Seruorum, L 205; S 222
Sernum, A 33
Seruus, Int. 14, 24; B 72; L 211
Sestertius, S 293
Seta, S 226
Setha, S 282
Seudoterum, P 207
Seueritas, A 928; C 339; S 238
Seuerus, S 241, 271
Seuientibus, F 431
Senit, S 246
Scuitia, A 166
Seuo, S 268
Seuum, p. 95, note 3
Seuus, A 878; T 240
Sex, C 82; S 215
Sexciplum, S 270
Sexcuplum, S 215
Sexies, E 360
Sextari, M 255
Sextarii, C 629
Sextarium, C 363
Sextertius, S 280
Sexus, E 263
Si, A 461; D 15; E 310; S 315, 317, 368(bis), 427, 675
Siacte, S 679
Siatta sapodimeos, S 347
Sibba, S 319
Sibi, M 181
Sibilum, I 520
Sic, A 25; H 35; I 500; S 352 (bis)
Sica, S 354
Sicalia, S 339
Sicania, S 312
Sicarius, S 335
Siccatę, F 343
Siccauit, T 202
Siccima, S 331
Siccum, S 691
Sicera, S 350, 351
Sicilia, S 312
Siciliae, T 106
Sicini, Int. 298
Sicofantia, S 367
Sicomoros, S 333
Sicut, Int. 200; D 292; H 129; M 159; R 32; U 127
Sideralem, Z 6
Sideralia, T 157

Siderum, A 828; C 517
Sidoniorum, A 843
Sidus, A 794; S 323, 341
Sifanutunda, O 263; p. 87, note 1
Siffa, p. 87, note 1
Siffarunda, p. 87, note 1
Sigillum, S 327
Signa, A 821(bis); O 163; S 314; Z 2
Sign[a], A 905
Signat, D 227; O 16
Signatur, L 234
Signaum, S 362
Signet, N 139
Signifer, S 314
Significant, O 158
Significantia, P 510
Significarent, P 492
Significat, A 161; P 490, 536; T 177; U 232
Significatio, T 1
Significatione, M 170
Signior, S 359
Signis, S 306
Signum, P 586; S 327, 441; U 67
Silentium, C 957
Siler, S 360
Silex, p. 91, note 9
Siliqua, S 357
Siliquas, S 334
Sillogismo, Int. 309
Silua, H 7; S 36; T 95
Siluae, L 29
Siluę, Int. 299
Siluester, R 105
Siluestria, D 381
Siluis, B 192; C 232
Silurus, S 369
Simbulum, S 373
Simeon, S 330
Simila, S 275, 345
Similabator, -tur, A 320
Similaginem, S 363
Similem, C 711; E 187
Similes, L 29; S 174
Simili, L 29; T 23
Similis, B 209; C 903; D 13; F 117; H 166; I 374, 508; M 18; P 132, 144
Similiter, A 297
Similitudine, H 104; L 3; P 481; S 449
Similitudinem, B 214; P 463; S 722
Similitudines, C 642
Similitudinis, C 226; T 165
Similitudo, E 205; F 177; P 88, 626, 685; S 441
Simisti, S 377

13—2

Simmallis, S 353
Simon, Int. 292
Simpla, S 348
Simplex, M 129
Simplici, M 188
Simplicitate, A 847
Simul, A 464; C 849; O 16
Simulacra, Int. 43
Simulacrum, P 87
Simulantes, C 834
Simulatio, H 92; S 244
Simulator, Int. 155; S 313
Simultas, S 364
Simultatis, S 321
Sin, S 727
Sina, S 332
Sinagoga, Int. 300
Sinai, Int. 304
Sinapian, S 338
Sinceritas, M 188
Sincerum, M 144
Sinciput, S 343
Sine, A 56, 140, 167, 501, 591, 675; C 79, 337; E 71, 188, 196, 210, 432; F 424; G 165; H 23; I 37, 182, 271, 332, 343, 383, 390, 433, 435; N 129; P 162, 362, 450, 863; R 165; S 121, 307, 320, 374(bis); T 305
Sinfoniaca, S 361
Singillatim, S 304; T 191; U 193
Singrafa, S 342
Singraphae, S 328
Singula, S 304
Singularis, C 465; M 250, 272, 273
Singulariter, M 109
Singulos, E 245
Singultat, S 324
Singultus, S 355
Sinifonium, S 346
Sinistra, S 139
Sinnaticum, S 344
Sinuum, S 356
Sinodus, Int. 288
Sinopede, S 365
Sint, B 161
Sinuosa, S 340
Sinus, G 166; S 310, 375, 376
Sion, Int. 303
Sipius, S 329
Siriam, I 1
Siricum, B 113, 233
Siriem, C 888
Sirina, S 349
Sirius, S 323
Sirtes, S 316
Sirtim, I 414

Sirtis, S 318
Sisca, S 358
Siser, S 336
Sistit, S 305, 371
Sistitor, S 308
Sisto, S 309
Sit, A 29, 78; H 64; P 144
Sitarcium, S 322
Siti, D 292
Siticulosus, S 325
Sitio, D 292
Sitit, S 325
Sitosus, H 123
Situla, S 337
Situlo, S 311
Situm, S 326
Situs, S 366, 370
Siue, Int. 286; A 151; C 964; L 264; M 65
Siue (for sue), S 681
Sinit, S 372
Smaragdus, S 378
Smus (for sinus), S 379
Sobat, S 431
Soboles, S 392
Sobrinus, S 390
Sobrius, A 35; S 391
Soccus, S 394
Socer, S 386
Sociatrices, S 395
Societas, S 503
Socii, P 125; S 31, 383
Socius, C 695
Socorde, S 291(bis)
Socordia, S 393
Socors, S 404
Soorus, S 385
Sodales, S 383
Sodatus, S 432
Sodes, S 427
Sodolus, S 413
Sodum, S 429
Sofar, S 402
Soffa, S 380
Soffisticis, S 388
Soffonias, Int. 293
Sofisma, S 397, 416
Sol, Int. 291; E 298; P 147, 388, 485; S 52, 417, 439, 654; T 178
Sola, U 313
Solabor, S 412
Solacia, C 604
Solacium, S 406
Solamen, S 406
Solaris, D 350
Sole, F 343
Solemnes, E 223, 227
Solemnitas, C 289; S 119
Solentia, S 382
Solere, S 431

Soleris, S 424
Solers, S 387, 389
Solet, R 84
Solida, A 865; S 410
Solidatum, F 430
Solidauit, S 411
Solido, G 126
Solidos, P 387
Solidum, N 175; S 403
Solis, A 875; E 14; F 130; H 66
Solisequia, S 396
Sollemnis, Int. 9, 16
Sollicita, E 361
Sollicitare, S 437
Sollicitat, A 638; E 552; S 401
Sollicitator, S 157
Solliciti, S 703
Sollicitioris, S 608
Sollicito, S 252, 435
Sollicitudo, C 937; S 169
Sollicitum, E 382
Sollicitus, P 308
Solstitium, S 417
Soluat, S 436
Soluere, I 251
Solui, E 221; I 450
Soluit, P 293
Soluitur, F 225
Solum, C 217; E 496; N 148; S 398
Solutio, C 374
Somnicolosi, S 730
Sonae, S 281
Sonans, T 163
Sonant, C 497
Sonipes, S 405
Sonisactas, S 395
Sonitu, S 418
Sonitus, C 456; R 248
Sono, A 56
Sonograues, S 407
Sonores, S 407
Sonorum, S 418
Sons, S 415
Sonum, B 60; P 479
Sonus, B 155, 225; C 468, 908; M 173; T 251
Sophismatum, S 420
Sophista, S 422
Sophistica, S 421
Sopio, S 399
Sopit, S 384, 414
Sopita, A 65; S 409
Sopitis, S 400
Sopor, S 440
Sorbens, U 263
Sorde, L 260
Sordes, I 232; O 256; P 353; p. 91, note 2

Sordida, S 118, 295
Sordidatio, C 726
Sordidus, G 24; O 15
Sordis, I 165
Sordiscum, S 419
Soricarius, S 438
Sorix, S 423
Soror, A 513; M 73; T 139
Sororc, I 273; S 390
Sororis, S 430
Sororius, S 430
Sors, Int. 61; C 440
Sortem, S 428, 433
Sortilegos, S 434
Sortilegus, S 428
Sortiunt, S 425
Sospis, S 381
Sospitate, S 408
Soue, S 426
Spadi, S 449; p. 109, note 5
Spalagius, S 452
Spalagma, S 469
Sparastites, S 467
Spargona, S 465
Sparsim, C 45, 188
Spartum, S 483
Sparulus, S 480
Spatha, p. 109, note 5
Spatia, I 406
Spatiaretur, S 444, 453
Spatiatur, S 443
Spatium, A 542, 728; C 183;
    I 407; P 496, 880; U 227
Spatula, S 475
Spatulas, S 449
Specie, R 27
Species, A 349, 622; F 85;
    L 152, 195; N 37; P 466;
    S 623
Specimen, S 441
Speciosa, N 118
Speciosus, E 105
Spectat, A 470; S 455
Spectatus, S 460
Specto, O 198
Specula, Int. 303; I 476; S
    462
Speculam, S 402
Specular, P 409
Speculator, E 254
Speculatus, S 456
Speculum, S 461
Specus, S 477
Speleum, S 485
Spelunca, C 881; S 477
Spendescit, E 218
Spendidum, R 219
Spendor, A 20
Spendoris, R 131
Sper, S 466
Spera, S 458

Sperans, Int. 174
Spercius, S 482
Speriae, S 442
Spernit, D 199
Spes, I 272
Spiato, S 487
Spicae, N 37
Spicarum, M 167
Spicas, P 481; S 39, 450
Spicatum, N 37
Spiciones, S 478
Spiculis, S 454
Spiculum, S 481
Spidis, S 484
Spillos, S 459
Spina, p. 1; A 421; N 119;
    S 445, 473, 474
Spinarum, C 192
Spinę, R 24
Spinis, D 374; S 225
Spinosae, S 263
Spinosis, S 227
Spinosum, R 253, 255
Spiramentum, S 486
Spirat, F 241
Spiritus, p. 1; Int. 252, 271;
    E 181
Spisauit, C 893
Spissum, D 43
Splendentes, S 489
Splendet, A 484; B 97; N
    105
Splendidum, L 182; S 429,
    602
Splendidus, N 127
Splendor, E 230; S 441
Splendore, C 333
Splene, S 451
Splenis, S 472
Spolia, E 525; M 74; O 219;
    S 479; T 273
Spoliarium, S 479
Spoliat, C 632; U 53
Spolium, A 829
Spoma, S 476
Sponda, S 470, 471
Spondit, A 275
Spongio, P 230
Sponsio, U 2
Sponsus, P 676
Spontane, D 70
Sponte, S 448, 672; U 48
Sporta, C 379
Spospondit, S 457
Spretus, S 447
Spumatores, D 312
Spurcia, S 446
Spurius, S 463, 464
Sputaculum, S 468
Sputum, S 468
Squalor, I 165

Squalores, S 488
Stabula, B 160; S 498, 499
Stabulum, S 512, 549
Stacten, S 546
Staefad brum, p. 92, note 5
Stagilla, S 560
Stagneus, E 209
Stagnum, S 550
Stamen, S 563
Stando, S 499, 537
Stangulat, S 558
Stare, S 417, 510
Statim, A 213, 842; E 345,
    429; Q 51
Statio, S 497
Statione, D 60
Statuae, D 237
Statuit, D 195
Statuitur, S 305
Statum, C 954
Status, C 612; I 256
Steba, P 357; p. 92, note 3
Stebadiorum, p. 92, note 3
Stefad brun, p. 92, note 3
Stefadiorum, p. 92, note 3
Stefanus, Int. 294
Stella, C 932; F 298; U 131
Stellae, H 77; S 537
Stellantes, S 489
Stellares, C 932
Stellas, C 886, 977; S 341
Stellatus, S 570
Stellis, A 849
Stemma, S 517, 518, 555
Stenax, S 575
Stercor, R 218
Stercora, Q 59
Stercus, R 257
Sternit, S 568
Sternuntur, G 50; T 282
Sternutatio, S 521
Stertens, S 553
Stes, O 104
Stiha, S 504
Stibadium, p. 92, note 5
Stibium, S 529
Stic, S 564
Stiga, S 576
Stigma, S 519
Stigmata, S 495, 505, 545,
    572
Stilio, S 554
Stilium, S 552
Stillatio, S 546
Stilum, S 509
Stilus, C 68
Stimatorum, C 389
Stimulat, A 638; S 508
Stimulatores, I 70
Stimulatrix, I 71
Stinc, S 551

Stipant, S 494
Stipatoribus, S 533
Stipem, S 511
Stipendi, C 756, 793
Stipendia, S 491
Stipendis, O 207
Stipes, H 97; S 541
Stipis, S 542
Stipite, L 290
Stipito, S 531
Stipula, S 567
Stipulator, S 368, 493
Stipulis, A 777
Stiria, S 548
Stirillum, S 523
Stirps, S 496, 506
Stola, P 224
Stolidus, S 500
Stolones, S 561
Stomachatur, A 141
Stomacho, B 209
Stomachum, S 573
Storax, S 539
Stornus, S 530
Strabus, P 143, 291; S 578
Strages, S 490
Stragna, S 514
Stragulat, S 565
Stramen, C 960
Stramete, S 544
Strata, C 104; O 264
Stratege, S 557
Strenas, S 524, 569
Strenua, S 502
Strenue, N 43; S 535
Strenuissimus, S 532
Strenuus, N 7
Strepitat, S 501
Strepitu, S 534
Strepunt, R 134
Strica, S 543
Stricta, S 562
Strictis, A 793; S 536
Stridentes, R 221
Stridet, F 332
Striga, S 528
Strigillum, S 513
Strigillus, S 574
Strinici, S 538
Strofanus, S 507
Stroffa, S 520
Stroffia, S 540
Stroffosus, U 130
Stroma, S 522
Stromatum, S 516
Structionum, Y 4
Struentem, M 78
Struerer, S 525
Strues, S 492, 527
Strumentum, P 794
Strutio, S 571

Studio, O 197
Studiose, N 1; R 194
Studiosius, I 171
Stulta, B 30; E 81
Stultatus, S 566
Stulte, B 219
Stultissimus, S 291
Stultitia, C 442; I 419; S 393
Stultorum, P 472
Stultus, B 42; H 55; S 500
Stupefactus, S 559
Stuperatus, S 559
Stupet, T 188
Stupor, I 270
Stupore, A 276
Stuppa, S 515
Stuppe, F 426
Stupram, U 30
Stuprum, S 503, 547
Sturfus, S 577
Sturnus, S 526
Sua, D 23; R 37; S 672(bis),
  679; U 199
Suadeo, C 294
Suaeder, S 701
Sualdam, S 641
Snarum, F 303
Suasor, G 73
Suasores, L 98
Suauiat, S 670
Suauitas, F 65
Suauitatis, T 175
Sub, Int. 333; L 7; S 593
  (bis), 673(bis), 678(bis),
  690; T 272
Subacti, S 590
Subactum, S 609
Subactus, S 611
Subarrata, S 635
Subarratus, O 89
Subarrauit, S 658
Subauditur, A 477; B 60
Subcentia, S 612, 677
Subcenturatis, S 653
Subcumbat, S 694
Subdidit, M 4
Subdistinctio, Int. 334
Subdit, S 603
Subdolus, S 626
Suber, S 639
Subergem, S 638
Subfocat, S 667
Subfragator, S 644
Subfragatus, S 680
Subieceris, S 588
Subigerunt, S 597
Subigo, S 689
Subiit, S 616
Subit, S 615, 682
Subitans, R 141
Subito, C 462; O 3

Subitus, F 258
Subiugati, S 590
Subiugatis, S 699
Sublatorium, Int. 308
Sublatus, E 281
Sublegit, S 707
Sublimis, Int. 275; E 530
Sublimitas, E 532
Sublustris, S 647
Subministrare, S 598
Subministrat, S 618, 664, 687
Submouit, A 819
Subnigrum, A 714
Subnixus, S 693
Subpeditat, S 664
Subplaudans, S 581
Subplosa, S 584
Subponit, S 603
Subpositoria, F 400
Subpuratis, S 583
Subrecta, S 610
Subregeres, S 588
Subreptores, E 486
Subrigens, S 613
Subrogare, S 598
Subrogat, S 600
Subrogatus, S 657
Subruat, S 694
Subsannanis, N 16
Subsannat, S 697
Subsciuum, N 147; S 645
Subscriptiones, S 328
Subsellia, S 643
Subselliorum, E 415
Subseparatio, Int. 332
Subsequens, S 659
Subseruat, S 624
Subsicium, S 659
Subsiciuum, S 628
Subsidit, D 76
Subsidium, S 594
Substantia, U 296
Substantiae, P 747
Substratum, F 398
Subtalaris, S 708
Subtilem, C 759
Subtilis, A 205; C 645, 757;
  S 345, 626
Subtiliter, C 646
Subtrahere, A 225
Subtrinum, S 623
Subulcus, S 655
Suburbanum, S 628
Succens, S 663
Successus, S 646
Succisum, R 128
Succuba, P 355
Succubuit, S 596
Succurrit, S 682
Suciata, E 536
Sucini, S 688

Sucinus, S 633
Sucus, O 213; S 350
Sudestitiones, S 668
Sudum, P 283; S 602, 691
Suellium, S 706
Sues, F 303
Suesta, S 662
Suffecit, S 687
Suffecti, S 630
Suffectus, S 657
Sufficiant, E 181
Sufficit, S 618
Suffocacium, S 698
Suffragator, S 579
Suffragatur, S 625
Suffragines, P 552
Suffragium, S 580
Suffundit, S 585
Sugere, p. 55, note 3
Suggerit, S 704
Suggit, F 141
Sugillat, S 667
Sugillatio, S 599
Sugillatum, S 586
Sugillauit, S 661
Sugit, p. 55, note 3
Sugmentum, S 637
Sui, C 804
Snides, S 675
Suis, S 700
Sulcatum, B 130
Sulcis, S 193
Sulcus, E 119
Sulforia, S 683
Suliunt, S 674
Sullas, S 634
Sum, I 294; N 6
Summa, A 685, 804; C 822,
    940; S 601; U 58
Summae, I 502
Summam, S 642
Summata, S 671
Summatim, S 617, 627
Summitas, C 102, 163
Summitatem, A 776
Summum, C 231
Summus, Int. 3; E 103
Sumtos, S 660
Sumtuarius, S 660
Sumtus, U 307
Sumuel, Int. 281
Sunio, S 669
Suut, Int. 51, 301; A 25,
    311, 332, 499, 518; B 32,
    67, 73, 74, 83; C 195, 310,
    331, 372, 672, 723, 804;
    D 63(bis); E 62, 557; F
    20(bis), 98; G 101; H 2,
    149; L 9; M 145, 313;
    N 76, 155; P 149, 495,
    689, 804; S 218, 281, 681,

705; T 104, 225, 272; U
    3, 42
Suntote, S 666
Suntuosus, P 834
Suo, B 31; O 180; S 631
Suotim, S 631
Suouetaurilia, S 681
Super, B 102; E 162; F 304;
    I 168; P 298, 835; U 132
Supera, S 640
Superagumentum, E 168
Superant, S 695
Superat, E 383; S 656
Superbia, C 565; F 16; S
    649
Superbiae, E 304
Superbientibus, I 112
Superbis, E 540
Superbum, C 714
Superbus, I 92, 480; M 254
Supercilium, S 649
Supereminet, I 317
Superfluit, E 498
Superhabundans, S 629
Superior, A 634; B 18; M
    261
Superiores, A 339
Superius, A 907
Supero, S 686
Superpositio, A 694; E 248
Superrelegiosissimus, S 622
Superruere, I 277
Superscripta, P 835
Superspector, Int. 111
Superstes, S 620
Superstiti, S 614
Superstitiosus, S 622
Superuiuo, S 686
Superum, U 150
Suppa, S 556
Supparant, S 650
Suppetium, S 651
Supplantator, Int. 158
Suppleant, S 650
Supplici, C 51
Supplicis, M 283
Supplicium, N 81
Suppremit, S 654
Supra, D 325; L 64; M 207
Suprema, S 654
Supremi, S 595
Suprimit, S 619
Suptile, E 520
Supuratio, S 709
Sura U 97
Surculus, Q 71; S 587, 591
Surgit, S 676
Surices, S 2, 98
Surum, S 632
Sus, F 274
Suscensere, S 621, 652

Suscenset, S 665
Suscepti, C 464
Susceptio, E 519; X 2
Susceptionibus, S 728
Susceptor, S 286
Suscetur, S 607
Suscitans, E 528
Suspectioris, S 608
Suspectus, S 592
Suspendentis, p. 1; Int.
    41
Suspenderat, S 685
Suspensi, S 606, 703
Suspensum, S 702
Suspensus, S 636
Suspexit, S 648
Suspicabantur, N 98
Suspicatur, E 521
Suspicio, S 589
Suspicor, C 607
Suspirat, S 692
Sustentatio, S 582
Sustentatur, D 162
Sustentatura, S 582
Sustinent, S 684
Sustulit, T 217
Susum, S 648
Susurio, S 605
Susurrat, S 604
Sutrinator, S 696
Suum, C 217, 784; E 496
Syllaba, Int. 74, 128, 253,
    319, 320, 333
Syllabae, E 18
Syllabarum, E 203
Syllabas, E 203
Syllogismus, S 713
Symbulae, S 731
Symbulum, S 721
Symbulus, Int. 287
Symeon, Int. 289
Symphonia, S 720
Symphosia, S 716
Sympsalma, S 715
Symtagmateseon, S 726
Synaxeos, S 729
Syndetus, S 717
Synefactas, S 710
Synesactas, S 711
Synfosion, S 722
Syngraffe, S 718
Synisastas, S 730
Synodicus, S 728
Synodus, S 727
Synonima, S 712
Syntasma, S 723
Syntasmata, S 724
Syntheta, S 719
Sypyegen, S 725
Syriue, S 732
Syrtes, S 714

Tahe, T 12
Taberna, A 872; C 176, 185; G 5, 176; L 43; T 29
Tabernacula, C 175
Tabernaculorum, I 81; S 119, 124
Tabernarius, C 185; G 8; P 508
Tabernarum, G 187
Tabernum, T 18
Tabescit, T 6
Tabetum, T 22
Tabicon, T 13
Tabida, T 30
Tabo, T 7, 39
Tabuisset, T 26
Tabula, A 499; C 879
Tabulae, L 7; P 848
Tabulamen, T 45
Tabulata, T 43
Tabum, S 30
Tabunus, T 20
Taceant, C 94
Tacit, N 125
Tactilus, p. 82, note 2
Tacuerunt, C 830
Taouit, C 97; O 76; R 130
Taculus, T 17
Taddeus, Int. 223
Taenis, T 46
Tagax, T 2, 3
Tait, T 35
Tala, T 44
Talaria, T 37
Talatrus, T 38
Talentum, T 8
Talerem, P 499
Talibus, H 158
Talio, T 23, 33, 38
Talionem, T 32
Talpa, T 16, 19
Talumbus, T 24
Talus, T 42
Tam, T 130
Tamen, P 857; Q 43
Tandem, A 412; T 10
Tandundem, T 9, 31
Tangere, A 869
Tangi, T 300
Tangit, T 4
Tanta, T 11
Tantalus, Int. 325
Tantane, T 11
Tantas, T 195
Tantidem, T 9
Tantisper, T 27, 28
Tautum, A 251; L 202; M 11
Tantummodo, D 370
Tapetsa, T 21
Tarda, L 107
Tardantibus, C 961

Tarde, D 231
Tardentium, S 213
Tardior, S 359
Tardus, I 31; S 306
Taruca, T 36
Taureus, F 246
Tauri, H 104
Tauro, S 681
Taurorum, T 226
Taurus, I 505; T 40
Tautalogia, T 14
Tautones, T 34
Taxare, I 349
Taxat, T 5
Taxatio, C 171; T 1
Taxatione, T 25
Taxauerat, T 41
Taxit, T 4
Taxo, I 508
Taxus, T 15
Te, C 884; P 652
Teatris, E 417
Tecta, S 22, 247; T 167
Tecto, T 114
Tectoriatus, T 114
Tectorum, F 389
Teda, F 2
Tedae, T 110, 113
Tediasus, A 637
Tedis, T 48
Tedium, A 165
Tegendo, T 101, 322
Teges, T 101
Tegit, T 126
Tegitur, C 939
Tegorium, T 322
Tegula, T 47
Teguntur, U 110
Tebis, T 128
Tela, A 154; C 60; D 351
Teli, P 156
Telia, Int. 321
Tellus, S 105; T 70
Teloniaris, T 129
Telorum, H 8
Telum, I 8; T 89
Temerare, T 67
Temerari, T 96
Temerarius, P 326, 819; T 66
Temere, T 64, 130
Temeritas, T 63
Temetum, T 118
Temonibus, T 97
Tempe, T 79, 95
Temperamentum, S 720
Temperantiam, F 315
Temperat, M 224; O 14
Temperatus, A 678
Temperiem, T 121
Tempestas, F 253; T 346; U 136

Tempestiuum, T 65
Templa, A 236, 309; D 201
Templi, A 270; E 27; F 78
Templis, P 426
Templo, F 78
Templum, A 846; F 74, 76; L 295; N 11; P 8, 48, 851; p. 87, note 3
Tempora, F 244; H 94
Temporale, C 885
Temporalis, A 624; C 883
Temporalium, C 867
Temporamento, I 383
Tempore, E 219, 511; L 269
Temporis, D 302; I 437; Q 67
Temporum, C 868; M 137, 242
Tempus, Int. 73, 139; A 303, 326; C 962; E 219; I 128, 164; L 269; M 149; N 194; U 63
Temtat, A 202, 286
Temtatio, Int. 140, 144, 284
Temulentus, T 58, 80
Tenarum, T 105
Tenax, T 52
Tendamus, T 55
Tendit, T 108, 127
Tenebrae, Int. 64; C 367
Tenebras, C 904; L 280
Tenebrosa, G 187
Tenebrosi, T 109, 187
Tenelis, T 112
Tenens, P 34
Tenera, P 857
Tenere, L 162
Teneri, T 112
Tenet, A 585; C 205; D 257
Tenor, I 256; T 107
Tenore, T 99
Tenticum, T 88
Tentigo, T 71
Tentoria, M 63
Tentorium, T 76, 123
Tenuem, E 365
Tenuere, T 54
Tenues, P 168
Tennis, C 386; E 159
Tenuissimi, A 875
Tenus, T 53, 83
Teoricas, P 196
Teotoni, B 83
Terebellus, T 87
Teres, T 74, 100
Teretes, T 61
Teretrum, T 116
Terga, T 50
Tergant, P 573
Tergiuersator, T 51
Tergora, T 60

Tousi, T 193
Tonus, Int. 315
Topadiorum, T 259
Toparca, T 203
Topazion, T 210
Topus, T 194
Torax, T 196, 215
Torcular, G 51
Toreuma, T 214
Tori, T 223, 226
Tormentorum, F 181
Tormentum, L 218
Tornauere, T 285
Torno, T 104
Torosa, T 227
Torpet, T 188, 197
Torpor, T 201
Torpuit, T 189
Torquent, T 229
Torquentes, N 82
Torquet, T 213
Torquetur, B 161
Torrens, T 224
Torrentibus, T 216
Torrere, T 190
Torreuit, T 202
Torta, T 205
Torto, U 76
Tortum, B 233; T 212
Tortuosum, A 657
Torua, T 218
Toruus, T 222
Tos, T 209
Tosta, U 204
Tot, T 195
Tota, Int. 263; H 139
Totius, A 824
Totum, A 351(bis); C 166;
    H 138; L 29; U 274
Toxica, L 170
Toy, P 198
Trabea, T 297
Trabibus, L 7
Trabis, T 301
Trabs, T 301
Tractare, S 352
Tractat, E 136
Tractata, T 300
Tractibus, T 311
Tractum, L 269
Tradat, D 15
Traditio, D 70
Traducere, T 269
Traductus, T 261
Tradunt, D 117
Tragelaphus, T 295
Tragicus, T 243
Tragoedia, T 263
Tragoediae, T 312
Trahemur, R 7
Trahit, E 352; P 696; S 633

Trahunt, U 132
Traiecit, T 299
Traiectis, T 307
Traiectus, T 280
Traigis, T 315
Trames, H 107
Tramitum, T 277
Tranant, T 308
Trans, T 242, 293
Transactis, P 270, 637
Transeunt, S 695
Transfert, T 304
Transilitor, I 23
Transitoria, F 415
Transitam, T 234
Transitus, Int. 244
Translata, M 170
Translaticius, T 270
Translatio, M 139
Translatores, Int. 101
Translatum, L 269
Transmigrationem, I 196
Transmisit, T 299
Transmutatum, T 234
Transmutetur, T 270
Transnominatio, M 169
Transtrum, T 289
Transuersae, T 277
Transuersus, O 5
Trapizeta, T 275
Trapizetae, C 697
Trapetae, T 238
Trapetis, T 260
Trax, T 246
Tremet, H 49
Tremor, B 60
Tremulet, U 11
Tremulus, T 287
Trenis, T 274
Trepidaret, N 201
Trepitat, B 7
Treracsy, T 254
Tres, T 248
Tria, T 282, 310
Triauus, A 25
Tribuant, D 376
Tribui, S 8
Tribuit, D 377; S 90
Tribulatio, Int. 10
Tribuli, T 306
Tribunales, C 173
Tribunalia, T 245
Tribunus, C 377
Tribus, I 145; S 681; T 103,
    253, 259
Tributa, P 294; R 82
Tributorum, F 401
Tribuunt, S 425
Tricent, T 317
Triclinium, T 259, 282
Tridens, T 286

Tridentes, C 878
Triennia, T 316
Trieris, T 253
Trietherica, T 316
Trige, T 272
Trilex, Int. 322
Trimetron, Int. 317
Tripes, T 309
Triplia, T 267
Triplici, T 296
Triplum, Int. 324
Tripodia, T 302
Tripudiantes, T 262
Tripudiare, T 241, 265
Tripudium, T 257
Triquadrum, T 292
Trissisma, Int. 316
Tristatur, M 192
Triste, A 322; F 405
Tristes, T 119
Tristi, A 322
Tristis, U 314
Tristitia, A 586, 632; F 144;
    M 196
Trita, T 313
Tritici, S 363
Triticum, C 282; F 86
Tritih, T 279
Tritonia, T 278
Tritor, T 237
Triturigine, D 78
Tritus, Int. 319; T 237
Triuere, T 285
Triuerunt, T 291
Trinis, I 145
Trium, Int. 317
Triumur, T 294
Triundali, T 296
Trocheus, Int. 319
Trochus, T 249
Trocleis, T 266
Troclinus, T 276
Trofon, T 256
Troia, I 47
Troiae, S 162; T 231 (bis)
Troianis, I 51
Troianus, I 53
Tronus, T 233
Tropea, T 264, 273
Tropeum, T 271
Tropicon, T 255
Tropologia, T 244
Tropum, M 274
Tropus, T 230, 251
Trorsus, T 250
Trossulae, T 252
Trubidus, T 232
Trucis, T 239
Truculentus, T 240
Trudes, T 303
Trudit, T 235, 283

Truditur, T 268, 284
Trufulus, T 288
Truitius, T 314
Trulla, T 290, 298
Truncatus, T 281
Truncus, T 305
Trursus, T 236
Trutina, T 258
Trutinatum, L 188
Trux, T 247
Tua, P 168
Tuba, A 334; C 493; L 183, 311; T 327
Tubae, C 456, 468
Tubarum, S 42
Tuber, T 326, 332
Tubera, T 318
Tubicen, T 327
Tubicinator, S 100
Tubicines, A 302, 347, 349*; C 298
Tubis, C 497
Tubo, T 320
Tubolo, T 321
Tudicla, T 328
Tuere, T 341
Tuetur, T 335
Tugurium, T 319, 322
Tulit, D 193; P 798, 799
Tumba, C 403; T 350
Tumescit, F 270
Tumida, T 345
Tumidus, B 155
Tumor, T 326
Tumultuat, S 501
Tumultus, T 343
Tumulum, T 339
Tumulus, F 424
Tundendo, E 544
Tundentes, T 333
Tundere, P 393
Tundit, P 133
Tunditantes, T 333
Tunditur, P 412; S 56
Tundo, P 395
Tunica, D 10; S 543
Turba, A 62, 101; C 460
Turbati, I 312
Turbatus, C 816
Turbinae, T 337
Turbo, T 342, 346
Turbor, T 340
Turbulentus, T 347
Turdella, T 323
Turdus, T 324
Turgentes, P 884
Turget, T 338
Turificaturus, T 349
Turis, A 97
Turma, T 334
Turmalis, T 344

Turpe, T 336
Turpia, G 187; P 645
Turpis, C 643; S 503
Turpisculum, T 336
Turpiter, C 689
Turpitudinis, A 209
Turris, P 581, 888; T 348
Tus, T 331
Tuscia, L 194
Tuta, T 325
Tutellam, T 329
Tutius, T 330
Tuum, O 277
Ty, P 198
Tyberinus, T 355
Tybris, T 354
Tylae, T 351
Typsonas, T 357
Tyri, T 352
Tyrsis, T 353
Tyrsus, T 356
Tyrus, Int. 313

Ua, Int. 327
Uacca, B 218; U 49
Uaccanalia, U 30
Uaccatur, U 35
Uacellat, N 197
Uacillanis, C 49
Uacillat, U 44
Uacillet, U 11
Uacua, E 480
Uacuans, E 479
Uacuatus, O 290
Uacuos, H 60
Uacuum, C 50, 160
Uada, U 50
Uadatur, U 18, 34, 40, 48
Uades, U 17
Uadi, p. 118, note 2
Uadimonia, U 3
Uadimonium, U 2, 14, 29; p. 118, note 3
Uadis, P 717
Uadit, O 5
Uagat, U 25
Uagatur, U 45
Uagius, U 32
Uaglebat, U 37
Uagurrit, U 25
Uagus, U 45
Ualba, U 5
Ualbas, U 6
Ualde, A 213, 214, 244, 253, 547, 597; B 110; D 35, 41, 145; E 179, 380; F 429; I 168, 184, 334; L 282; N 130; O 185; P 290, 350, 373, 582, 605, 799
Ualedicunt, U 52
Ualensdo, U 23

Ualent, A 306 ; U 72, 106
Ualetant, U 42
Ualidae, A 157
Ualido, P 579
Ualitudinarius, U 24
Uallauit, U 28, 31
Uallem, Int. 145
Ualles, Int. 145; A 570
Uallos, U 22
Uallum, U 9
Uana, C 275; N 80
Uanas, I 155
Uane, E 76
Uangas, U 13
Uani, M 245
Uaniloquium, E 71
Uanitates, I 457
Uanna, U 39
Uanum, F 404
Uanus, U 36
Uaporat, U 10
Uapore, U 38
Uaregatam, U 27
Uaria, S 712
Uariat, S 565
Uariatam, U 27
Uaricat, U 12, 19
Uarie, S 516
Uarietatis, S 544
Uarios, C 200, 323
Uarium, M 83
Uarix, U 8
Uarruce, U 26
Uarruces, U 26
Uas, A 158, 442(bis), 768, 782; C 133, 153, 926; L 23, 270; P 668; U 41
Uasa, A 530: C 18, 915; F 322, 363; L 13, 41; O 140; U 16, 51
Uasculum, F 118 ; L 124
Uaser, U 20
Uasis, A 752; C 86
Uasorum, M 58
Uastat, U 53
Uastauit, I 114
Uastitas, M 237; U 4, 33
Uastus, U 43
Uates, Int. 254; F 58; U 46, 47
Uaticauo, I 468
Uaticanus, U 47
Uaticinatio, U 1
Uatilla, U 7, 15
Uauer, U 21
Uba, L 51
Uber, U 54
Uberrima, U 54
Ubi, Int. 51, 74, 75, 333; A 311, 330, 499, 591(ter), 669, 704, 734, 741, 816,

GREEK INDEX.

ΛΑΩΡΗΤΟΝ, A 593

WORDS EXPRESSED BY FIGURES.

ANGLO-SAXON INDEX.

N.B. In this index þ, ð, d take their place as =*th*; ꝑ=*w*; *uu*=*w*, wherever the two combined have the value of *w*; a single *u*, though=*w*, has been treated as *u*: compare, for instance, *uaelle* (*ed-*), and *uuaelle* (*ed-*).

C. G.

15

ᵹyrt (bio-), A 672; M 43; (gelod-), E 85, 236; (ge-scad-), T 24; (leci-), Q 50; (smeoru-), U 98; (uualh-), I 147; palh-), E 11

nuyrt (biscop-), H 101

ᵹyrt-drenc, A 602

ᵹyrð, C 942

ymb-hringendum, S 533

ymb-suaepe, A 522

ymb ðaet, P 474

ymb-ðriodung, D 62

ynne-laec, A 841

ynni-laec. cipe, C 317

yppe, I 234

CORRECTIONS AND ADDITIONS.

p. 26 (C 21) for "*uel* ruptis"   read *inte*rruptis=interruptio

p. 28 (C 164) for "*uel* cognatos" read *inter* cognatos

p. 116 (T 263) delete star before *bebbi* (see Introduction, p. xliii).

p. 132, third column, add: bebbi, T 263; and see Introduction, p. xliii

p. 134, first column, line 42, delete (?) after 51

p. 158, first column, add: gebsias, M 121; and see Introduction, p. xlii

On p. 2 it should be added that the Corpus MS. is already mentioned in 1600 in Dr Thom. James' Catalogue, published in that year under the title: *Ecloga Oxonio-Cantabrigiensis, tributa in libros duos; quorum Prior continet Catalogum confusum Librorum Mss. in Bibliothecis, dauram Academiarum, Oxoniae et Cantabrigiae...* Opera & studio T[homæ] I[amesii]. London, 1600. 4°. Our MS. is mentioned on p. 89 under No. 279. It is moreover mentioned in the 2nd volume of [Bernard's] *Catalogi librorum MSS. Angliæ et Hiberniæ in unum collecti, Oxoniae,* 1697, among the "Codd. MSS. Collegii S. Benedicti (= Corpus Christi College)," on p. 141 (1545—278) as "Lexicon Saxonicum, cum interpretatione nominum Hebraicorum & Graecorum in Bibliis." This entry was made "juxta editionem D. Tho. Jamesii."

CAMBRIDGE: PRINTED BY C. J. CLAY, M.A. AND SONS AT THE UNIVERSITY PRESS.

equinus, alus,
Gebenu.
iucundus.
enuum. hebraí. uestoz.
es. nepentones. dquenit.
nonago: pnopannbr.
Cennac. hneod.
forupido,
paumenai dheuou.
sineernonon
omigee;

gregarium . ducem militū ʃdo. gunguſ
gnemen . þæcħm . gnex multʃū locæ. te
gnamen . quice . gnominæ .
gnaʃʃocon . þonhengħ | herbæ. Ꝼrmnæ
gnælluſ . hnooc . gnæcilʃ . ſmel . Ꝼrmn
gneſſuſ , ambulatio . gallus
gntænionum . un ædilſæ . Ꝼrmnicu
gnetætm . þeanimeliū læu
gnetæliſ . mediocris . Ꝼrmnæʃ
gnechtun . ambulat . gnos .
gnuiſ . gnuuiſ . Connoch . lonbiſ . æcnun
gnæminæ . Anidæ . gnocuis . hæc.
gnæaſ . ʃinecocuſ æ . lconnuc . c
gnemius . ʃinuſ . hæuiþ p
gnæætton , gnætilætton , hæuiʃ s
gnæært . gRætilæt . gnocþruī . hæecþom
gnæqʃ . Cellæe . æpium . lgnex . ignis .
gresſtt , incesſtt . hæec.ne
gnæssæne . þeine . bæstiliæ .
gnuinire gnunnætæn . hæeiolæt
gnoætium , þæþþletæ . hæusiʃʃe
gnælonum , gneconum . hæbiloes
hæneolu
guntuʃqum . tabennæ humlʃ. hæbrædi
guntustæum . domus . pæuþ. hæneolu
gunteſ . ælæus . locus . þlumīū . hælibs .
gumnæsicle . locuænum . bælneū . hænunu
guntulio . Ɗnoættollæ . hænubd

THE HAARLEM LEGEND OF THE INVENTION OF
PRINTING by Lourens Janszoon Coster, critically examined by Dr A. VAN DER LINDE. Translated from the Dutch by J. H. HESSELS, with an Introduction, and a classified List of the Costerian Incunabula. London (Blades), 1871; xxviii—170 pages, 8vo., 7s. 6d.

LEX SALICA: the ten texts with the glosses, and the Lex
Emendata. Synoptically edited by J. H. HESSELS. With Notes on the Frankish words in the Lex Salica, by Prof. H. KERN, of Leiden. London (John Murray), 1880; xxviii—224 pages, 4to., 42s.

GUTENBERG: Was he the inventor of printing? An Historical
Investigation by J. H. HESSELS. London (Bern. Quaritch), 1882; xxviii—204 pages, 8vo., 21s.

ECCLESIAE LONDINO-BATAVAE ARCHIVVM. Tomus
primus: *Abrahami Ortelii et Virorum eruditorum ad eundem et ad Jacobum Colium Ortelianum Epistulae.* — Tomus secundus: *Epistulae et Tractatus cum Reformationis tum Ecclesiae Londino-Batavae historiam illustrantes.* Cantabrigiae, 1887, 1889. 4to. Ex Autographis edidit Joannes Henricus HESSELS.

HAARLEM: the Birthplace of Printing, not Mentz; by J. H.
HESSELS. London (Elliot Stock & Co.), 1887; xiv—85 pages, 8vo., 5s.

The same work, translated into Dutch, Haarlem (Enschedé & Sons), 1888; xx—166 pages, 8vo., 4s. 2d.

CAMBRIDGE: PRINTED BY C. J. CLAY, M.A. AND SONS AT THE UNIVERSITY PRESS.

BY THE EDITOR.

THE HAARLEM LEGEND OF THE INVENTION OF PRINTING by Lourens Janszoon Coster, critically examined by Dr A. VAN DER LINDE. Translated from the Dutch by J. H. HESSELS, with an Introduction, and a classified List of the Costerian Incunabula. London (Blades), 1871; xxviii—170 pages, 8vo., 7s. 6d.

LEX SALICA : the ten texts with the glosses, and the Lex Emendata. Synoptically edited by J. H. HESSELS. With Notes on the Frankish words in the Lex Salica, by Prof. H. KERN, of Leiden. London (John Murray), 1880; xxviii—224 pages, 4to., 42s.

GUTENBERG : Was he the inventor of printing? An Historical Investigation by J. H. HESSELS. London (Bern. Quaritch), 1882; xxviii—204 pages, 8vo., 21s.

ECCLESIAE LONDINO-BATAVAE ARCHIVVM. Tomus primus: *Abrahami Ortelii et Virorum eruditorum ad eundem et ad Jacobum Colium Ortelianum Epistulae.* — Tomus secundus: *Epistulae et Tractatus cum Reformationis tum Ecclesiae Londino-Batavae historiam illustrantes.* Cantabrigiae, 1887, 1889. 4to. Ex Autographis edidit Joannes Henricus HESSELS.

HAARLEM : the Birthplace of Printing, not Mentz; by J. H. HESSELS. London (Elliot Stock & Co.), 1887; xiv—85 pages, 8vo., 5s.

The same work, translated into Dutch, Haarlem (Enschedé & Sons), 1888; xx—166 pages, 8vo., 4s. 2d.